思想的・睿智的・獨見的

經典名著文庫

策劃　楊榮川

五南圖書出版公司 印行

經典名著文庫

學術評議者簡介（依姓氏筆畫排序）

經典名著文庫113

法律的道德性

朗・富勒（Lon L. Fuller） 著
鄭戈 譯
顏厥安 審閱
陳郁雯、王志弘、邱慶恒 校訂

經典永恆・名著常在

五十週年的獻禮・「經典名著文庫」出版緣起

總策劃 楊榮川

五南，五十年了。半個世紀，人生旅程的一大半，我們走過來了。不敢說有多大成就，至少沒有凋零。

五南忝爲學術出版的一員，在大專教材、學術專著、知識讀本出版已逾壹萬參仟種之後，面對著當今圖書界媚俗的追逐、淺碟化的內容以及碎片化的資訊圖景當中，我們思索著：邁向百年的未來歷程裡，我們能爲知識界、文化學術界做些什麼？在速食文化的生態下，有什麼值得讓人雋永品味的？

歷代經典・當今名著，經過時間的洗禮，千錘百鍊，流傳至今，光芒耀人；不僅使我們能領悟前人的智慧，同時也增深加廣我們思考的深度與視野。十九世紀唯意志論開創者叔本華，在其〈論閱讀和書籍〉文中指出：「對任何時代所謂的暢銷書要持謹愼的態度。」他覺得讀書應該精挑細選，把時間用來閱讀那些「古今中外的偉大人物的著作」，閱讀那些「站在人類之巔的著作及享受不朽聲譽的人們的作品」。閱讀就要「讀原著」，是他的體悟。他甚至認爲，閱讀經典原著，勝過於親炙教誨。他說：

「一個人的著作是這個人的思想菁華。所以，儘管一個人具有偉大的思想能力，但閱讀這個人的著作總會比與這個人的交往獲得更多的內容。就最重要的方面而言，閱讀這些著作的確可以取代，甚至遠遠超過與這個人的近身交往。」

爲什麼？原因正在於這些著作正是他思想的完整呈現，是他所有的思考、研究和學習的結果；而與這個人的交往卻是片斷的、支離的、隨機的。何況，想與之交談，如今時空，只能徒呼負負，空留神往而已。

三十歲就當芝加哥大學校長、四十六歲榮任名譽校長的赫欽斯（Robert M. Hutchins, 1899-1977），是力倡人文教育的大師。「教育要教眞理」，是其名言，強調「經典就是人文教育最佳的方式」。他認爲：

「西方學術思想傳遞下來的永恆學識，即那些不因時代變遷而有所減損其價值的古代經典及現代名著，乃是眞正的文化菁華所在。」

這些經典在一定程度上代表西方文明發展的軌跡，故而他爲大學擬訂了從柏拉圖的《理想國》，以至愛因斯坦的《相對論》，構成著名的「大學百本經典名著課程」。成爲大學通識教育課程的典範。

歷代經典‧當今名著，超越了時空，價值永恆。五南跟業界一樣，過去已偶有引進，但都未系統化的完整舖陳。我們決心投入巨資，有計畫的系統梳選，成立「經典名著文庫」，希望收入古今中外思想性的、充滿睿智與獨見的經典、名著，包括：

- 歷經千百年的時間洗禮，依然耀明的著作。遠溯二千三百年前，亞里斯多德的《尼各馬科倫理學》、柏拉圖的《理想國》，還有奧古斯丁的《懺悔錄》。
- 聲震寰宇、澤流遐裔的著作。西方哲學不用說，東方哲學中，我國的孔孟、老莊哲學，古印度毗耶娑（Vyāsa）的《薄伽梵歌》、日本鈴木大拙的《禪與心理分析》，都不缺漏。
- 成就一家之言，獨領風騷之名著。諸如伽森狄（Pierre Gassendi）與笛卡兒論戰的《對笛卡兒沉思錄的詰難》、達爾文（Darwin）的《物種起源》、米塞斯（Mises）的《人的行爲》，以至當今印度獲得諾貝爾經濟學獎阿馬蒂亞‧

森（Amartya Sen）的《貧困與饑荒》，及法國當代的哲學家及漢學家余蓮（François Jullien）的《功效論》。

梳選的書目已超過七百種，初期計劃首爲三百種。先從思想性的經典開始，漸次及於專業性的論著。「江山代有才人出，各領風騷數百年」，這是一項理想性的、永續性的巨大出版工程。不在意讀者的眾寡，只考慮它的學術價值，力求完整展現先哲思想的軌跡。雖然不符合商業經營模式的考量，但只要能爲知識界開啓一片智慧之窗，營造一座百花綻放的世界文明公園，任君遨遊、取菁吸蜜、嘉惠學子，於願足矣！

最後，要感謝學界的支持與熱心參與。擔任「學術評議」的專家，義務的提供建言；各書「導讀」的撰寫者，不計代價地導引讀者進入堂奧；而著譯者日以繼夜，伏案疾書，更是辛苦，感謝你們。也期待熱心文化傳承的智者參與耕耘，共同經營這座「世界文明公園」。如能得到廣大讀者的共鳴與滋潤，那麼經典永恆，名著常在。就不是夢想了！

二〇一七年八月一日 於

五南圖書出版公司

導讀：富勒法律思想導論

顏厥安（台灣大學法律學院教授）
陳郁雯（台灣大學法律研究所碩士）

二十世紀的歐美法理學理論發展中，法實證主義的思想無疑扮演了一個相當重要的角色。法實證主義批評挑戰了其他各種主要的法理學理論思想，也激起了其他陣營思想的廣泛回應，更刺激了許多新的，更細緻深入的「反法實證主義」理論發展。如果凱爾生（Hans Kelsen）與哈特（H. L. A. Hart）可以視為是法實證主義陣營分別在歐陸與英美的兩大代表，那施密特（Carl Schmitt）、賴德布魯赫（Gustav Radbruch）、艾瑟（Josef Esser）、富勒（Lon L. Fuller）、菲尼斯（John Finnis）、德沃金（Ronald Dworkin）等幾位，大概就可以視為是反法實證主義最有代表性的學者。其中富勒是美國相當重要的法理學理論家，但是其理論在國際上以及在美國國內【1】受到重視的程度卻相對有些不足。富勒在台灣受到重視的程度也偏低，【2】因此其最重要代表作《法律的道德性》【3】中譯本【4】能在台灣出版發行，也算是台灣法理學界的重要發展。以下的短文，與其說是此書的導讀，不如說是我們掌握富勒思想脈絡的幾個重點說明。

早期生涯與發展

富勒（Lon Luvois Fuller, 1902- April 8, 1978）出生於美國德州一個小康家庭，父親在銀行工作，母親喜好文學。富勒在加州長大，一九一九年至一九二〇年間就讀柏克萊大學，後轉往史丹佛大學主修經濟學，畢業後繼續在史丹佛大學攻讀法學博士學位，一九二六年取得博士學位後不久，即在奧勒岡大學展開教職生涯，之後轉往伊利諾大學及杜克大學。

三〇年代的美國法學界，正因實用主義工具論（pragmatic instrumentalism）及法律唯實論（realism）的出現而掀起形式主義與反形式主義論爭。[5] Summers 認為在這場論爭中，哈佛大學一般被認為是堅守形式主義的重鎮，耶魯和哥倫比亞法學院則被認為是反形式主義的代表。[6] 富勒並不贊同形式主義，[7] 但是是否能說他支持工具論，則有待更多研究。[8] 因為他對唯實論的諸多觀點並不認同，亦始終反對將法學化約為經驗科學的科學主義方向。[9]

在二戰期間，納粹的統治觸發富勒對法治的思考，他也曾為協助逃離納粹的知識分子多方奔走。[10] 美國參戰後，由於哈佛校務縮減，富勒加入波士頓一家法律事務所從事勞工關係方面的法律實務工作，一九四五年返回教職後亦繼續擔任不同單位之勞資仲裁人達二十年之久。[11] 這段經歷對富勒產生極大影響，除了啟發富勒在契約法上的研究及教學外，更使其深入思考多種維繫社會秩序之法律制度運作的過程，如契約、調解、立法、行政處分等等，也促使他針對各種法律程序的本質、功能、及限制進行探討，發展出他稱之為"eunomics"的學問，亦即對一種基本社會秩序機制的研究，也因此奠定了他作為一位程序主義法學者的地位。[12]

富勒的倫理學思想基礎

要了解富勒的《法律的道德性》，就必須了解美國法理學思想史（甚至是二十世紀法理學史）最重要的一場辯論，也就是一九五八年的哈特／富勒辯論。也許正因為有這場辯論為背景，才促使哈特在一九六一年出版了《法律的概念》，以及之後富勒出版《法律的道德性》。不過正因為該場辯論的重要性，因此有必要先概略了解《法律的道德性》一書的重點之後，再回頭來談談這一場辯論。

《法律的道德性》是富勒最重要的代表作，第一版出版於一九六四年。出版後引起廣泛的討論重視，哈特也寫了一篇書評。[13]為了回應這些書評，富勒在一九六九年的第二版中，特別加入了第五章"A Reply to Critics"，回應各界對其的批評。這個第二版是目前比較通用的版本。

《法律的道德性》不是一本容易概略介紹的書，因為它除了是一冊法理學或法哲學的著作之外，同時也是富勒自己倫理學思想的一種展現。也許對各種自然法論者，或者更廣泛地說，對所有反對法實證主義者來說，其法理學理論都不免同時是其倫理學思想的一個部分。

富勒在《法律的道德性》的第一章當中，就透過倫理學與經濟學概念的結合，來呈現其倫理學思想。他區分「義務性道德」（morality of duty）與「期望性道德」（morality of aspiration）。這一組區分與倫理學裡對「義務道德」（obligatory morals）與美德（virtues）的區分相當類似，當然也與近代倫理學思想史當中對道德性（morality）與德行（virtue）的區分高度相關。簡單地說，義務道德是人類社會行為的最低標準，期待性道德則涉及人類如何透過行動追求完善的生活。富勒進而以邊際效用經濟學（economics of marginal utility）來掌握成就道德，因為邊際效用經濟學旨在追求對有限資源最有效率的運用（ML, 15）；另外則以交換經濟學（economics of exchange）與相互性（reciprocity）來對照掌握義務道德（ML, 19）。

這是一組相當特殊卻也饒富洞見的倫理學觀點，在這個基礎上，富勒發展了他對合法性原則作為法之內在道德性的理論。概括地說，雖然法律的實體內容主要與義務道德相關，但是如果把義務道德與完善性分別放在一個道德量表的最低與最高處，合法性原則卻同時標示了一個規則體系要成功地成為一個法律體系的必要道德要求與可以去追求完善的方向。

更重要的是，合法性的完善，並非個別法律追求的目的（例如交通法規追求交通流暢，公司法追求公司能獲致利潤），或個別社會行為者所欲追求的完善，而是法律本身內在特質可追求的完善方向。因此富勒強調其合法性所蘊含的道德，並非如傳統自然法要求的實體價值或道德，而是一種程序性的要求。這使得他認為其理論並非傳統之實質自然法理論，而是一種程序性自然法（ML, 96）。富勒也認為法之內在道德，相對於各個法律的實質目的而言，立於一種中立性的地位（ML, 153）。

法之內在道德性與合法性的原則

富勒在《法律的道德性》第二章當中，提出了八個法律內在道德性的要求（ML, 39; 46-91）。這八個要求原本就是為了反駁法實證主義者，尤其是哈特的法律概念而提出的，因此這八個內在道德也可以視為是富勒本人對法律概念的核心闡釋。富勒也將其稱之為合法性的原則（principles of legality）（ML, 41）。[14]富勒認為這八個原則在具體的法體系當中的實現，是一個程度的問題，亦即八個原則在不同法體系中可能有程度不一的實現方式。但是一個法體系如果在這八個要求中，有一個完全地做不到的話，此一法體系就不僅是一個不好的法體系而已，它可能根本不能適當地被稱之為一個法體系（ML, 39）。

因此，富勒是以檢驗一組規範是否能夠被稱之為法律體系的法概念論角度，來提出這些標準的。我們將這八個要素簡述如下：

（一）一般性（general）

法律必須是由具備一般性的規則所組成，亦即這些法律規則僅能針對具有共同特徵但不特定的對象為規範，而不能針對個特（particular）的對象來進行管制。一般性的要求，不僅排除了個特法或個案法，也排除了「可得而確定為某個特對象」的法規範。

（二）法律應公布（public promulgated）

法律必須公開地公布給所有公民知悉，使得公民知道他們的行為受到那些國家法律規範的拘束。公民如果不知道他們的行為受到那些法律的拘束，不但很容易觸法而遭到處罰，因此形成人權保障的漏洞。更重要的是，公民不知法律為何，就根本無從預見自己行為的可能後果，因此也就無從規劃自己的生活與行動。因此對公民來說，未經公布的法律，就不是法律。法律變成了公權力機關的恣意裁決，失去了導引行為的功能。

（三）未來性（prospective）

法律的效力，只能向未來發生效力，而不能溯及既往（retrospective）。法律的效力，通常分成人的效力、空間的效力，與時間的效力幾大層面。就時間的效力而言，法律只能向未來的行為或事件發生法律上的拘束力，而不能規範過去的行為。

因為如果法律竟然可以對公布生效之前所為的行為產生拘束力或加以處罰，對行為當時之行為人而言，等於永遠存在未來法律可回溯變更的不確定性，這種不確定性也將侵蝕法律導引行為的功能。

（四）可理解性（intelligible）與清晰性（clarity）

法律的內容必須具有能被公民了解的清晰性，唯有能讓公民了解的法律，才能發揮拘束與導引公民行為的作用。若是公民不能了解法律的內容，就禁止規範而言，公民可能不知道他的行為是否會觸犯法令，遭到處罰；就效力規範而言，公民也不清楚他所從事的工作或事業，會發生那些法律上的效力。兩者都會影響到公民對自己生活與行為的規劃。

（五）一致性（consistent）

由於法律不可能僅由單一的法規範所組成，而一定是一個包含有數量龐大個別法規範的法律體系。因此，同一個法律體系當中的各個法律規範彼此之間應該具有內容上的一致性，避免有顯然的相互矛盾出現。若不具有一致性，亦將導致人民行為，甚至官方裁決的無所適從。另一方面，在給定的一個規範體系內，執法機關，尤其是法官，也必須以相互一致的方式來解釋適用法律，亦即對於相同的案件應該給予相同的處理（similar cases should be treated similarly）。

（六）可實現性（practicable）

法律規範所要求的內容，必須是人民實際上可以遵行或達成的行為，而不能要求人民根本不可能履行的義務。如果法規範不具有可實現性，此種規範實際上也將無法存在。從規範邏輯的觀點，也可以指出：應然蘊含可為（ought implies can）。

（七）穩定性（constancy of the law through time）

法律規範是一種社會規範，其主要功能即在導引公民的行為，促進相互的合作，避免衝突的發生，並能適時有效地解決爭議。法律如果要發揮前面這幾種功能，就必須保持相當的穩定性，不能夠經常地更改。由於許多較為複雜社會活動的規劃或社會關係的形成，都必須運用或持續相當的時間，因此太過頻繁地修改的法律，將極為不利於此等活動的進行或關係的形成。即便是在簡單的社會活動中，面對朝令夕改的法律，公民也將失去對此一法律體系的信心；既不願意、事實上也無從依照此一法律體系來規劃生活，因此終將導致法律體系的崩潰。應予注意的是，穩定性的要求並不表示法律不能夠修改變更。隨著社會的變遷，法律本就應該適時地修正。因此穩定性要求的，並非不能變更，而是不能「太過頻繁地」變更。

（八）官方行為與法律規則一致（congruence between official action and declared rule）

由於法律是以公權力的強制力為後盾的社會規範，公權力機關是獨占執法權的唯一主體，因此法律本身的穩定性與可信賴度，主要乃決定於公權力機關如何執法，乃至於公權力機關本身的行為是否完全依照法律的規定為之。如果公權力機關的行為可以，或經常與法律的規定不相一致，不但沒有任何其他的機關可以加以制裁，更重要的是，人民也將因此失去對此一法律體系的信心。這可以說是一種「依法行政」、「依法審判」的要求。富勒也指出，正當法律程序（procedural due process）原則，就是此一要求的實現（ML, 81）。

溝通的重要性

雖然富勒的自然法理論是一種程序性的自然法，但是在其檢討哈特最低限度自然法的章節中，也是全書第一版最後一小節當中，富勒卻指出，盡量維持與其他人們的溝通，是一個實體的自然法誡命（ML, 184-185）。

溝通之所以重要，是因為富勒認為法律是一種特殊類型的人類活動努力（human effort），是一種「使人類行為服從於規則之治的事業」，而且這種事業，是一種「合作的事業」。亦即富勒不是由主權者對臣民，由上對下的垂直角度來考察法律，而是由平等個體彼此相互了解與合作的水平方式來思考。這也是一種對於「法律是主權者命令」之古典法實證主義理論的批判態度。在這種理論觀點下，是透過期待性道德來考察法律可以如何鼓勵、鼓舞人們從事更多有助於社會行為與生活趨向於更加完善之狀態，並且透過這個過程來擴大參與溝通的範圍。富勒寫道：

> 溝通不只是一種生存的手段（a means of staying alive），它還是一種生存的方式（a way of being alive）。透過溝通，我們得以繼承過去人類努力的成就。溝通的可能性透過向我們保證我們所獲得的成就將會豐富後代的生活，緩解了我們對於死亡的恐懼。我們完成彼此之間溝通的方式和時間，可能會擴展或縮小生活本身的疆界。用維根斯坦的話來說：「我的語言的限度就是我的世界的限度。」

因此，如果有人要求我指出可以被稱為實質性自然法的那種東西——大寫的自然法——的無可爭議的核心原則，我會說它存在於這樣一項命令當中：開放、維持並保護溝通管道的完整性，藉此人們可以彼此表達所見、所感、所想。在這個事項上，期待性道德所提供的，絕不只是善意的忠告和追求卓越的挑戰。在這裡，它是用我們習慣於從義務性道德那裡所聽到的那種命令式的語氣在說話。而且，如果人們願意傾聽，便會發現這種聲音不同於義務性道德所發出的聲音，它可以穿越界限並跨過現在將人們彼此分割開來的障礙。

哈特與富勒的辯論

一九五六年英國法哲學家哈特（H. L. A. Hart）受邀到美國哈佛大學進行訪問教學，富勒就是負責安排此一訪問的主要人物之一。次年的四月三十日，哈特在重要的 Holmes 講座發表一場名為 “Positivism and the Separation of Law and Morals” 的演講，有意識地挑戰當時形式主義已式微，卻深受霍姆斯（Oliver Wendell Holmes）唯實論與龐德（Roscoe Pound）社會學法理學（sociological jurisprudence）影響的哈佛法學院。[15]

這是一場有點戲劇性的演講，根據Lacey的研究，當天在場的法學者Joel Feinberg回憶，富勒在演講廳後方來回走動，並且提早離開。得知演講預定在一九五八年的《哈佛法律評論》上刊出，富勒立刻表示欲發表評論回應，而於同一期刊出 “Positivism and the Fidelity to Law—A Reply to Professor Hart” 一文。[16]

富勒與哈特這場論辯主要是針對法律與道德的關係，此一主題在當時具有一種特別的時代意義，因為這場辯論進行的一九五七年，距離人類史上一場重大悲劇，也就是納粹政權對猶太人的大屠殺，不過十餘年的時間。哈特與富勒也都援引討論了賴德布魯赫所討論的 Grudge Informer 的案例，以及紐倫堡大審的正當性問題。以法理學的術語來說，法實證主義的哈特主張法與道德分離命題（separability thesis），而富勒則主張法律有其內在道德價值，因此不斷嘗試以各種論證來反駁分離命題。

如眾所周知，哈特的論點不久即更進一步的呈現在其一九六一年出版的重要著作《法律的概念》中，富勒的論點亦發展為一九六四年出版的《法律的道德性》。書中對分析法實證主義提出批評，並引用哈特的書名闢一專章〈法律的概念〉討論哈特的論點。哈特則在一九六五年的《哈佛法律評論》上撰寫書評，表示相當欣賞富勒對各種法律社會程序的分析及對納粹案例的討論，但他以戀愛關係來比喻，認為富勒對「目的」（purpose）過於鍾情以致陷入盲目。富勒繼而在《法律的道德性》第二版出版時，加入了新的一章〈對批評者的回應〉，指出分析法實證主義過度忽略目的，將法律視為權威的單向投射，無視於法律是人際互動溝通的產物及其與道德的關聯。雖然富勒和哈特在論辯中仍然維持著良好的友誼，但兩人終究就他們所謂「目的小姐」（Miss Purpose）的地位以及其與法律的關係，無法達成共識。

此處無法也不必深入複述相關文章的爭論細節，但是可以由幾個不同的議題重點，來回顧這場重要的辯論。首先是法理學的方法問題。正如同前述，哈特當年就是刻意針對哈佛大學當時的唯實論與社會學法理學氛圍，透過語言或概念分析的方法，來提出他對法實證主義立場的堅持與維護。哈特雖然並未完全反對法學研究引進社會科學方法，或更強調脈絡性（contextuality）的方法，但是顯然他對這些方法的興趣不高，反而更想強調概念清晰分析的重要性。

哈特的此一方法深刻地影響了之後英美法哲學的方法進路。雖然他與富勒的共同學生，也就是年輕的德沃金，很快地就發展了新的理論觀點與方法，但是在哈特引領下的英美法理學界，已經廣泛將法哲學（在這派下，與法理學是同義語）界定為對法律的概念分析，而與經驗的以及評價的研究相互區分。直到近年來，此一方法的限制才逐漸地被承認，法概念的（歷史、社會、文化等）脈絡性也越來越被接受。哈特方法的評價觀點也受到更多的檢視與分析（此點見下）。

其次就是有關於法律與道德關係的分離命題問題。自從哈特在一九五七年的演講中，將分離命題界定為所有法實證主義理論最核心的主張後，對於分離命題的支持或反對等等爭辯，幾乎已經成為法理學研究的最重要議題，也由此發展出相當豐碩的理論成果。

於今觀之，分離命題不但可以有許多不同的版本，它們也各自可能為正確或錯誤。例如有法律體系，就一定有道德規範，或法律體系處理的議題一定也是道德關心的議題，在這一類表述下，分離命題是錯誤的，因為法律概念與道德概念有必然的關聯。但是如果說，法律規範並不必然蘊含正面的道德價值或道德上可被證立，此等版本的分離命題又是正確的。不論是哈特或富勒的文本，也都有著可相容於不同版本分離或不可分離命題的詮釋空間。

第三，當年辯論涉及的法概念論爭議，其實也與法治的理念問題直接相關。哈特是一位帶有功效主義倫理學思想的自由主義者，他的法理論亦可被詮釋為對自由主義法治理念的支持，因為這種理論強調法律規則的客觀性，避免將其淪為主權者的主觀意志。而這是一種評價性的態度。富勒的法之內在道德或合法性的基本原則，則顯現了人類的自由與對完善生活之追求，如何可與一個法律規則體系相容，或者說在何種條件下，法律可有助於自由與成就的實現。這些對於法律性質與法治理念之思考與爭辯，在一個全球化、主權式微、多元與風險社會興起的新時代，都有著非常重要的意義與貢獻。

法概念與法治的前途：代結論

要在非常有限的篇幅中對富勒法律思想進行介紹，還要做出結論，實在相當困難。我們在此僅想提出幾個想法作為初步的結論。

第一，富勒的法律內在道德性要求法律的清晰性，有意思的是，哈特及承襲其方法的法理學研究，在強調概念分析與方法清晰性之下來研究法概念，獲致了不少成果。以今天概念分析之技術清晰性而言，富勒可能有所不足。但是在概念分析方法逐漸窮盡其能量時，富勒的法理學論述反而重新獲得新的生命力。其他反實證主義者的理論，例如賴德布魯赫的理論，也有類似的狀況。

第二，富勒開啟的法律內在道德性、程序自然法、溝通、以及對合法性（legality）概念要素的探討，已經逐漸穩定化為當前法理學必備的理論內涵，其重要性一點都不亞於基本規範、承認規則、初級規則等法實證主義開發的理論術語。

第三，合法性概念與法治（rule of law）概念的關係，也成為一個重要的討論領域。我們可以探討，是否有獨立於法治概念的合法性概念？兩者之間有無必然連結？這種討論可以說是新版本之法律與道德分離命題爭議。富勒的內在道德性理論，可以說是肯定合法性與法治概念有必然連結的一種理論論證方式。更進一步的探究，則可以追問，是否八個內在道德性還有所不足，例如某種意義的正當法律程序（due process of law），是否也是內在道德性的一環？對富勒而言屬於實體自然法基本誡命的溝通，是否包含了平等的關懷與尊重呢？這都是理論面可以著墨之處。

從實踐面而言，這一組問題意識更涉及台灣、中國、東亞，乃至全球化下的世界各地，是否可能透過某種合法性與法治的架構，來進行超越主權觀念的共存與合作？這更是一個直接觸及法實證主義、概念法學等法思想起源論（genesis）與近代世界史發展與前瞻的鉅型問題意識，就此點而言，富勒的著作與思想實帶有更豐富寬廣的內涵與潛力。因此希望本譯本的出版，能帶給台灣法學界更多更宏觀的參照與思想啟發。

◆注解◆

[1] Winston認為這可能是因為富勒之後世代的美國學者認為富勒的論證無法達到英美哲學某種具支配地位思考模式的論證標準。請參考：Winston, Kenneth I., "Introduction," *in Law and Philosophy*, 13: 253-258, 1994, 253. 這是Winston為一九九四年 *Law and Philosophy* 期刊一期富勒專號寫的「介紹」。筆者認為這一狀態在最近十餘年雖然不能說有重大改變，但是富勒受重視的程度卻已經日漸提升，此由紐約大學為紀念哈特與富勒辯論五十週年舉辦的討論會中文章可知，請參考：Symposium: The Hart-Fuller debate At Fifty, in *NYU Law Review*, vol.83, Number 4, 2008。另外亦請參考：Winston, Kenneth, "Introduction to the Revised Edition," in Winston ed., *The Principles of Social Order. Selected Essays of Lon L. Fuller. Revised Edition*. Oxford/Portland Oregon: Hart Publishing, 第一～二三頁，二〇〇一年，第一頁。

[2] 近期相關文章請參考：陳起行，〈由富勒人際交往的法理學論 MGM v. Grokster 案〉，《國立臺灣大學法學論叢》，38:1，2009.03，第二一七～二五二頁；莊世同，"Some Aspects of Reason-Based Positivism"，《東吳法律學報》，8:2，2005.03，第三一三～三六二頁；林文雄，〈探討自然法的意義〉，《月旦法學》，64，2000.09，第四八～五四頁。

[3] *The Morality of Law*, 1st edition 1964; revised 2nd edition 1969, New Heaven and London: Yale University Press. 以下使用第二版的頁碼，並簡稱為ML。

[4] 此次出版的繁體中譯本係本於鄭戈所譯，北京商務印書館二〇〇五年出版之《法律的道德性》第一版，經王志弘、邱慶桓、陳郁雯三位校訂。簡體中譯本採用的英文本為一九六九年 Yale University Press 出版之修訂二版。

[5] Summers, Robert S. *Lon L. Fuller*, Stanford, Calif.: Stanford University Press, 一九八四年，第四頁。

[6] 前揭書，不過請注意 Summers 這個對美國重要法學院思潮傾向的描述，僅限於一九三〇年代。在哈特訪問哈佛大學，並與富勒辯論的一九五〇年代，已經無法做此等定位。

[7] 美國法理學思想中的形式主義問題涉及層面相當複雜，其中涉及形式主義是否是一種回溯性的建構，以及形式主義是否是美國版的法實證主義等議題，請參考：Sebok, Anthony J., *Legal Positivism in American Jurisprudence*. Cambridge: Cambridge University Press, 一九九八年，第二〇頁以下的討論。

[8] Summers認為Fuller "...was on the side of the instrumentalists." (前揭書，第四頁)，不過 Green 與 Sebok 有

更深入仔細的探討，請參考：Green, Leslie "Law as a Means," 以及 Sebok, J. Anthony "Comment on 'Law as a Means'"，兩者皆發表於澳洲國立大學（ANU）在二〇〇八年十二月舉辦的研討會上："Colloquium: The Hart-Fuller Debate 50 Years On"。發表人及文章的PDF可在此下載：http://law.anu.edu.au/JFCALR/speakers.asp (最後瀏覽2010/01/15)。

【9】Summers, Lon L. Fuller, 第四頁。

【10】前揭書，第七頁。

【11】同上。

【12】前揭書，第八頁。

【13】Hart, H. L. A., Harvard Law Review, 78, 一九六五年，第一二八一～一二九六頁。

【14】Jeremy Waldron 認為這八個要素可視為是健全的法體系所應具備的要素，在這個意義上也就相當於「法治」理念所要求的基本特色，請參見 Waldron, Jeremy, "Is the Rule of Law an essentially contested Concept (in Florida)?" *Law and Philosophy* 21: 137-164, 2002, 154。亦請見下面的討論。

【15】請參考：FOREWORD: FIFTY YEARS LATER, in: Symposium: The Hart-Fuller debate At Fifty, in *NYU Law Review*, vol.83, Number 4, 2008, 993。

【16】更詳盡的描寫，請參考：Nicola Lacey 著，諶洪果譯，《哈特的一生：惡夢與美夢》，北京：法律出版社，二〇〇六年，第三三八～三四五頁。（原名：*A Life of H.L.A. Hart: The Nightmare and the Noble Dream*, Oxford University Press, 二〇〇四年）

二版序

在《法律的道德性》這一新版本中，前四章的內容並沒有太大的改變，只有一兩處些微的校正。唯一有大變動的是增加了第五章，也就是最後題為「對批評者的回應」這一章。

前四章基本上沒有更動，並非表示我對內容完全滿意，僅僅意味著我在重新思考其中所涉及的問題時，並沒有十分重大的進展，因此，無法對一九六三年演講中首次表達的那些觀點刪增內容。只能說明我基本上仍然堅持自己在那些演講中所顯示的立場。

我希望新增加的第五章不會被簡單地看成是一項辯論術練習。許多年以來，英語世界中的法律哲學基本上是被奧斯丁、格雷、霍姆斯和凱爾森的傳統主宰著。他們對法律的整體觀點所占據的核心地位並不意味著這種觀點被人們完全接受：即便是它的支持者們，也時常顯示出對它的某些意涵感到不滿意。在本書新的總結性章節中，我認為自己比以往更能準確地表達對分析性法律實證主義的不滿。為此我深深感謝那些批評者們，特別是哈特、羅奈爾得・德沃金和馬歇爾・柯恩。他們對我的批評時常一語中的，並沒有被論辯性攻擊中常見的自我保護、語焉不詳弄得含糊不清。透過清楚表述其思想的基本前提，他們也幫助我對自己的思想進行類似的澄清。

由於本書的第一版被一些法律社會學和人類學的學者們發現具有一些價值，我想對那些以學術觀點首次閱讀本書的讀者提供一項建議。首先依次閱讀第二章和第五章，暫時跳過其餘各章。這種閱讀方式，一方面可以使他們很快找到與自己專業相關的有價值內容，另一方面可以使他們大致了解法學家們在界定自己的研究主題時，所存在的基本觀點分歧。

最後，我要表達對我的祕書瑪莎・安妮・埃利斯和耶魯大學出版社的魯斯・考夫曼的感激之情，他們的細心和耐心，不僅消除了我許多日常生活和寫書之間的諸事煩憂，最後還大力協助處理手稿付梓過程中的瑣細事務。

富勒（Lon L. Fuller）

一九六九年五月一日

一版序

本書內容的基礎，是我於一九六三年四月在耶魯大學法學院所做的幾次演講，這些演講是威廉．斯托爾斯演講系列的部分。雖然目前的篇幅比起當初的講稿來已經擴充了好幾倍，但我還是保留了主要內容，因為這種形式適合本書的主題，並且能夠包容我所偏愛的非正式的、經常呈現出論辯特徵的表達方式。因此內容上會有一定程度上的「名不符實」；即使是耶魯聽眾出於禮貌的耐心，也很難從頭到尾聽完這裡出現的第二次「演講」。

在附錄中，我增加了一篇我在發表這些演講之前很久寫成的文字，它的題目叫做「怨毒告密者的難題」。在閱讀本書第二章之前，先閱讀這篇文章並思考其中所提出的問題也許非常有用。這個難題最初是要當作我的法理學課程的討論基礎而被構思出來的。在過去幾年中，它也被用作通向法理學問題的引子，在哈佛大學法學院一年級必修的法理學課程上使用。

在致謝部分，我首先要感謝的是耶魯大學法學院，不僅因為它的要求為本書的誕生創造了契機，還因為它寬限了我的時間，使我能夠達到比當初預定還好的目標。我還應當表達對洛克菲勒基金會的謝忱，它使我在一九六〇至一九六一這個學年，得以獲得美國學術生涯中所稀有的資源：閒暇。當然，我所謂的閒暇，是指毋需立刻要求要有成果或假裝有成果的壓力之下，進行閱讀和反思的機會。簡單地說，如果沒有洛克菲勒基金會的資助，我就不可能接受耶魯的邀請。至於對同事們欠下的學術債，由於債主人數眾多，他們施與幫助的形式又是如此多樣，所以我很難充分表達自己的謝意。只能說，他們之中沒有任何人有機會動搖作者對修訂最後文本的堅持。不過，在這項智識工作的早期階段，他們的貢獻是如此的重要，以至於在我看來本書既屬於我，也屬於他們。

最後，為了感謝我的妻子馬喬莉的貢獻，我借用另外一位作家的說法：「她或許並不了解本書說了些什麼，但她的確知道本書意味著什麼。」

富勒（Lon L. Fuller）

目次

第一章 兩種道德

罪，不及物動詞。自願偏離上帝為人規定的義務軌道。

罪，就是沉淪到虛無之中。[1]

——韋伯斯特新國際詞典

本書的內容，主要是圍繞著對涉及法律與道德之間關係的現有文獻的不滿而開展。在我看來，這些文獻在兩個重要的方面表現出不足。第一個方面的不足，在於無法清楚界定道德本身的意涵。我們已經擁有過多的法律定義，但是在把法律和道德相比較的時候，人們似乎假定每一個人都知道這一對術語中後者（即道德）的含義。湯瑪斯．里德．鮑威爾曾經說過，如果你能夠思考和某物相關的一件事物，而不必考慮它所關係到的某物，你就具備了法律心智。在我看來，法律心智從整體上來看，一直在耗盡心力地思考法律本身，但卻滿足於對法律與之相關且與之區分的道德不加檢視。

在第一章裡，我將嘗試恢復平衡。為了完成這一任務，我著重在指出我所稱的期待性道德與義務性道德之間的區分。我認為，未能做出這一區分，是導致討論法律與道德的關係時產生諸多含混之處的原因。

隱含在這些話中的另一項重大不滿，所針對的是一項疏忽，即無視於本書第二章標題所稱的「道德使法律成為可能」。當現有的文獻涉及到第二章所討論的主要課題——我稱之為「法律的內在道德」的時候，它們的應對方式通常是三言兩語地評論一下「法律正義」，這種正義概念被等同於一項純粹形式上的要求，即類似案件應得到類似處理。很少有人認識到這樣勾勒出的只是一個更大的問題，這個大問題便是：如何釐清攸關任何法律系統（甚至包括其最終目標被認為是錯誤或罪惡的法律系統）之維持的人類努力方向。

第三章和第四章是對前兩章所提出的分析框架的進一步發展和應用。題為「法律的概念」的第三章，試圖一般性地澄清這種分析框架與各種法律哲學流派之間的關係。第四章「法律的實質目標」，試圖闡明對法律之內在道德的適當尊重，如何限制著透過法律規則可能實現的實質目標的類型。這一章以考察像實質的「自然法」這樣的東西，在何種程度上能夠從期待性道德中衍生出來而收尾。

義務性道德與期待性道德

現在，我來說說期待性道德與義務性道德之間的區別，這種區分本身並不陌生。[2] 但是，我認為這種區分的全面含義尚未得到充分的揭示，特別是這些含義尚未在對法律與道德之關係的討論中得到充分的發揮。

期待性道德在古希臘哲學中得到了最明顯的例示。它是善的生活的道德、卓越的道德以及充分實現人之力量的道德。在期待性道德中，也許寓有近似於義務性道德的弦外之音。但這些弦外之音通常都極其微弱，如同在柏拉圖和亞里斯多德的學說中所見。當然，這些思想家也認識到，人有時可能無法實現自己最全面的能力。身為一位公民或者一位官員，他可能被判斷為不夠格。但在這種情況下，他會因失敗而不是因疏於履行義務而受譴責；是由於缺點，而不是由於犯錯而受譴責。一般而言，當我們研究希臘人時，掌握到的比較是正確而適當之行為的概念，亦即人在最佳狀態下應採取的行為，而非善惡的概念和道德主張與道德義務的概念。[3]

如果說期待性道德是以人類所能達致的最高境界作為出發點的話，那麼，義務性道德則是從最低點出發，它確立了使有序社會成為可能，或者得以達致其特定目標必要的基本規則。它是《舊約》和《十誡》的道德，它的表達方式通常是「汝不得……」有時則是「汝應當……」，它不會因人們沒有抓住充分實現其潛能的機會而責備他們；相反地，它會因為人們未能遵從社會生活的基本要求而責備他們。

亞當．斯密在《道德情感論》（*The Theory of Moral Sentiments*）中所採用的一個比喻，可以說明我在這裡所描述的兩種道德之分。[4] 義務性道德「可以比作語法規則」；而期待性道德則「好比是批評家為卓越而優雅的寫作所確立的標準」。正如義務性道德諸規則規定了社會生活所必需的條件一樣，語法規則規定了維護語言作為交流工具的必要條件。正像期待性道德諸原則一樣，一流的寫作原則必定「是靈活、模糊和不確定的，與其說它們為我們提供了達致完美境界之確定無誤的指引，還不如說它們只是描述了我們應當追求的這種完美境界」。

說到這裡，有必要選取某些人類行為的形式，並試問一下這兩種道德將如何對之做出判斷。我所選擇的例子是賭博。在使用這個字眼的時候，我腦海中浮現出來的不是像「一便士牌局」這樣的聯誼遊戲，而是高賭注的博弈——在邊沁《立法理論》（*The Theory of Legislation*）的譯本中，這種博弈有一個獨特的名稱：「深度遊戲」（deep play）。[5]

那麼，義務性道德將如何看待如此界定的賭博呢？在典型的情況下，它會預設一位假定的道德立法者，來負責確定賭博是否如此有害，以至於我們應當認為對所有人都有效的「不得從事賭博活動」之一般性道德義務是存在的。這位立法者可能認為賭博是一種時間和精力的浪費，它就像毒品一樣影響著那些上癮的人，它會引起許多危害社會的後果；比如它使賭徒們忽視自己的家庭，忽視自己對社會的義務。

如果我們所假定的道德立法者曾經受教於傑瑞米·邊沁以及後來的邊際效用學派經濟學家，他便可能找到一些很好的理由來宣布賭博具有內在的有害性，而不僅僅是由於它的間接後果才變得有害。如果一個人的全部財產有一千元，他將其中的五百元投入所謂的公平賭博中。在這種情況下，他所參與的這場交易的可能收益與可能損失並不平衡。如果他輸了，他所付出的每一塊錢都會對他的福祉造成更嚴重的影響。如果他贏了，他所得到的五百元從效用上來看，少於他如果輸了便會支出的那五百元。於是我們得出了一個有趣的結論：兩個人自願打交道，彼此都未曾打算傷害對方，但卻達成了一項對雙方都不利的交易——當然，這是根據骰子擲出之前的情況來判斷的。

在權衡了所有因素之後，義務性道德論者很可能會得出這樣一個結論：人們不應當從事高賭注的賭博活動，也就是說，他們有義務避免「深度遊戲」。

這樣一項道德判斷和「賭博是否應當為法律所禁止」這個問題之間，有著什麼樣的關係呢？答案是：它們有直接的關聯。我們所假定的道德立法者無須對他的判斷方法做出重大改變，便可以將其角色轉換成法律規則制定者。身為一位法律規則制定者，他將會面臨某些當他身為道德家時可能會用決疑法（casuistry）來解決的問題。他必須決定如何對待技巧類遊戲和部分依靠技巧、部分依靠運氣的遊戲。身為一部制定法的起草者，他將面臨如何區分作為娛樂的小賭注博弈與有害的賭博形式的難題。如果不容易找到一個公式來確定這種區分，他可能會傾向於將所有的賭博形式，都納入到他所起草的法律的規制範圍之中，而將區分無害博弈和有害賭博的任務留給檢察官。在採取這種通常被委婉地稱為「選擇性執法」（selective enforcement）的權宜之計之前，我們這位從道德家轉化而來的立法者，必須反思這樣一項原則的普遍適用性所帶來的危險後果——這種「選擇性執法」已經成為現實執法機制中最常見的成分。在起草和提議其法律條文的時候，他可能還會將其他許多類似的因素納入考慮。但是，在任何環節上都不會出現明顯偏離他在決定是否將賭博認定為不道德時，所採用的方法的情況。

現在讓我們來看看賭博在期待性道德觀點中呈現何種樣態。在這一觀點下，我們所關注的並非賭博可能造成何種具體的損害，而是賭博是否值得一個人努力為之的問題。我們認識到：在人間事務中，風險伴隨著所有創造性的努力，而一個從事創造性活動的人，不僅應當承受他的角色所承載的風險，而且應當欣然面對這種風險，這是正當且良善的（right and good）。但是，賭徒培育的是風險本身。由於不能接受做人所應承擔的責任，他找到一種方式來享受人生中的一種刺激快感，而逃避人生中的種種負擔。高賭注的賭博實際上變成了一種拜物主義，這種賭博和性本能的某些變異形態之間的相似性是非常明顯的，且實際上已經在關於沉迷性賭博（obsessive gambling）的大量心理學文獻中得到了印證。[6]

因此，期待性道德對賭博做出的最終判斷不會是一項譴責，而是一種輕蔑。對於這樣一種道德來說，賭博並非對一種義務的違反，而是一種不適合一位具備人類才智之士去從事的活動。

那麼，透過如此的判斷對法律有何意義呢？答案是對法律不具有任何直接的意義。法律不可能強迫一個人做到他的才智所能允許的最好程度。想要尋找可行的判斷標準，法律必須轉向它的「遠親」——義務性道德。在這裡，它將會找到有助於判斷賭博是否應當被法律所禁止的尺度。雖然期待性道德與法律不具有直接的相關性，但它的間接影響卻無所不在。我們的整個法律體系展現出一套規則的複雜組合，旨在將人們從盲目的隨機行為中拯救出來，使其安全踏上從事有目的的創造性活動的道路。如果一個人在與另一個人進行交易的時候，基於對事實的理解錯誤而支付了款項，準契約法（law of quasi contract）會要求返還。契約法會宣布基於對相關事實的雙向認識錯誤（mutual misapprehension）而簽訂的合約無效。根據侵權法，一個人可以積極地行動，而無須負責賠償作為其行動之偶然副產品的損害，除非他所從事的是某種會造成可預見危險的營生——在這樣的情況下，這種危險可以計算入他所從事活動的一項保險精算成本（actuarial cost），並因此可以作為事先的理性計算的條件。在法律發展的早期階段，這些原則未曾得到確認。它們如今獲得承認，標誌著歷時若干個世紀減少人類事務中的非理性因素的努力，又獲得了一項成果。

但是我們沒有辦法強迫一個人去過理性的生活。我們只能做到將較為嚴重和明顯的投機和非理性表現，自他的生活排除。我們可以創造出一種理性的人類生存狀態所必需的條件。但這些只是達致那一目標的必要條件，而不是充分條件。

道德尺度

當我們考慮各種類型的道德問題時，可以自然聯想到某種刻度或尺規，它的最低起點是社會生活的最明顯要求，向上逐漸延伸到人類願望所能企及的最高境界。在這一尺規上，有一個看不見的指標，它標誌著一條分界線——在這裡，義務的壓力消失，而追求卓越的挑戰開始發揮作用。一場針對這一指針的準確位置而展開的未正式但卻轟轟烈烈的戰爭，主宰著道德論爭的整個戰場。有些人試圖將它往上移動，另一些人則試圖將它向下拉。那些不討人喜歡或者給人造成不便的道學家，總是試圖將這一指標向上推，從而擴展義務的領地。他們不是邀請我們和他們一起來努力實現一種他們認為與人性相稱的生活方式，而是試圖透過棒喝使我們相信：我們有義務來接受這樣的生活方式。我們每一個人在不同的時間點，可能都曾經遭受過這一技術的某種版本的影響。暴露在它的輻射之下太久，可能會導致受害人終生厭惡整個道德義務概念。

我剛才所談到的是一種想像的指針，它標誌著義務和期待之間的分界線。為這一指針尋找合適停泊點的任務，據我認為至少早在柏拉圖時，就已經被一種思想上的混淆搞複雜了。我想到這樣一種論式：為了判斷人類行為中哪些是壞的，我們必須知道什麼是完美的。每一項行動都必須根據它對完美生活的貢獻來評判。如果沒有一幅關於人類生存之理想狀態的圖畫擺在我們面前，我們就既沒有標準來確定義務，也沒有標準來為人類能力之表現開闢新的通路。那些接受這種論證理路的人們，拒絕考慮如何準確找出義務停止、期待發端的臨界點問題，不是認為它沒有意義，就是認為它是無法解答的。在他們的觀點中，期待性道德顯然是所有道德的基礎。由於義務性道德必須要體現從期待性道德那裡借過來的標準，在兩種道德之間劃出明確分界線的努力既沒有針對性，也沒有必要。

令人吃驚的是，所有道德判斷都必須建立在某種完美的概念之上的這一觀點，就道德判斷的客觀性問題曾在歷史上被用以得出完全對立的結論。一種論點主張：「我們能夠知道並同意什麼是壞的」是一項經驗事實。由此可以推導出來的結論便是，我們的思想背後存在某種關於何謂完美的共同圖像。因此，道德哲學的任務就是將我們已經知道並同意的某種東西，用語言清楚地表述出來。這是柏拉圖筆下的蘇格拉底所選擇的路徑。與此對立的論點則主張：人們無法就何謂完美達成共識。但是，由於缺乏一項關於何謂完美的共識（這是一項顯然不存在的共識），會導致我們不可能做出關於「什麼是壞的」的有意義判斷。而產生的必然結論就是：我們在「什麼是壞的」這一問題上達成的表面上的共識，其實是受社會條件影響、適應以及偏見等因素作用下產生的幻象。

這兩種結論都建立在：「我們無法知道什麼是壞的，除非我們知道什麼是完美的」這樣假定的基礎之上。或者，換句話來說，除非先接受一套全面深入的期待性道德，否則我們無法理性地辨識出道德義務。這一假設有悖於最基本的人類經驗。「不得殺人」這一道德禁令，無需以任何完美生活圖像為前提。它只是建立在「如果人與人之間相互殘殺，任何可以想像的期待性道德便都無從實現」這樣一個平凡的真理之上。在人類投入自身努力的任何領域，「要判斷什麼是不可欲的，必定受到某種半隱半顯的烏托邦理念的指引」這一說法，都不可能是正確的。例如，在語言學的領域，沒有任何人會假裝知道一種完美的語言是什麼樣。但這並不能阻止我們致力於抵制某些不遵循語言習慣的做法，這種做法顯然會破壞有用的區分。

在人類目的的整個範圍——不僅包括人類行動，也包括各種人為產物，我們都可以發現對「我們無法知道什麼不適於一種目的，除非我們知道什麼最適合於實現這一目的」這種觀念的拒斥。在選擇實現我們目的的工具和手段時，我們能夠且時常在對我們所試圖實現的目的，在只有認識不完備的情況下盡力而為。例如，沒有任何尋常的人類工具完美地適合於某項特定的任務。相反地，每一種工具都是設計來較為合理地完成一系列不甚確定範圍的任務。一把木鎚的用途可以十分廣泛，只有當我們試圖用它來敲很小的圖釘或者很厚實的帳篷支柱時，才會暴露出它的不足。如果一位工友向我借一把鎚子或我能夠提供的任何類似的東西，不用準確地知道他正在進行什麼樣的工作，我也知道許多工具對他來說是沒用的。我不會遞給他一把起子或是一條繩子。簡言之，即使我對於如何達致完美的概念極不完備，也可以知道什麼是不好的。所以我相信同樣的道理也適用於社會規則和社會制度。所以，我們無需宣布完美的正義是什麼樣子，也可以知道什麼是有失公允的。

剛才所提出的這些論斷，絲毫沒有暗示區分義務性道德與期待性道德並不困難的意思。確定義務應當在何處止步，是社會哲學所面臨的一項最艱巨的任務。要找出這個問題的答案，勢必介入大量的主觀判斷，而個人之間的意見分歧也在所難免。我在這裡所試圖論證的，只是我們應當面對這個問題的難度，而不是以「除非建構出一套關於期待性道德的完整圖像，否則便無法找到答案」的藉口來逃避。我們所知道的，已經足以使我們能夠創造出使一個人得以提升自我的條件，這樣做優於試圖用一套關於他所可能達到的最佳表現來限制他。

在這裡，我們可能需要防止另一種誤會。曾經有過這樣的一種說法，義務性道德關係到人在社會中的生活，而期待性道德則是一個人和他的自我之間、或者是一個人和他的上帝之間的事務。[7]這個說法只有在「當我們沿著從明顯的義務到最高的期待的階梯向上攀登時，人與人之間在能力和理解方面的差異變得越來越重要」這種意義上，才是正確的，但這並不意味著社會關係會在這一攀升過程中斷裂。對期待性道德的經典表述，在古希臘哲人言論當中可見。人作為一種政治動物不得不在和他人分享的生活當中，尋求善的生活方式，這對希臘人是理所當然的。如果我們和我們所傳承的語言、思想和藝術遺產之間的聯繫被切斷，任何人都無法期盼超越於純粹的動物性存在之上的東西。期待性道德所擔負的首要責任，便是保護和豐富這一社會遺產。

倫理學語彙與兩種道德

我認為，義務性道德與期待性道德之間的區分，之所以未能在現代思想中生根發芽，是因我們的倫理學語彙定位不明並遮蔽了這一區分。舉「價值判斷」（value judgment）為例，價值這一概念與期待性道德具有類似的性質。但假如當初我們選擇另一個詞來搭配價值，比如說「價值感知」（the perception of value），我們所擁有的表述方式，便可以完全相容於一套指引人們達致人生卓越境界的思想體系。但若我們結合「價值」與「判斷」二語，這組表述所指的並不是一種追求完美的努力，而是一項關於義務的結論。因此，一種適合於人類期待的更高目標的主觀主義，擴展到道德論述的整套語言當中，而我們很容易被導向「對於社會生活而言顯然十分必要的義務，乃是基於一些基本上不可言說的偏好」這一個荒謬的結論。

我相信，如果論辯雙方可以費些功夫來真正掌握義務性道德與期待性道德之間的區分，關於事實與價值之間所引起的無數爭論，便可能得到澄清。當我們做出一項關於道德義務的判斷時，說這樣一項義務可透過某種方式直接從關於某種事實情境的知識中推導出來，似乎是十分荒謬的。我們可能從頭到尾了解相關的事實，但在我們得出結論說某項義務應當存在之前，似乎仍然需要一項立法性判斷的介入。這種立法性的判斷行為未必困難，但原則上都會出現。

期待性道德的情形則截然不同，它在這方面顯示出自己與美學的親和性。當我們試圖理解某種新的美學表達形式時，在充分掌握相關資訊的情況下，我們必定會立刻盡力去探尋藝術家所追求的目的。我們會問自己：「他在試圖做些什麼？」「他試圖表達的是什麼？」當我們回答完這些問題的時候，我們可能喜歡或不喜歡自己所面對的作品。但在我們的理解和我們的欣賞或不欣賞之間沒有任何中間步驟介入，如果我們不欣賞，但卻仍然不太信任自己的判斷，我們不會問自己：是否適用了錯誤的欣賞標準，而是會問：我們是否真正理解了藝術家所試圖做的事情。實際上，理查茲（I. A. Richards）已經向我們證明，當學生不是去關心作者的意圖，而是去關心如何應用自己所認定的判斷文學作品之好壞的標準時，則他們對文學價值的判斷會陷入混亂不堪的狀態。[8]與此相類似，諾曼·牛頓也向我們呈現出為了尋找某種可以明確表述的公式，來正當化已做出的判斷，會如何扭曲著對建築的美學判斷。[9]

上面這些評論並非旨在否認期待性道德所賦有的合理性性質。相反地，它在說明義務判斷所特有的說明理由的話語，並不適用於期待性道德。我認為，這一點在柏拉圖筆下的蘇格拉底身上，已經得到了很好的例證。

蘇格拉底將德行等同於知識。他推測，假如人們真正理解善，他們就會渴求，並盡力去獲取。這種觀點常常被認為令人困惑，也有人認為荒謬，視批評者的溫和程度而定。如果蘇格拉底所教的是一種義務性道德，對他的批評肯定是理由充分的。但他所教的乃是期待性道德。他試圖讓人們看到並理解善的生活，以期他們能夠努力實現。如果他所說的是：「首先，我將論證善的生活是像什麼樣子的，這樣你們就可以理解它，並且看到如果你們這樣生活就會變成什麼樣子的人。然後我會提出你們為什麼應該過這種生活的理由」，那他的主張不會變得清楚，反而會引起混淆。

蘇格拉底式的論述將美德等同於知識的觀點，本身就例示了我們的倫理學辭彙在兩種道德之間搖擺不定的狀態。現在「美德」這個詞，已經完全變成義務性道德的同義詞。對現代人來說，這個詞已經喪失了包含力量、成效、技藝和勇氣等原初意義，這套含義曾經非常明確地將「美德」置於期待性道德的範圍之內。「罪」（sin）這個詞也經歷了類似的輾轉流變。現代，行有罪之事（to sin）就是違反一項義務，但在《聖經》中被翻譯為「罪」（sin）的那個詞，本來包含著「錯過目標」這個隱喻。這一初始意象在早期基督徒那裡仍然得到保存，因為在他們所列出的不可饒恕之罪中，不僅包括貪婪和不貞，而且還包括被西奇威克稱作「古怪罪行」（the rather singular sins）的消沉和冷漠。[10]

邊際效用與期待性道德

我曾經指出，如果我們要尋找人類研究領域之間的親緣關係的話，法律便是義務性道德最近的遠親，而美學則是期待性道德最近的親屬。我打算展開一項看起來有一點兒奇怪的調查，也就是確定這兩種道德與經濟科學所特有的判斷模式間的關係。

這項考察一開始便遭遇困難，而造成困難的原因在於經濟學家們就他們的學科定義，從未形成過一種一般性的共識。雖然經濟學實至名歸地享有社會科學中最先進學科的美名，但這個世界仍然期待著「經濟學的研究主題是什麼？」這一個問題的答案。大多數經濟學教科書都滿足於借助一份或多或少帶有印象主義色彩的清單，來向讀者介紹他們的學科，這個清單上列出的是經濟學家們所特別關注的問題。除此之外，讀者們只能自行確定他正在學習的學科究竟是什麼。[11]

不過，的確有少數經濟學家，認真地嘗試為準確界定經濟科學的問題求解答。[12]在這些學者之間逐漸形成了兩種觀點，一種觀點認為經濟學涉及到交換關係，另一種則認為經濟學的核心在於邊際效用原則，借助這項原則，我們可以對我們所掌握的資源進行最有效率的配置，從而實現我們為自己確立的任何目標。用來區分這兩種觀點的標準形象當然是魯賓遜（Robinson Crusoe）。他用一個人的孤獨研究來交換大自然的果實。如果經濟學被認為是在研究人與人之間的交換關係，那麼魯賓遜在那個時候沒有任何經濟學上的問題。從另一方面來看，他的確需要決定如何最有效地利用他自己的時間和精力以及所掌握的稀少資源。如果他正在耕耘一片土地，他可能會問自己：「如果我將自己的勞力轉而投入到捕魚當中，我在一小時當中，是否會得到超過我繼續在這裡耕種一小時所能得到的收穫？」從這個意義上看來，魯賓遜面臨著的是很嚴肅的經濟學問題。

我認為，現在這兩種經濟學概念作為本章主題的兩種道德觀之間的平行關係，已經顯露出來；也就是說，交換經濟學和義務性道德之間存在著緊密的親和性，而邊際效用經濟學則是期待性道德在經濟領域內的對應物。以下，我就從這第二項關係開始談起。

期待性道德涉及到我們有效地利用我們的短暫生命的努力；邊際效用經濟學關

注的是我們有效地利用我們有限的經濟資源的努力。這兩者不僅在它們試圖做的事情上有相似性，而且在它們的局限性方面也有相似性。有人說，期待性道德必然暗示著某種關於人的至善狀態的概念，不過它沒有告訴我們這究竟是什麼。完全一樣的批評，帶著同樣的力度，也可以針對邊際效用原則而發出。邊際效用經濟學認為消費者們試圖使自己所花的每一塊錢都獲得等值的回報。如果他已經花了很多的錢來買書，而這一特定的開支所帶來的回報開始顯著遞減時，他可能會將他的支出投入別的方向，比如佳餚美饌。在這一轉向中，或者說在一個人能比較在迥異的事項上的開支這一觀念本身當中，隱含著某種超然於人們可以花錢去獲得的書籍、食品、衣服以及其他商品和服務之上的終極標準。邊際效用經濟學家無法描述這項標準是什麼，不過，與期待性道德論者不同，他擁有一個可以用來掩蓋其無知的術語——「效用」（utility）。當從一件價值一元的商品A中得到的效用低到一定的程度，以至於比不上另一件價值一元的商品B所能帶來的效用時，消費者就會將開支轉而投入到第二種商品上去。而也正是借助「效用」這個詞，經濟學家遮掩了自己無法辨識出某種超越於所有特定商品之上，並為在它們之間做出選擇的活動，提供指導的經濟利益（economic good）這一事實。不過，經濟學家在這方面的缺失從本質上講，和道德家一方面聲稱要向人們指出通向善的生活的道路、另一方面又不去界定生活的最高目標是什麼具有同樣的性質。【13】

邊沁用享樂的目標來替代卓越的目標的嘗試，實際上只不過是在道德領域引入了一樣不明的預設，這種默認值在經濟學中可以說是根深柢固的。「所有人類的努力都旨在獲取快樂」這一主張，不可能得到支持，除非我們願意將快樂這一概念擴展到這樣一種程度，以至於使它像經濟學中的「效用」一樣變成一個空空如也的容器，任何類型的人類欲求和努力，都可以往裡面裝。如果我們像密爾一樣試圖對裝進這個容器中的東西進行挑選，最終所獲得的結果便不會是最大快樂原則，而是某種類似於古希臘的「卓越」概念的東西。

由於預設了某種最高的道德善或經濟利益，我們在期待性道德和邊際效用經濟學兩個領域都最終訴諸於「均衡」觀念——不要太多，也不要太少。這種觀念並不像它表面上看起來那麼陳腐。普通人的特點就在於他們總是追求著各式各樣的目標；過分執著地追求某個單一的目標，實際上可能被看成精神疾病的徵兆。在其著作的一個段落中，阿奎那似乎提出了這樣一種古怪的觀點：實際上，我們總是不斷從一個特定的目標轉向另一個特定目標，這一情況恰恰證明了一項人生終極目標的存在，因為，如果沒有指引人轉換目標的標準，我們就會永遠執著地朝一個方向走。由於這是可能且荒謬的，由此而導致的推論便是，如果我們不是處在某種最高目標的指引之下的話，我們就會什麼也不做，不朝任何方向努力。[14]不管人們如何理解這段悖論式的推理，亞里斯多德的「中道」（just mean）概念，絕不是什麼陳詞濫調。我們不能把這種「中道」和現代人的「中間路線」（the middle way）概念混淆。對於現代人來說，中間路線是易行的道路，只需付出極少的努力。對於亞里斯多德來說，「中道」是艱辛的道路，是偷懶的人和掌握不到技巧的人很容易跌倒的道路。從這種意義上講，它像健全的經濟管理一樣要求具備洞見和智慧。

互惠與義務性道德

關於期待性道德與一種定位為主要關涉審慎管理的經濟學觀念之間的關係，我們就先談這麼多。現在，讓我轉向我認為存在於義務性道德與交換經濟學之間的那種親緣關係。

顯而易見的是，義務，不論是道德上的還是法律上的，都可能從一項交換中產生，比如一項承諾與承諾的交換，或者一項承諾與一項當下行為的交換。因此，在交換的概念與義務的概念之間，存在一個重疊地帶。另一方面，試圖將所有義務都理解成來自於某種明顯的交換，顯然是有悖常理的。例如，我們可以主張一位公民有投票的道德義務，並且為其提供足夠的資訊以幫助其投出明智的一票，而無需暗示這項義務源自於他與他的政府之間的交易，或者是他與他的公民同胞之間的交易。

要確立義務與交換之間的親緣關係，我們需要一個第三者，一項媒介原則。我認為，這可以在互惠關係中找到。交換畢竟只是這種更具一般性、而且往往更加微妙的關係的一種特殊表現形式。實際上，關於義務性道德的文獻中，處處提到類似於互惠原則的東西。

即使是在「登山寶訓」（Sermon on the Mount）這樣的神聖教誨中，也反覆提到明智的互惠關係。「你們不要論斷人，免得你們被論斷。因為你們怎樣論斷人，也必怎樣被論斷；你們用什麼量器量給人，也必用什麼量器量給你們……所以，無論何事，你們願意人怎樣待你們，你們也要怎樣待人；因為這就是律法和先知的道理。」[15]

像這樣的教誨——實際上，它們可見於所有關於義務性道德的論述當中，當然並不是在暗示每一項義務都源自於一種面對面的交易關係。如果我們將「黃金律」[16]重新詮釋為下面這段話，這一點就會變得很明顯：「只要我從你那裡得到保證，說你將以你希望被對待的那種方式來對待我，我就會投桃報李地以類似的方式來對待你。」這不是一種道德的語言，甚至也不是友好的商業活動的語言，而是小心翼翼的、甚至敵對式的商業語言。將這種語言中所體現的思想作為一項一般性原則，會全面瓦解維繫正常社會關係的樞紐。

「黃金律」所試圖傳達的資訊，並不是說社會是由一套公開討價還價的網路構成的，而是說社會是由一條無所不在的互惠關係綁在一起的。這一概念的蹤跡，可見於每一種義務性道德當中，從那些嚴重依賴自我利益的義務性道德，到那些立基於「定言令式」（Categorical Imperative）的高尚要求。每當一項對義務的訴求需要為自己尋找正當化理由的時候，它總是會求助於某種類似於互惠原則的東西。因此，在敦促一位不情願的選民去投票的時候，幾乎可以肯定的是，我們遲早會問他：「如果每一個人都像你這樣不去投票，你會怎麼想？」

有人或許會抗議說：這些評論所涉及的只是義務的修辭學，而不是它的社會學。當一位道德家試圖說服人們接受一項令人不愉快的義務時，他當然會在自己的論辯中，加入訴諸自我利益的成分。同樣地，當任何人試圖令人們接受一項不受歡迎的，來自外部的強制時，他都會設法為這種強制披上一件使它看起來像自願承受的外衣，正像政治權力的殘酷現實在歷史上，總是被某種關於初始契約的虛構裝扮得呈現出朦朧美一樣。

我認為，這種主張低估了互惠原則，不僅在我們信念中，而且也在我們的實踐中扎根的深度。我方才提出的對「黃金律」的重新詮釋，是對其本意的明顯顛倒。不過，如果我們加上這樣一句：「如果事實已經清楚地顯示，你根本不打算以你自己希望被對待的方式來對待我，我就會認為自己被免除了按照我自己希望被對待的方式來對待你的義務」，它的含義就不會被曲解了。在這裡，互惠的因素被幾項免除義務本身的因素所取代，它代表著一種「自動安全保障」的啟動點。人們一定會就到達這一啟動點的時刻形成不同意見，但的確存在一些不可能引起爭議的明顯情況。因此，當我向一位國人極力說明他有義務去投票的時候，如果他清楚地知道自己的選票不會被納入計算，我訴諸義務的勸說便一定不會奏效。

投票的義務不是絕對的，而是有賴於關涉他人行動的某些預期的滿足。即使在這樣一種情況下，這一點仍然是正確的：一位公民明知自己的選票不會被納入計算，但仍會去投票，因為他的目的是針對某些選舉舞弊事件製造一個考驗案件（test case）。如果整個世界保持冷漠和無動於衷，不對他的行動做出任何反應，這一行動就會顯得毫無意義。

從這種廣泛的意義上講，至少就每一項對社會或另一位負責任的個人負有的義務來說，義務這個概念本身就蘊含著某種互惠概念。我們可以想像一種完全不知義務為何物的社會關係。這樣一種關係可能存在於一對彼此深愛對方的男女之間，也可能存在於被某種危急狀態結合在一起的一小群人之間——比如為了共同抵禦正在縮小包圍的敵人。在這種情形下，人們不會想到要衡量彼此的貢獻。適合於這種情況的組織原則可能是「我為人人，人人為我」。不過，一旦貢獻開始被標明並且被衡量，也就是說，只要存在義務，就需要某種標準來確定人們所期待的貢獻的種類和程度，不論它是多麼粗糙和多麼不精確。這項標準，必須從將不同個人的行動結合起來的某種社會組織構成模式中產生出來。只要我們還試圖用某種合理性標準來判斷這類事務，這一社會組織的相當程度的破裂，必會將人們從某些義務中解脫出來——如果這些義務的唯一存在理由就是維護一種現在已經被破壞的社會互動模式的話。

在我們剛才所提出的這些論述中，潛含著關於某種匿名合作關係的概念，透過人與人之間的這種合作，他們的活動藉由一個組織化社會的制度和程序而協調起來。這種概念似乎與簡單的經濟價值交換的概念有著很大的區別。但我們應當注意到，即便是最直接和最明顯的互惠關係，也絕不僅僅局限在馬匹交易之類的事務上。例如，讓我們設想兩個人交換了這樣一項承諾：雙方各自向同一慈善機構捐贈同樣數額的現金。在這裡，我們看不到交換關係中常見的自利性動機，同樣也看不到交換雙方之間。然而，在這一事例中，我們可以清楚地看到一種互惠關係，而且，假設沒有慈善機構所享有的權利的介入，一方對其承諾的拒絕履行從公平的角度看，顯然應當使另一方的義務得以免除。雙方的義務源自且依賴於一種互惠關係，這種關係就類型而言，和以更複雜的方式將社會成員結合到一起的互惠關係並無二致。

如果「義務一般可以追溯到互惠原則」是正確無誤的，同樣正確的便是：一項特定義務所源自於其中的那種互惠關係，可能會具有不同的可見度。有些時候，它對於那些相關人士來說是顯而易見的；而在另一些時候，它則經由社會的制度和管理，而走出更加微妙和隱密的路線。這便引出了一個問題：在什麼樣的情況下，一項法律或道德的義務對於那些受其影響的人們來說，才會變得更容易理解和接受呢？我想我們可以辨識出義務概念最佳功效的三項條件。首先是互惠關係，從這種關係中產生出來的義務，必然導源於直接受影響的當事人之間的自願協議，他們自己「創造了」這種義務。其次，當事人的互惠式履行必須在某種意義上是等值的。雖然自願承擔（義務）的概念本身，就強烈地訴諸於正義感，不過等值因素的加入，還是進一步強化了這種訴求。我們在這裡所說的並不是精確的同一性，因為像用一本書或一個想法（idea）來交換同樣的書或想法（idea）這樣的交換是毫無意義的。互惠的樞紐將人們結合起來，不是簡單地不管他們之間的差異，而恰恰是由於他們之間的差異。因此，當我們在互惠關係中尋求平等的時候，我們所尋找的是可以用來衡量不同種類物品價值的尺度。第三，社會中的關係必須具備充分的流動性，所以今天你對我負有某種義務，明天我可能對你承擔起同樣的義務——換句話說，義務關係在理論上和在實踐中都必須是可逆的（reversible）。若缺乏這種對稱性，我們就很可能被盧梭的問題難倒：為什麼我自己必須以好像我是另一個人的方式來行動，如果我基本上可以肯定自己永遠不會陷入他那種處境？[17]

這些就是最佳義務觀念實現的三個條件，這些條件使得一項義務最容易為承擔該義務的人們所理解和接受。如果我們問：「這些條件在什麼樣的社會中最容易得到滿足呢？」答案會是很令人吃驚的：在一個由經貿人士組成的社會中。從其定義上看，這樣一個社會的成員之間，建立了直接的和自願的交換關係。就平等而言，只有借助一種類似於自由市場的東西，某種能夠準確度量不同商品之價值的標準才可能發展起來。[18]如果缺乏這樣一種度量標準的話，平等的概念便會失去實質意義，並降低到一種比喻的層次。而經貿人士經常變換角色，時而賣出，時而買進，因此導源於他們之間的交換關係的義務，不僅從理論上、而且在實踐中，都是可以逆轉的。因此，作為商貿社會之特點的角色的可逆轉性（reversibility of role）在任何其他地方，都不可能在同等程度上存在；如果我們考慮一下父母與子女、丈夫與妻子、公民與政府之間存在的義務關係，這一點就變得非常明顯。海耶克認為法治本身便依賴於這樣一項社會條件——人們今天集合起來就他們的義務進行立法，但卻不知道明天自己會成為這些義務的承擔者還是受益者。可以理解的是，海耶克將這樣一種社會，等同於一個按市場原則來組織的社會，並且預言，在任何放棄市場原則的社會中，法治都會瓦解。[19]

這項分析得出一個令人吃驚的結論，即只有在資本主義制度下，道德和法律義務的觀念才能得到充分發展。實際上，這正是一位名噪一時的俄國學者，尤金・帕舒卡尼斯所提出的，他可能是唯一一位可稱得上為社會哲學做出了獨特貢獻的俄國思想家。[20]

帕舒卡尼斯的理論被稱為法律的商品交換理論（Commodity Exchange Theory of Law），不過把它稱為法律和道德義務的商品交換理論（Commodity Exchange Theory of Legal and Moral Duty），似乎更為恰當。這種理論立基於馬克思主義思想的兩根支柱，首先，在社會組織中，經濟因素是最為重要的，因此，法律和道德的原則與制度構成反映社會的經濟組織的「上層建築」；其次，在最終實現的共產主義社會中，法律和國家都將消失。

就其主體框架而言，帕舒卡尼斯的論點是相當簡單的。資本主義社會的經濟組織是由交換決定的。因此，這樣一種社會的法律和政治制度中，都必然摻雜著源自於交換的觀念。於是我們在資本主義的刑法中，可以找到一張罪刑表，其中列明適合於每種犯罪的懲罰或贖罪方式——這其實是一張錯誤行為的價目表。私法中的支配性意象是一個承擔義務……解決自己與他人之間的糾紛的法定權利的法律主體。因此，這種法律主體是經濟生活中的商人角色在法律中的對應者。在共產主義社會中，經濟交換將被取消，同時消亡的還有源自於經濟交換的法律和政治概念。特別是，在共產主義社會中，人們將不知法律權利和義務為何物。

同樣的分析可以推衍到道德領域。當共產主義實現的時候，人們通常所理解的道德（也就是義務性道德）將不再發揮任何功能。我們可以從帕舒卡尼斯對待康德的態度中，看出他將他的理論推到多遠。康德關於我們應當將人類視為目的、而不僅僅將他們當成手段的觀念，通常被認為是他的哲學的最高貴的表達之一。而在帕舒卡尼斯看來，這僅僅是一種市場經濟的體現，因為，只有透過進入交換關係，我們才能在令他人服務於我們的目的的同時，也使自己服務於他人的目的。實際上，任何一種互惠關係，不論它透過社會形式來運作的方式是多麼的曲折，都會令人們扮演雙重角色，一方面作為自己的目的，另一方面又作為實現他人目的的手段。由於在隱含的互惠與明顯的交換之間，並沒有明顯的鴻溝或明確的分界線，帕舒卡尼斯最終得出的結論是，當共產主義最終得到實現的時候，所有的道德義務都會消失。

這些觀點對帕舒卡尼斯在史達林時代同輩的俄羅斯人來說，顯然是過於強烈了（或者至少是過於不合時宜了），因此他在一九三七年受到清算。為了公正地紀念他的貢獻，我們應當看到他的理論是深根於共產主義先驅們的教導中的。它們顯然能夠從上層建築，以及國家和法律的未來消亡這一對學說中找到支持。它們與馬克思主義思想的總體基調，尤其是馬克思早年的「異化論」中所體現出來的要旨之間，也存在驚人的感情親和性。馬克思似乎對任何使一個人服務於他人之目的的原則或安排，都深惡痛絕，雖然這種強制不僅隱含在交換中，而且也存在於任何類型的正式社會組織中。他終其一生對形式的勞動分工這一概念本身的反感，已含蓄地表達出了這種厭惡，而這種反感則更加令人吃驚，因為馬克思顯然應當知道，如果沒有得自於職能分工的利益，共產主義社會所追求的經濟生產，便是不可能的。這種對相互依存關係的根本憎惡，在馬克思早期著作中得到了明確的說明。在書中，馬克思將資本主義社會（也就是一種商貿社會）中人們的生活描述為，人們「將他人作為工具，使自己降格成工具性的角色，並且變成異化力量的玩物」。[21]

與馬克思在這段話中所表現出來的怨懟情緒相對照，我們可以參閱從一位論（Unitarian）牧師轉變來的經濟學家菲力浦．威克斯蒂，對經濟交換的描述：

> 對於各式各樣的可交換物品而言，追求或推進其他人的當下目的的間接方法，往往比追求我們自身目的的直接方法，更能增加我們的行動有效性……我們和其他人確立商業關係，不是因為目的是自私的，而是因為和我們打交道的那些人，相對來說不大關心我們的這些目的，他們（像我們一樣）對自己的目的更有興趣，而對於他們的那些目的，我們反

過來也不太關心……。在我們相互幫助彼此實現各自目的這一事實中，顯然不存在任何貶損或冒犯我們的高尚情操（higher sense）的因素，因為我們都更加關注自身……經濟關係（也就是交換關係）無限地擴展了我們聯絡和行動的自由，因為它使我們得以一方面組成一系列透過（多樣化的）能力和資源方面的凝聚力而聯繫起來的團體，另一方面又形成一系列透過目的共同體而聯繫起來的群體，而不必去尋找本來必不可少的「雙重一致性」（double coincidence）。[22]

在道德尺規上確定指針的位置

現在我們可以回過頭來在經濟學的概念和道德的概念間進行更一般性的比較。在討論兩種道德之間的關係時，我曾經提到過一把向上延伸的尺規這個比喻，這把尺規的底端始於對社會生活而言顯然必不可少的那些條件，而其頂端則終於人類追求卓越的最崇高努力。這把尺規的底部代表著義務性道德；而它的高端則伸展到期待性道德之領域。隔開這兩者的是一條上下擺動的分界線，我們很難準確地標出它的位置，但它卻是至關重要的。

這條分界線充當著兩種道德之間的關鍵壁壘。如果義務性道德向上伸展出恰當的領域，強制性義務的鐵腕就可能抑制試驗、靈感和自發性。如果期待性道德侵入義務的領地，人們就會根據他們自己的標準來權衡和限定他們的義務，而我們最終將會看到詩人將自己的妻子投入河中，因為他（可能很有根據地）相信如果沒有妻子在旁邊的話，自己便能寫出更好的詩歌。

類似的關係也存在於交換經濟學與邊際效用經濟學之間。在邊際效用原則面前，沒有任何東西是神聖的；各種現有的安排，都可能為獲取更高經濟回報的利益而被重新調整。相反地，交換經濟學則立基於兩個固定點，也就是財產權和契約之上。雖然它允許利益計算在別的地方盛行，但是，當問題在於信守契約或尊重財產權利的時候，這樣的計算就會被排除在外。如果沒有對這些制度的自我犧牲式的尊重，交換體制就會失去依託，而且沒有任何人能夠處在一個足夠穩定的位置上，知道自己應當付出什麼或者能夠指望從別人那兒獲得什麼。另一方面，財產權和契約的必要性，也應該被控制在適當的限度之內。如果這種必要性超越了這樣的限度，一套個人和機構的既得利益體系便會使社會最有效地利用其資源的努力落空——例如「保留市場」（reserved market）就是財產權利超越其恰當領域的例子。在這裡，我們所遭遇到的又是如何確定想像中的指標的正確位置的問題。經濟學家再一次比道德家占便宜。如果他也感到很難確定這個位置，他至少可以借助某些唬人的術語來掩飾其笨拙——就目前這個具體問題而言，他所借助的可能遠不限於「效用」這樣帶有淺白的透明性的術語，而更可能使用像「壟斷」（monopoly）、「買方獨家壟斷」（monopsony）、「平行行動」（parallel action）和「僵固價格」（sticky price）這樣的專業用語。

我們或許可以說，所有的義務中都包含著某種固執性（stickiness），不論它們是道德義務還是法律義務，也不管它們是產生於交換還是發端於其他類型的關係。同時，在各種追求卓越的人類期待中，包括追求最高經濟效率的欲求中，也都包含著靈活性以及對變化中的境況做出回應的屬性。因此，社會設計中的一個普遍存在的問題，便是如何維持支持性結構與可變流動性之間的平衡。這個問題不僅存在於道德、法律、經濟學和美學領域，而且如邁克爾・博蘭尼所言，也為自然科學所分享。【23】

當我們透過安全與自由間的對立這種舊有思維，來思考這個問題時，我們就無法充分領悟它的性質，因為我們所關心的，不僅僅是個人是否自由或安全，抑或是否感到自由或安全的問題，而是作為一個整體的社會中的各種（無以名狀的）過程之間，如何達致和諧與平衡的問題。【24】

從某種看似自相矛盾的意義上講，即便是最基本的社會僵固性也必須維持自身，且不是只靠存在在那裡即可維持，而必須積極地尋求承認。霍姆斯曾經指出，每一種法律權利都會趨向於絕對。【25】有人可能會說，正是這種趨向於絕對的傾向，構成了「一項權利」的基本含義，不論它是法律權利還是道德權利。同理，人們也可以說，義務這一概念的含義就在於它是不做評比的。與單純的迫切需要（desiderata）、審慎權衡、對模糊理念的訴諸或者其他類似因素不同，權利和義務（不論它們是道德的還是法律的）代表著人類決斷的最後底線。在適當的情況下它們可以被評定，但它們也可以作為抵制評定的因素。

剛才所表達的觀點十分類似於哈特所稱的「可反駁的概念」（defeasible concepts）。【26】說一個人簽訂了契約，並不僅僅意味著正義的天平不確定地傾向於這樣一個結論：他可能要承擔一項義務。相反地，這是在說他必須承擔義務，除非某些特定的抗辯理由，比如無行為能力或曾受脅迫，能夠得到確立。或許可以這樣說，這裡所呈現出來的是，義務性道德在法律中表達出來的一種衝動，它旨在維護其範圍的完整性，並保護該範圍免受一種觀念的威脅，這種觀念試圖同時為許多聯立方程式（simultaneous equations）求解。

獎賞與懲罰

我們現在仍需簡要提及義務性道德與期待性道德之分的最後一種體現。我指的是這種區分在我們涉及懲罰與獎勵的社會實踐中，得到默認的方式。

可以理解的是，在義務性道德中，懲罰應當是優先於獎勵的。我們不會因為一個人遵從了社會生活的最低限度條件，而表揚他或者授榮譽給他。相反地，我們不會去驚擾他，而將注意力集中在未能遵從這些條件的人身上，對其表示譴責，或者施以有形的懲戒。基於對稱性思考，有人可能會指出，在以追求至善為特徵的期待性道德中，懲罰和譴責在義務性道德中所扮演的角色，應當讓位給獎勵和表彰。這種對稱性在一定程度上，的確在實踐中得到維持。但完美的對稱性由於這項事實的存在而無法實現：一個人越是接近於人類成就所能達致的巔峰，其他人便越是缺乏資格（less competence）來表彰其成績。

對獎勵和懲罰的分配，是我們社會中一項無所不在的事務，它從法律領域一直延伸到教育、工業、農業和體育。每當人們需要表彰某種傑出表現，或者剝奪某種權益的時候，便會很自然地選擇某一裁判或委員會來做出裁決，而且，不論所涉及的問題是懲罰還是獎勵，人們都期待決策者能夠處理得英明公平。不過，從整體上說，為施以懲罰而確立的程序，和為頒發獎賞而設立的程序之間存在著巨大的差異。在涉及懲罰或剝奪權益的場合，我們會用正當程序這樣的程序保障來約束決策，這些程序設計往往是精細巧妙的，而且我們也可能（對決策者）賦予一項向公眾承擔說明責任的義務。而在授予獎勵和榮譽的場合，我們則滿足於更加非正式的、較不受監督審查的決策方法。

存在這種差異的原因是非常清楚的。在涉及懲罰和權益之剝奪的場合，我們是在人類成就的較低層次上運作，在這裡，只要加以留意，一項不良行跡就可以被比較確定地辨識出來，而對之進行裁決的形式標準也可以確立起來。在適於頒發榮譽和獎勵的場合，如果用適合於一件法律訴訟之審理的程序，來約束一項基本上是主觀的和依憑直覺的裁決，我們便會覺得這沒有太大意義，或者在很大程度上是裝腔作勢。

在社會的許多角落，我們可以找出與這種差異有關的許多例子。我將只提到其中的兩個。在工會—管理關係中，員工的解聘通常是管理職能中最常接受仲裁審查的一種。根據一份特定的合約，晉級提升可能永遠不會受到這樣的審查；即使它們受到這樣的審查，它們仍然不像解雇那樣能夠成為仲裁程序的滿意素材。在棒球比賽中，失誤是由專家來做出正式裁判並公開宣布的，但像「威利．梅斯[27]接球」這樣高超的防守動作，則要依靠球迷和體育記者們的非正式意見來獲得承認。這種做法當然可能導致無法精確計算投手的防禦率（earned run average），但我們接受這種偏差作為一個小小的代價，以便避開度量不可能精確度量之事的義務。

在考慮向誰頒發榮譽學位、軍功章、英雄勳章、文學和科學獎項、基金會資助，以及邀請誰參加慶功宴的時候，我們通常會滿足於採取非正式的決策方法。羅馬天主教會的授福禮（beatification）所遵循的精緻複雜的正式程序，似乎是這種寬鬆性的一個突出例外。但這種程序實際上並不構成一個例外。它的目的並不是表彰一位聖人，而是賦予禮儀權威。用行政法的語言來說，它是一種認證程序（certification procedure）。其中所要求的表演——包括使之看起來像奇蹟降臨的那些操作——當然遠遠超出了人類成就尺度的最頂端。不過，據猜測，它應當是位於超自然尺度的低端。

在我方才所描述的社會實踐中，「我們必須先知道什麼是完美的，然後才能認識到什麼是不好的或者剛好達到標準」這種在道德論辯中如此常見的觀點，遭到一致的拒斥。如果這種觀點正確的話，評估百分之五偏離完美狀態的情況，本來應該比判斷百分之九十偏離完美狀態的情況容易得多。但是，當實際上遇到具體的個案時，常識告訴我們，可以適用更為客觀的標準，來衡量令人滿意的表現之偏離，但要用這種標準來衡量接近完美的表現卻很難。正是在這種常識性觀念的基礎之上，我們建立起制度和慣例。

◆注解◆

【1】「Die Sünde ist ein Versinken in das Nichts.」這句引文也許純粹出自想像。我是從很久以前讀過的資料中回憶起這句話的。研習神學的朋友們無法確定它的來源。他們告訴我，這句話中所包含的思想是奧古斯丁主義的，而且，卡爾·巴特說過一句非常類似的話：「罪，就是沉入無底的深淵。」（Die Sünde ist ein Versinken in das Bodenlose）不過，「無底深淵」（das Bodenlose）意味著限度或界限的缺失，因而表示對義務的違背。我在尋找一種方式來表達從期待性道德的角度所看到的罪的概念——而這種罪是指在實現人之品格自身的努力中失敗。

【2】例如，我們可以參見琳賽（A. D. Lindsay）的《兩種道德》（*The Two Moralities*），一九四〇年；麥克貝思（A. Macbeath）的《生存試驗》（*Experiments in Living*），一九五二年，第五五～五六頁以及全書各處；拉蒙特（W. D. Lamont）的《道德判斷諸原則》（The Principles of Moral Judgment），一九四六年，以及同一作者的《價值判斷》（The Value Judgment），一九五五年；哈特（H.L. A. Hart）的《法律的概念》（*The Concept of Law*），一九六一年，第一七六～一八〇頁；芬尼利（J. M. Findlay）的《價值與意圖》（*Values and Intentions*），一九六一年；理查·布蘭特（Richard B. Brandt）的《倫理理論》（*Ethical Theory*），一九五九年，特別是其中的第三五六～六八頁。我在這些演講中所採用的「期待性道德」和「義務性道德」這一組術語本身，未曾出現在上述任何作品中。例如，琳賽區分了「我的身分及其附帶之義務」的道德與追求完美的道德。芬尼利的書因為討論了對義務這一概念的「激勵性」濫用而具有特殊的價值。

【3】請對比：「古希臘人從未建構出類似於近代意義上的法權概念的東西」，參見瓊斯（Jones），《古希臘人的法律和法律理論》（*The Law and Legal Theory of the Greeks*），一九五六年，第一五一頁。

【4】亞當·斯密，《道德情感論》（*The Theory of Moral Sentiments*）第一卷，第四三二頁。亞當·斯密並不是用這個例子來說明義務性道德與期待性道德之間的區分，而是用它來解釋正義與「其他美德」之間的區分。不過，正義這一概念和道德義務概念之間，的確存在緊密的關聯，儘管一般來說公正對待他人的義務所涵蓋的範圍，可能小於道德義務所涉及的範圍。

【5】請參見重印於《心理學、哲學與科學方法國際叢書》（*International Library of Psychology Philosophy and Scientific Metho*, 1931）中的希爾德雷斯（Hildreth）的譯本，第一〇六頁的註釋。

【6】參見艾德蒙·伯格勒（Edmund Bergler）的《賭博心理學》（*The Psychology of Gambling*, 1957）一書所列出的文獻目錄（第七十九～八十二頁，注釋一）。

【7】在我看來，拉蒙特（W. D. Lamont）所作的有價值的分析，似乎受到他的「義務性道德和社會關係有關，而價值的道德涉及到個人偏好的排序」這樣一項預設的破壞。參見：拉蒙特（W. D. Lamont），《價值判斷》〔*Value Judgment*〕，一九五五年。

【8】理查茲（I. A. Richards），《實踐性批判——關於文學判斷的一項研究》（*Practical Criticism-A Study of Literary Judgment*），一九四九年。

【9】諾曼·牛頓（Norman T. Newton），《一種設計方法》（*An Approach to Design*），一九五一年。

【10】西奇威克（Sidgwick），《倫理學歷史大綱》（*Outlines of the History of Ethics*），一九四九年，第一二九頁。

【11】保羅·薩繆爾森（Paul A. Samuelson）的《經濟學——一項導引性分析》（*Economics-An Introductory Analysis*）據說是現在大學經濟學教科書中最廣泛使用的一部。在其第二版中（一九五一年，第十四～十六頁），有一段關於「經濟學的疆域和限度」的討論，其中所提出的一個觀點是：經濟學所關注的僅僅是手段，它沒有能力去處理目的問題。在第五版（一九六一年）中，這種限定該學科專業能力的努力消失不見了，取而代之的是一份經濟學所研究的課題類型的清單（第五～六頁）。我們可以在另一份文獻中找到這樣的有趣說明：經濟科學的特點在於它只有能力處理某種特定類型的目的，而沒有能力回答這種目的被排除在考察之外時所發生的問題。參見哈樂德（R. F. Harrod），《經濟學的範圍和方法》（*Scope and Method of Economics*, 1938），重印收錄於：克萊門斯（Clemence），《經濟分析讀本》（*Readings in Economic Analysis*），一九五〇年，第一～三十頁。

【12】在有關這一課題的研究中，贏得最多讀者擁戴的是萊昂內爾·羅賓斯（Lionel Robbins）的《經濟科學的性質和意義》（*An Essay on the Nature and Significance of Economic Science*, 2nd ed., 1935）。

【13】有人或許會反對說，文中所作的比較混淆了描述與規定。他們可能會說，與道德哲學家不同，經濟學家並不關心消費者應當想要什麼；他僅僅是在描述一個評估過程，並且發現「效用」在這一描述中十分有用。但這種觀點故意避開了用完全非評價性的術語，來描述一個本身就具有評價性的過程本身所面臨的困難。我和歐尼斯特·內格爾（Ernest Nagel）教授曾經就這些困難進行過討論（參見《自然法論壇》〔*Natural Law Forum*〕第三卷，第六十八～一〇四頁（一九五八年）以及第四卷，第二十六～四十三

頁（一九五九年）。經濟學家可以不關心消費者想要什麼，但他卻不能不關心消費者做出自己「想要什麼」的決策過程。如果經濟學家想要理解這一過程，就必須能夠設身處地地站在消費者的立場上來思考，並且理解這一過程本身所包含的要素。

【14】參見湯瑪斯．阿奎那（Thomas Aquinas），《反異教大全》（*umma Contra Gentiles*），卷三，第二章。

【15】參照《馬太福音》（Matthew）第七章第一節和十二節，及《申命記》（*Deuteronomy*）第七章十一～十二節：「所以你們要謹守遵行我今日囑咐給你們的誡命、律例、裁判。你們若聽從這些裁判，謹守遵行，耶和華你神就必照他向你列祖所起的誓，守約施以慈愛。」

【16】譯注——「黃金律」（The Golden Rule），是指從基督教教義中發展出來這樣一項道德誡命：「以你期待他人對待你的方式來對待他人。」可與儒家思想中的否定式表述：「己所不欲，勿施於人相比較」。

【17】出自盧梭《愛彌爾》第四卷中，這裡是轉引自德爾維奇奧（Del Vecchio）的《正義》（*Justice*），一九五二年，第九十六頁。當然，盧梭的本意是用這個問題來駁斥功利主義的義務理論。德爾維奇奧本人倒是在他對正義的分析中，大量用到互惠概念。在區分一項單純的要求和一項權利主張的時候，德爾維奇奧指出後者乃是以一項基本原則作為先決條件，根據這項原則，如果當事人之間調換了位置，同樣的義務就可能被對調。不過，如果位置的調換實際上不可能發生的話，這種抽象的互惠就會失去吸引力。例如，如果一名奴隸被告知，假如他生下來就是主人，而他的主人生下來卻是奴隸的話，他就有權要求他現在不得不付出的；這似乎不算是什麼安慰。

【18】不過，應當提醒讀者們注意的是，有些人建議用市場原則來管理社會主義經濟（在俄國陣營中，這種建議至少獲得了部分採用）。例如，可參見：奧斯卡．蘭格（Oskar Lange）的《論社會主義經濟理論》（*On the Economic Theory of Socialism*），一九三六～一九三七年，重印收錄於班傑明E．利平科特（Benjamin E. Lippincott）編輯的一部同名文集（一九三八年）中，第五五～一二九頁。

【19】第六章「計畫與法治」（Planning and the Rule of Law），《通向奴役之路》（*The Road to Serfdom*），一九四四年，第七二～八七頁。

【20】參見「二十世紀法哲學叢書」（20th Century Legal Philosophy Series）第五輯：《蘇維埃法哲學》（*Soviet Legal Philosophy*），巴布（Babb）譯，尤金．帕舒卡尼斯（Eugene Pashukanis）著，「法的一般理論與馬克思主義」（*The General Theory of Law and Marxism*），第一一一～二二五頁。我曾經試圖在一篇文章中總結帕舒卡尼斯的理論：〈帕舒卡尼斯與維辛斯基：關於馬克思主義法律理論之發展的一

項研究〉（Pashukanis and Vyshinsky: A Study in the Development of Marxist Legal Theory），《密西根法律評論》，第四七卷，第一一五七～一一六六頁，一九四九年。

[21] 轉引自塔克（Tucker）的《卡爾．馬克思的哲學與神話》（*Philosophy and Myth in Karl Marx*），一九六一年，第一〇五頁。對於任何想要了解馬克思思想中可以稱為「道德感」的那種因素的人，這本書值得一看。

[22] 菲力浦．威克斯蒂（Philip Wicksteed），《政治經濟學的常識》（*The Common Sense of Political Economy*），羅賓斯（Robbins）編，一九三三年，第一五六～一八〇頁。

[23] 邁克爾．波蘭尼（Michael Polanyi），《自由的邏輯》（*The Logic of Liberty*），一九五一年；《個人知識》（*Personal Knowledge*），一九五八年。

[24] 我們可以認為身分或制度性角色之功能的問題，也是這個更大的問題中的一個組成部分。我認為，賈斯特．巴納德（Chester Barnard）就這個問題所作的許多分析，都可以用本書中所使用的術語來重新表述。參見他的《組織與管理》（*Organization and Management*）一書第九章，一九四八年。

[25] 「所有的權利都傾向於在它們的邏輯極限所容許的範圍內將自己宣稱為絕對的。但就事實而言，每一種權利都受到該權利所賴以為基的政策原則以外的其他政策原則，所構成的四鄰環境的制約，而這些政策原則也已變得足夠有力，以至於它們也會在某一特定時刻，推出自己所支持的權利。」赫德森縣自來水公司訴麥卡特（Hudson County Water Company v. McCarter），209 U.S. 349，一九〇八年，第三五五頁。

[26] 哈特（H. L. A. Hart），（「責任和權利的歸屬」（The Ascription of Responsibility and Rights），載自．弗盧（A. G. N. Flew）編，《邏輯與語言論文集》（*Essays on Logic and Language*），一九五二年，第一四五～一六六頁。

[27] 譯注——威利．梅斯（Willie Mays），是美國棒球史上最耀眼的明星之一，他於一九三一年五月六日出生於阿拉巴馬州的西田（Westfield）。在一九五五年七月十二日的明星賽中，身為紐約巨人隊球員的他，飛身接住克里夫蘭球員沃爾茲（Wertz）的大力擊球，從而使「威利．梅斯接球」成為完美接球的代名詞。

第二章　使法律成為可能的道德

一部人不可能服從或無法依循的法律是無效的，且不算是法律，因為人們不可能服從前後矛盾的規則，或依其行事。

——首席法官沃恩，湯瑪斯訴索雷爾一案（一六七七年）

我們博學的律師，最好能為我們解答接踵而來的疑問……當我們全體國民選擇議會制度時，他們是否賦予議會一種超然於法律之上的無限權力，允許議會在正式廢除先前制定的法律和規章之前，隨意做出與這些法律和規章相矛盾的舉動？

——利爾伯恩，《為英國人民與生俱來的權利而辯》，一六四五年

本章將以一則長篇寓言作為開端，這則寓言涉及到一位不快樂的君主，他有一個好記但缺乏想像力、甚至聽起來毫無帝王氣派的名字——雷克斯。

造法失敗的八種形式

雷克斯是懷著改革家熱忱登上王位的，他認為先王們最大的失敗是在法律領域。數代以來，法律系統一直未從根本改革起。審判程序十分繁瑣，法律規則用另

一個時代的古老語調來說則是：法官懶散懈怠，甚至腐敗。雷克斯決心矯正所有這些弊端，並且以偉大的立法者自居而名垂史冊。這一野心的落空，是他不幸命運的開始。實際上，他敗得十分慘烈，因為他不僅未能成功地改革，甚至未能成功地創造出任何好或壞的法律。

不過，他的第一項正式行動是大刀闊斧且銳氣十足的，因他需要一塊白板，好在上面書寫自己的新篇章，所以他向臣民宣布立即廢除所有的現行法律，不論這些法律屬於什麼類型。之後，他開始著手起草一部新法典。不幸的是，由於他過去是位孤獨的王子，所受的特殊訓練與教育是有缺陷的，尤其是他發現自己連最簡單的分析能力都沒有。雖然在裁斷具體爭議上，他並不缺乏自信，但為任何結論說出明確的理由，都會令他的能力接受嚴峻的考驗。

由於逐漸意識到自身的局限，雷克斯放棄起草法典的計畫，並向他的臣民宣布，從此以後他將親自裁斷臣民之間發生的任何糾紛。他希望透過這種方式，在各種具體案件的刺激下，做出結論的潛在能力能夠被開發出來，他可以藉此逐漸研發出一套規則體系，最後將它們整合到一部法典中。不幸的是，他教育背景的缺陷遠比他自己所認識到的還要嚴重，這項冒險也以失敗告終。雖然他的確親自做出了上百項裁決，但無論是他自己還是他的臣民，都無法在這些裁決中辨識出任何模範（pattern）。在他的意見中所展現出來試圖普遍化的努力，只是加重了混淆，因為它們給予雷克斯的臣民錯誤的引導，並且使他原本就貧乏的判斷能力，在此後的裁決中更不穩定。

經歷這次慘敗後，雷克斯認識到有必要重新開始。他的第一步是接受一系列普遍化方面的訓練。隨著他的智識能力得到加強，他重新恢復起草一部法典的工作，在經過了長期的獨自工作後，成功地起草出一份相當冗長的法典。不過，他仍不敢確信已完全克服先前的缺陷。因此，他向臣民宣布，他已擬定一部新的法典，從此之後將根據它來裁斷案件。不過，在未來不確定的時期內，這部法典的內容將作為一項正式的國家機密，只有他和他的代筆大臣（scrivener）才知道內容。令雷克斯甚感驚訝的是，這一通情達理的安排引起臣民的反感；他們宣稱某人的案件單單依憑某項人們無從知曉的規則來處理國事，是件令人十分不快的事。

受到臣民強烈反對的驚嚇，雷克斯開始認真反省自己的優缺點。他認識到，現實已經給他上了清楚的一課，那就是與其試圖預見和控制未來，不如借助事後聰明來決斷事務。後見之明不僅使對案件的裁斷變得更加容易，而且為判決給出理由，也變得更加容易——這點對於雷克斯來說是非常重要的。雷克斯決定好好利用這一洞見，於是想出了這樣一個計畫。在每年度開始時，他將著手裁斷上一年度中臣民之間發生的所有爭議，他會詳細闡述自己做出每項判決的理由。當然，這裡所給出的理由應當被認為不能左右來年的判決，因為如果允許它們對來年判決發生控制作用的話，這項新安排的目的就會落空，因為這項新安排旨在利用後見之明的好處。雷克斯信心十足地向臣民宣布這項新計畫，表示自己將公布判詞的全文，並在其中列明自己所適用的規則，從而平息對上個計畫的抱怨。雷克斯的臣民默默地領受了這一公告，然後平靜地透過他們的領袖向雷克斯解釋，當他們說需要規則時，他們的意思是需要事先被告知，以便按照這些規則來調整自己的行為。雷克斯含含糊糊地說：「你們早該把這點說清楚」，但同時他也表示會想想還能做些什麼。

雷克斯現在認知到頒布一部法典來宣告適用於未來糾紛的規則，已經成為一項不可逃避的任務。在繼續接受普遍化能力方面培訓的同時，雷克斯勤勉地致力於草擬修訂版的法典，並且宣布這部法典很快就會公諸於世。臣民懷著滿意的心情接受了這一宣告。因此，當他公布法典，臣民發現它晦澀難懂時，備感沮喪。法律專家在研究之後宣布，這部法典中沒有任何一個句子，是普通公民或專業法律人所能理解的。憤慨之情很快在臣民之間散布，一群示威者聚集在王宮前面，高舉「規則如果無人懂，守法如何行得通」的布條進行抗議。

這部法典很快就被撤回了，雷克斯第一次認識到自己需要幫助，於是任命專家小組來負責修改法典。他指示專家不得更改任何實質性的內容，只能從頭到尾澄清其中的詮釋。經過如此處理的法典十分清晰，但稍加研究就會發現，它的清晰性只是使其中所充斥的矛盾變得顯而易見而已。據可靠報導，這部法典中任何一項條文都被與之相矛盾的條文抵消掉。示威群眾再次出現在王宮前面，他們所舉的標語上寫著：「國王終於說清楚，忽而指西，忽指東」。

這部法典再次被撤回重新修訂。不過，這時雷克斯對他的臣民失去了耐心，他再也難以容忍他們對自己的努力所表現出來的否定態度。他決定給他們一個教訓，並且命令不准再吹毛求疵。他指示專家清除法典中的矛盾之處，但與此同時，大幅度地縮減其中所包含的每項要求，並且增加一系列新的罪名。於是，以往應召面聖的公民有十天的時間來報到，而修改後的法典將報到時間縮減為十秒。在國王面前咳嗽、打噴嚏、打嗝、暈倒或跌倒都構成犯罪，處以十年監禁。不了解、不相信或不能正確詮釋進化論的、民主的救贖學說都構成叛國罪。

當新的法典頒布時，差點引發一場革命，公民領袖公開嘲弄法典條文。有人在古書中找出這個很切題的段落：「令人行不可能之事者不是在立法，而是在毀法，因為無法遵循的命令只會導致困惑、恐懼和混亂。」這段話很快就被引用到提交給國王的上百份請願書中。

這部法典再一次被撤回，並且由一個專家小組來進行修訂。雷克斯給專家們的指示是，每當他們遇到一項強人所難的規則時，就應該對之進行修改，從而使對它的服從成為可能。隨後發生的情況顯示，為了實現這一結果，法典中的每項條款都不得大幅度的重新擬定。不過，最後出來的成品，還是代表著高超法律起草技術的勝利。它清楚明瞭、內部邏輯一致，並沒有要求臣民做不可能的事。它被印製出來，並在街頭巷尾免費發放。

不過，在這部新法典的生效日來臨前，人們發現對雷克斯的原始草案進行的持續修改，已經耗費了太多時間，其間發生的許多事件已使這部法典不符實際需求。自從雷克斯登基以來，普通法律就一直處在暫停適用的狀態，導致國家在經濟和制度方面發生了重大改變。要適應這些改變後的情況，就要求對法律進行大量實質上的修改。因此，新法典從正式生效的那天起，就必須天天修正。民眾的不滿再次高漲，一份匿名的小冊子流傳坊間，其中有惡意取笑國王的漫畫，還有一篇題為：「一部天天更改的法律，比無法狀態還要糟糕」的文章。

這種引發不滿的根源，開始隨著法典修正步伐的逐漸放慢，而進入自我療傷的階段。不過，在這一過程尚未發展到任何引人注目的程度前，雷克斯又宣布了一項重要的決定。在反思自己統治期間的種種不幸後，他總結出有許多麻煩是由自己從專家那裡接受了糟糕的建議所致，於是他宣布將重新親自行使司法權。透過這種方式，他可以直接控制新法典的適用，並確保他的國家不致陷入另一場危機。他幾乎將所有的時間，都用來審理和裁斷新法典頒布後所發生的案件。

隨著國王著手履行這項任務，他未能得到充分開發的普遍化能力，似乎像遲開的花朵般成熟了。事實上，當他巧妙地區分自己先前的判決、展示他賴以行動的原則，並為處理將來的爭議確立準則的時候，他的司法意見開始展示出一種自信的、甚至可說是非凡的鑑別力。對於雷克斯的臣民來說，一個新的時代似乎即將來臨，他們終將可以按照一套一以貫之的規則，來檢視自己的行為。

但這個希望很快就破碎了，隨著雷克斯判決彙編的公布，以及對它們所做的細緻研究發表，臣民驚訝地發現，這些判決與聲稱適用的法律之間，不存在任何可資辨識的關聯。就其在對爭議的實際處理方式中所發揮的作用而言，新法典好像根本不曾存在過。然後，幾乎在每一份判詞中，雷克斯都會再三宣布這部法典是他王國的基本法。

公民領袖開始召集祕密會議來討論，除了公開造反外，還有什麼辦法可使國王離開審判席而專心去處理他的朝政。在這些討論正在進行的時候，由於過度操勞，同時又對臣民深感失望的雷克斯突然駕崩了。

新君雷克斯二世繼位後所做的第一件事，就是宣布他要將政府權力從法律人手中收回，而交給精神病醫生和公關專家去行使。他解釋，透過這種方式，人民就可以在沒有規則的狀態下幸福地生活。

造法失敗的後果

雷克斯身為立法者和法官的不幸人生，清楚地說明：創造和維繫一套法律規則體系的努力，至少會在八種情況下流產，或者說，就這項事業而言，有八條通向災難的獨特道路：（一）最明顯的一種情況就是完全未能確立任何規則，以至於每項問題都不得不以就事論事的方式來得到處理；（二）未能將規則公之於眾，或至少讓受影響的當事人知道他們所應當遵循的規則；（三）濫用「溯及既往」規則來立法，這種立法不僅自身不能引導行動，而且還會有效破壞前瞻性立法的誠信，因為它使這些立法處在溯及既往式變更的威脅之下；（四）不能用便於理解的方式來詮釋規則；（五）制定相互矛盾的規則；（六）頒布要求相關當事人做超出他們能力之事的規則；（七）頻繁地修改規則，以至於人們無法根據這些規則來調適自己的行為；（八）無法使公布的規則與它們的實際執行情況相吻合。

這八個方向中的任何一個方向的全面失敗，不僅僅會導致一套糟糕的法律體系，它所導致的是一種不能被稱為法律體系的東西；除非我們是在單純天真的意義上來使用「法律體系」這個詞，就好像說一份無效的合約，仍可稱得上是某種合約一樣。可以肯定的是，我們找不到任何理性的根據，來主張某人負有道德義務去遵守一項不存在的法律規則；或者一項對他保密的規則；或者一項在他已經行動完之後才頒布的規則；或者一項難以理解的規則；或者一項被同一體系中的其他規則相抵觸的規則；或者一項要求不可能之事的規則；或者一項每分鐘都在改變的規則。某人或許並非不可能去遵循一項為負責執行該規則的人所無視的規則，但這樣的守法，在某一刻必定會變得徒勞無益——實際上，這就像投出一張廢票一樣徒勞無益。正像社會學家齊美爾所指出的那樣，政府與公民之間在遵循規則方面，存在一種互惠互利的關係（reciprocity）。[1]政府實際上向公民保障，「這些是我們期待你遵守的規則。如果你遵守，我們就保證它們是適用於你們行為的規則。」當這道互惠互利的關係被政府徹底割斷的時候，公民遵循規則的義務就成了無源之水、無木之本。

如果在任何方向上都不曾發生整體性的失敗，但對於合法性（legality），卻發生了全面的、嚴重的敗壞，就像在希特勒統治下的德國所發生的情況那樣，公民的困境就會進一步惡化。[2]讓我們設想這樣一些情況，有些法律得到公布，而其他的法律（包括最重要的法律）卻不予公布。雖然大多數法律從效果上看都是前瞻性的，但對溯及既往性立法的利用是如此的隨便，以至於任何法律都不能避免事後的更改，這樣做能夠滿足當權者的便利。為了審判涉及對政權是否忠心的案件，特殊軍事法庭成立了，可以為方便而無視決策的規則。政府的主要目標似乎變成：不是為公民制定引導其行為的規則，而是透過恐嚇而使公民無所作為。當這些情況發展起來時，公民所面對的問題，就不是像一位選民確切知道自己的選票不會被計算在內那麼簡單了。這更像是一位投票者知道成敗得失全繫於自己的選票是否被計算在內，而如果這張選票被納入了計算，它很可能被算到他反對的那方名下。一位處在這種困境中的公民，不得不自行決定是否繼續留在這種制度之中，並繼續投票，以此作為一種表達對想過好日子的希望象徵性行動。這正是希特勒政權下的德國公民所面臨的情況，他們不得不考慮自己是否有義務，去遵守納粹恐怖魔爪尚未蹂躪的那部分法律。

在這樣的情況下，我們無法找到任何簡單明瞭的原則來檢驗公民忠於法律的義務，也找不到任何這樣的原則來檢驗他們參與整體性革命的權利。不過，有一件事情是很清楚的：一項單純對當政權威的尊重，不能被混同於忠於法律。例如，雷克斯的臣民在他漫長而失敗的統治時期內，仍一直對他忠心耿耿。他們並非忠實於他的法律，因為他沒有創設出任何法律。

追求合法性之完美境界的期待

到這裡為止，我們所注意的是追蹤出造法事業中的八條失敗之路。與這八條道路相對應的，是一套可致力於追求的八種法律上的卓越品質（legal excellence）法則。隨著我們的成就，在最低層次上成為法律賴以存續所不可或缺的那些因素，逐漸變成對人類能力的嚴格挑戰。我們忍不住會想，在這段階梯的頂端存在一個合法性的烏托邦，在那裡，所有的規則都是絕對清晰明瞭的，它們彼此協調，被每位公民所知，且從不溯及既往。在這烏托邦中，規則在時間之流中保持恆定，只要求可能的事，且為法院、員警以及其他每位執法者所謹守。接下來，我會說明的一些原因，這種合法性的八項原則在其中都得到完美實現的烏托邦，實際上並不是指引我們追求合法性之衝動的有用目標，完美的目標遠比現實的目標更為複雜。不過，它的確為我們指出了八項獨特的標準，我們可以藉此來檢驗合法性的完善狀態。

在第一章裡，當我試圖說明義務性道德與期待性道德之間的差異時，我提到過一把想像中的尺，它始於最明顯和最基本的道德義務，而延伸向人所可能取得的最高成就。我還提到過一枚看不見的指針，它標示著一條分界線，在那裡，義務的壓力消失，追求卓越的挑戰開始發揮作用。現在，法律的內在道德性也呈現出所有這些面向，這點應該已是十分清楚了。它也包含著一種義務性道德和一種期待性道德，它同樣使我們必須面對一個問題：要知道在哪裡畫出一條分界線；在其下，人們將因失敗而受譴責，卻不會因成功而受褒揚；在其上，人們會因成功而受嘉許，失敗了頂多只會被憐憫。

在將第一章的分析應用到我們目前這個主題上之前，考察法律內在道德性的某些獨特品質，就是件必要的事了。在稱得上是社會生活的基本道德的領域，一般性地針對其他人的義務（與那些對具體個人所負有的義務相對），通常只要求自我克制，或者像我們常說的那樣，這些義務是否定性的：不得殺人，不得傷人，不得欺瞞，不得誹謗等等。對於這樣的義務，我們是不難給出正式定義的。也就是說，不論我們所關心的是法律義務還是道德義務，我們都能夠提出一些標準，在一定程度上，雖不是全面，但仍算準確地指出哪些行為是應當避免的。

不過，就法律的內在道德性的要求而言，雖然它們涉及和不特定其他人之間的關係，但卻不僅僅要求自我克制，正如我們一個不甚嚴格的說法所顯示的那樣，它們是肯定性的，使法律為眾人所知，使其內部邏輯一致且清晰明瞭，確保官員所做出的決策符合要求等等。要滿足這些要求，人的精力必須被投入到特定類型的成就上，而不僅僅是被警告不做某些有害的行為。

由於其要求的肯定性和創造性的品質，法律的內在道德性很難透過義務來實現，不論是道德義務還是法律義務；不論某人的努力看起來是多麼必須，只要我們宣稱有義務去追求它，我們就會面對這樣一項責任——界定在哪一點上時，這種義務會遭到違反。提出立法者有道德義務使自己制定的法律清楚易懂，這樣一個主張是很容易的。但這頂多只能算是勸告，除非我們準備界定他必須達到的清晰度，否則便無法將這作為一項義務分派給他。以量化尺度來衡量清晰與否的設想，顯然是很難行得通的。當然，我們可以滿足於說立法者至少有一種道德義務來盡力做出清晰的說法。但這僅會延緩遭遇困難的時間，因為在某些情況下，再也沒有比試圖衡量某人，到底是否曾盡力去做實際上未能做到之事更加令人頭疼的了。無論如何，就法律的道德性而言，良好的意圖往往無濟於事，就像雷克斯國王向我們證明的那樣。所有這些都導向一個結論：法律的內在道德性注定基本上只能是一種期待性道德。它主要訴諸一種託管人的意識（a sense of trusteeship），和巧匠的自豪（the pride of the craftsman）。

就上面這些觀察結果而言，有項十分重要的例外。這項例外所涉及的是使法律為人所知、或至少被受其影響的人們所知的迫切需要。在這裡，我們擁有一項非常形式的要求，一部成文憲法可以規定任何制定法，都必須經由某種特定形式的公布後，才能正式成為法律。如果法院有權保障這一條款的實施，我們就可以說存在著一項立法的法律要求。我們也很容易想像一項和法律公布有關的道德義務，例如，人們所期待一種習慣可能界定出一種法律，卻未清楚以人們所能認可的公布方式會導致什麼樣的後果。將法律公開性之迫切需要予以形式化，顯然優於未經形式化表達的努力，哪怕後者也被人們明智而認真地從事著。一項正式的法律頒布標準不僅告訴立法者到哪裡去公布法律，它也告訴受法律影響的主體或代表其利益的律師，應到何處去了解這部法律的內容。

有人或許會猜想，譴責溯及既往型法律的原則，是否也可以很容易地形式化為一項簡單的規則——即這樣的法律不應當獲得通過，或者即使通過也不應當生效。不過，這樣一項規則可能有損於合法性的目標。令人驚訝的是，合法性的一項看似最明顯的要求——即一項透過今天的規則約束明天將發生而非昨天已發生的事，結果卻向整個法律的內在道德性提出了一些最棘手的問題。

因此，除了特定形式公布以外的其他合理性要求，我們則只能指望憲法和法院使我們不至於墜入深淵，我們不能指望它們確立起邁向真正重大成就的諸多強制性步驟。

合法性與經濟計算

在第一章裡，我曾經試圖說明，當我們離開義務性道德而向著期待性道德峰頂攀登時，邊際效用的原則就會在我們的決策中扮演越來越重要的角色。在義務的層次上，任何像經濟計算這樣的活動都難有容身之地。而在期待性道德中，它不但有容身之地，而且還變成道德決策本身的組成部分——當我們向最高層次的成就邁進時，這種情況會越來越明顯。

當法律的內在道德性與外在道德發生衝突的時候，我們不難發現某種類似於經濟計算的活動可能變得十分必要。例如，站在法律的內在道德性的立場上來看，理想的狀態顯然是法律不隨時間的流逝而改變。但是，情勢的變更或人們的意識改變，顯然會要求法律的實質目的也發生相應的變化，有時甚至是令人不安的頻繁變動。在這裡，我們往往被迫行駛於變化莫測與紋風不動之間的一條左右搖擺的航道上，支持我們的信念並不是「我們所選擇的是唯一正確的航線」，而是「無論如何，我們必須盡量避開暗藏在兩邊的險灘」。

我想，法律的內在道德性中發生二律背叛的情形不太明顯。不過，我們很容易可以證明，構成這種道德的各項緊迫要求之間，可能不時會發生衝突。比如，法律應當在時間之流中保持穩定，以及法律不應當使人們服從法律的行為遭遇不可逾越的障礙，這兩項要求都是人們希望堅持的。但是，情勢的迅速變遷，比如一場通貨膨脹所帶來的變化，可能會使原來十分容易做到的對某一特定法律的服從變得越來越困難，以至於達到不可能做到的程度。此時，尋求一條必定會使兩項要求都打折扣的中間道路，再次變得勢在必行。

在一九六一年五月訪問波蘭期間，我和一位前司法部長進行過一次與這個課題相關的交談。她告訴我，在共產黨執政的早期，曾經以熱忱和努力將法律起草得清楚易懂，以便使它們能夠為工農大眾所理解。不過，人們很快就發現，這種淺顯清晰的特質，只有透過犧牲一套法律體系中的系統化因素才可能獲得，而這些被犧牲掉的因素，是將法律規則塑造成一個融貫的整體，並使它們得以被法院以一種前後一致的方式加以適用的要素。換句話說，人們發現使法律變得為大眾所容易理解的努力，帶有一項潛在的成本，即法院對法律的適用變得反覆無常且難以預測。因此，不可避免地會退回到一種更加平衡的立場。

這樣的實例和故事還有很多。我相信，我們在這裡所討論的已足以顯示，合法性的烏托邦不能被視為這樣一種情境——在其中，法律的特殊道德[3]的每一項迫切要求都得到完美實現。法律的內在道德性並沒有特殊的素質，當然也沒有特定的瑕疵。在人類的每一種追求中，在我們穿越完全失敗的深淵和人類卓越成就的顛峰之間的狹長山徑時，我們總是會遭遇平衡的難題。

現在是時候對法律的內在道德性的八項要求做一番比較細緻的考察了。在進行這項考察的過程中，我們將面對目前為止被忽略掉的困難，特別是涉及法律內在道德性與外在道德之關係的部分。在這個部分中，我還將討論涉及法律的內在道德性的難題在歷史上實際發生的方式。

法律的普遍性

一套使人類行為服從於規則之治的系統所必須具備的首要因素，就是必須有規則存在。我們可以將此詮釋為普遍性的要求。

在最近的歷史上，實現普遍性規則方面的最明顯的失敗，便是我們的行政管制機構（尤其是那些負責履行分配職能者）的失敗。像雷克斯國王一樣，他們在開始履行其職能的時候便相信：透過一開始的個別案件個別處理式的辦事方法，其辦事人員會逐漸獲得某種洞見，這種洞見最終可以幫助他們發展出一般性的決策標準。在某些情況中，這種希望幾乎完全落空了；顯著的例子包括民用航空委員會和聯邦通訊委員會。我相信，這種失敗的原因在於分派給這些機構的任務之性質；它們試圖借助某種審判形式（adjudicative forms）來處理那些不適合用這種形式來處理的事務。[4]但是不管出於什麼原因，如果將其視為創造融貫的（coherent）法律體系的嘗試的話，這些機構顯然是極不成功的。

針對這些機構而提出的抱怨，大多不是說它們的規則有什麼不公正，而是說它們無法能夠發展出任何有意義的規則。這一區分是十分重要的，因為普遍性要求有時被解釋成意味著法律必須客觀地運作，它的規則必須適用於普遍性的階層，且不能包含專門針對某些人的內容。宣布「私人性法律」和「特殊立法」無效的憲法條文就表達了這一原則。[5]但這些條款所保護的是一種公平原則，根據我在這裡所提出的分析，它屬於法律的外在道德。

這項原則在這一點上有別於法律的內在道德性的要求，從最低限度上講，必須存在某種類型的規則，不管它們是公正的還是不公正的。我們可以想像一套專門針對特定個人的法律體系，它規定他和其他特定個人之間的關係。像這樣的一種東西可能存在於雇主和雇員之間。如果雇主想要避免監督雇員以及指導其每一步行動的需要，他可能會發現很有必要向雇員確定並傳達一些普遍性的行為準則。在進行這項工作的時候，雇主可能會面對雷克斯國王曾經走過的各種失敗之路，他可能無法成功地詮釋出普遍性的規則；如果他做到了這一點，他又可能無法成功地將這些規則傳達給雇員……等等。如果這位雇主成功地創造出這樣一套運轉正常的規則體系，他將會發現這種成功令他自己付出了一定的代價。他不僅必須投入精力和智慧來完成這項工作，而且這項工作的成功本身還會限制他自己的行動自由。如果他在分配獎懲時，總是習慣性地無視自己的規則，他就會發現自己精心建構出來的規則體系逐漸解體，而且不需要任何的公開造反，這套規則就會停止產生他本來指望透過它來獲致的結果。

在控制和指引人類行為的實際規則系統中，很少出現完全無法獲得任何類似普遍性規則之事物的情形。即使是像表達一個單一意願這樣的行為中，也包含著一定程度的普遍化。向一隻狗發出的「握手」命令，要求主人和狗都擁有某種普遍化能力。在這狗開始執行這個命令之前，牠必須理解在微小差異的行為之中，究竟有哪些可以被認可為「握手」。一隻訓練有素的狗可能最終能夠學會了解在什麼樣的情境中，牠可能被要求握手，並且在命令尚未發出之前便先把前爪伸出來。顯然，類似這樣的事情可能而且的確也發生在人類事務中，甚至也發生在掌握命令權的那些人無意確立普遍性規則的情況下。但是，如果說在實現普遍化上的徹底失敗，需要雷克斯國王的那種無能天分的話，在現實世界中，有許多大大小小的法律系統都苦於缺乏普遍性原則。[6]

普遍性的難題在法學文獻中並沒有得到充分的討論。約翰·奧斯丁正確地看到，法律系統不只是一系列無模式可循（patternless）的權力行使活動。但他區分一般性命令和特殊命令的嘗試是如此武斷，且和他的整個體系缺乏關聯，以至於自他以後的英美文獻中，很少有能夠從這一最初的誤導中擺脫出來。[7]

約翰·奧斯丁的分析中的基本缺陷，可能在於他未能區分兩個問題：對於一套法律規則體系的效力而言，什麼是最要緊的？以及我們會把什麼稱為「一部法律」？我在這些演講[8]所提出的分析中，將普遍性要求建立在這樣一個命題的真實性之上，為了使人類行為服從於規則的控制，首先必須要有規則。這並不等於主張每一種擁有「法律效力」（the force of law）的政府行為——比如針對某一特定被告而發出的司法命令，本身都必須採取確立一項普遍性規則的形式。另外，我在這裡也不打算對某些涉及語言便利的問題做出判斷，比如我們是否應當將一項規定在森特維爾[9]設立一個稅務局的法令稱為法律。

頒布

現在讓我們轉向法律的頒布問題，這是一個歷久彌新的問題，歷史至少可以追溯到古羅馬的平民撤離運動（the Secession of the Plebs）。[10][11]儘管這項要求看起來十分明顯和迫切，但我們應當看到它實際上服從於邊際效用的原則。試圖透過教育使每位公民都能夠充分理解可能適用的每一部法律的全部含義，實際上是十分愚蠢的，儘管邊沁對此著墨甚深。[12]

當然，這種教育的必要性取決於法律的要求離公認的是非觀念有多遠。在歷史上，普通法基本上都致力於發掘出當時社會上受到普遍接受的觀念含義。法律與道德要求之間的這種大幅度吻合，大大減弱了反對意見的力度，與一部法典中所列明的規則相比，很難掌握普通法的規則何在。

頒布的難題被「就這項要求的目的而言，究竟什麼算是法律？」這個問題搞得更加複雜，做出決策的行政機構、尤其是行政法庭（administrative tribunals），經常認為解決紛爭的規則應予公布，卻不在內部程序的規則與措施上採同樣態度。然而，每一位有經驗的律師都知道，要預測案件的結果，有時不僅必須知道相關的形式規則，而且也需要知道使這些規則實際上得到適用的內部議事和協商規則。只有認知到這一點，在瑞士和墨西哥發展起來的奇怪要求才會變得可以理解，在這些國家，某些法院甚至被要求公開進行議事。

有時被瑟曼·阿諾德[13]稱為「純粹的唯實主義者」[14]（當他不把這一角色留給自己時），在談到頒布的要求時，可能會忍不住說：「畢竟，我們有成千上萬部法律，而其中只有極少一部分直接或間接地為普通公民所知。為什麼要無事生非地公布？即使不去讀刑法典，公民也知道不應該殺人或盜竊。至於更深奧一些的法律，即使把它們的全文在街頭巷尾廣為散發，一百個人裡面也不會有一個去讀它。」

對此，我們可以做出一系列回應。比如，我們可以說，即使一百個人裡面只有一個人願意費心思去了解和他的職業有關的法律，這也足以說明我們有充分的理由不怕麻煩地將這些法律公之於眾。這位公民至少享有了解這些法律的權利，而我們無法事先辨認他。進一步說，在許多活動中，人們遵守法律不是因為他們直接知道這些法律的內容，而是因為他們會仿效那些據其所知更加了解法律的人的行為模式。透過這種方式，少數人對法律的了解往往會間接地影響許多人的行為。法律應當被充分公布的另一個原因是——這樣才能將它們置於公眾評論之下，包括接受「它們是這樣的一種法律，以至於除非它們的內容能夠被有效地傳達給那些直接受影響的人們，否則它們便根本不應該被制定出來」的批評。同樣明顯的是，如果法律不向民眾公布，人們便無法監督負責適用和執行這些法律的人是否無視其規定。最後，現代法律中有很大一部分關係到特定形式的活動，比如從事特定的職業或業務，因此它們能否為普通公民所理解其實並不重要。法律必須被公布這一要求，並不取決於像期待安分的公民坐下來閱讀所有的法律這樣的荒謬預期。

溯及既往型法律

在我們這個國家，溯及既往型法律的問題在《美利堅合眾國憲法》的特定條款[15]以及某些州憲法的零散規定[16]中得到明確對應。在這些條款的覆蓋範圍之外，溯及既往型立法的效力大致上被認為屬於一個正當程序問題。我不打算深入探討這一憲法領域中所包含的複雜性和不確定性。[17]反之，我將集中火力討論涉及到溯及性與合法性其他要素之間關係的基礎性問題。[18]

就其自身而言，且將其從它在一個基本上帶有前瞻性的法律系統中可能發揮的功能中來看，溯及既往型法律真的是一種怪胎。法律是用規則來規範人的行為，若說用明天將會制定出來的規則來規範或指引今天的行為等於是在胡扯。問我們應當如何來評價一個完全並純粹由溯及既往型法律組成的想像中的法律體系，就好像是問在完全真空中氣壓是多少一樣。

因此，如果我們想要對溯及既往型法律做出有見地的評價，就必須將其放回到一個整體而言帶有前瞻性的規則系統的背景當中。令人驚訝的是，在這種背景當中，有時會出現這樣的情況：在其中，賦予法律規則以回溯性的效力不僅變得可以容忍，而且實際上還可能為促進合法性之目的所必須。

正像每種其他類型的人類活動一樣，滿足十分複雜的法律的內在道德性的努力，可能會慘遭各式各樣的事故。當情況已經變得十分糟糕的時候，溯及既往型的制定法有時會作為一種矯正手段而變得不可或缺；儘管法律在時間維度上的正確運動方向是向前的，但我們有時也不得不停頓下來，並回過頭去做一些拾遺補缺的工作。假設一部制定法宣布在其生效日之後，除非主持婚禮之人在結婚證書上加蓋國家提供的特殊印章，否則婚姻無效。而國家印章局的停止辦公又導致這部法律生效時無印可蓋，雖然這部法律已經履行了法定的頒布程序，但公眾對之並不了解，透過主持婚禮的人士之間的口耳相傳而使之為公眾所知的方式，又因為印章不能發行而失效。許多婚姻都是在不知道這部法律的人士之間締結的，而且通常都是由不知道這部法律的牧師主持的。而這些情況都發生在立法機構休會期間。當立法機構再次集會的時候，它制定了一部法律，宣布根據前一部法律被宣布無效的婚姻有效。雖然就其本身而言，這第二部制定法的回溯性效力損害了合法性原則，但它減輕了此前踐行合法性的另外兩項基本要求——法律應當為受其影響的人們所知以及它們應當能夠被遵守——方面的失敗所造成的不利影響。[19]

從這個例子中，有人可能會急不可待地得出這樣一個教訓，當溯及既往型法律的意圖在於矯正形式上的不規則性時，它們總是有正當理由的，或者至少是沒有過錯的。在匆忙得出這個結論之前，我們不妨回想一下一九三四年「羅姆清洗」。[20]

希特勒判斷納粹中圍繞羅姆而發展起來的一些原因對他的政權構成妨礙。一個獨裁者在面臨這樣一件事情時，本來應該是命令展開一系列裝模作樣的審判，然後定罪、處決。但時間是如此的緊迫，因此，希特勒和他的隨從匆忙巡遊到南方，並且在其間槍斃了將近一百個人。返回柏林後，希特勒立即安排通過了一部溯及既往的法律，將這些謀殺轉變成合法的處決。隨後，希特勒宣稱在這起事件中「德國人民的最高法院由我本人組成」，由此可見，他認為這些殺戮帶有一種單純形式上的反常，這種反常在於事實上他手中握有手槍而不是司法人員。[21]而且，就關於該事件的這一觀點而言，他甚至可以援引我們的最高法院在支持一項法律時所說的話，它稱這部法律是「適當地設計出來以補救……政府行政管理中的缺陷的一部矯治性法律」。[22]

溯及既往型法律的第二個面向，和它偶爾會對法律的內在道德性做出的任何積極貢獻都沒有太大關係，不過卻和它不可避免地會在某種程度上附加到法官職務上的某種情況有關。值得注意的是，一套透過正式制定的規則來管理人類行為的系統，並不必然會要求透過法院或其他制度性程序來裁斷關於規則之含義的糾紛。在一個規模較小、人際關係和睦並且依據一些相對簡單的規則來進行治理的社會，這樣的糾紛可能根本就不會發生。如果它們發生了，也可以透過自願的利益妥協來解決。即使它們未能以此種方式獲得解決，一定數量的這種持續性糾紛的邊緣性存在，也不會嚴重損害這個系統作為一個整體的有效性。

我之所以強調這一點，是因為人們經常想當然地認為法院只是法律之根本目的的一個反映，而這個根本目的則被假定為是解決糾紛。因此，人們似乎認為，對規則的需要完全源自於人的自私、好爭吵以及愛議論的天性。在一個由天使組成的社會中，法律就沒有必要存在了。

但這必須取決於天使是什麼樣子。如果天使們可以在沒有任何規則的情況下共同生活並且完成慈善工作，他們當然不需要任何法律。如果他們所依循的規則是非正式的和憑直覺來領悟的，他們也不需要任何法律。但是如果他們為了有效履行他們在天堂裡的職能而需要「制定」規則，也就是透過某種明示的決策來創造規則，他們就會需要本書所討論的那種法律。一位奉召管理他們並且為他們的行為確立規則的雷克斯國王，不會因為自己的臣民是天使便放棄搞砸自己工作的機會。有人或許會反對說，至少不會出現維持官方行動與法定規則之間的一致性問題吧？但這種說法也不對，因為雷克斯可能很容易落入這樣的陷阱，即向天使臣民提出了與為他們行為所確立的普遍性規則相矛盾的特殊要求。這種做法可能會導致一種困惑狀態，在其中，普遍性規則可能會失去它們的指導力量。

在一個複雜而又人口眾多的社會中，法律履行著一種不可缺少的職能。不論它是法官創制的還是立法機構制定的，沒有任何法律制度可以被起草得如此完美，以至於沒有留下爭論的空間。當一起涉及一項特定規則含義的糾紛發生的時候，為這一糾紛尋求一項解決方案的設置便成為必要。獲取這種解決方案的最合適的途徑，莫過於某種形式的司法程序。

那麼，讓我們假設A和B之間就一項確定其各自權利的制定法規則含義發生了爭議。他們的糾紛被提交到法院。在仔細權衡了所有論點之後，法官認為支持A的立場的理由和支持B的立場的理由是旗鼓相當的。從這個意義上講，這部制定法實際上無法為他審理案件提供任何明確的標準。但是，與這個案件的判決相關的原則的確存在於這部法律當中，而它的要求在十分之九的案件中都不會引發任何問題。如果這位法官不能做出判決，他就無法履行解決發端於一套既有法律體系的糾紛的義務。如果他對這個案件做出了判決，他又不可避免地從事了一項回溯性立法活動。

顯然，這位法官必須對這個案件做出判決。如果每當一項規則的含義引發疑惑的時候，法官都要宣布法律中的不確定性，那麼整個前瞻性規則系統的實效性便會受到嚴重的損害。要想充滿信心地依照規則辦事，人們不僅必須要了解這些規則是什麼，還必須得到一旦這些規則的含義發生了爭議，總會有某種辦法來解決這種爭議的保證。

在我們剛才所假設的這個案例中，做出溯及既往型判決的理由當然是十分充分的。不過，讓我們重新假設，法院需要做的並不是澄清關於法律的一項疑惑，而是推翻它自己的一項先例。例如，在A訴B案之後，C和D之間發生了同樣的糾紛。C拒絕根據法院在A訴B案中做出的判決來解決這一糾紛，並且將這個案子起訴到法院。C說服法院相信它在A訴B案中做出的判決是錯誤的，並且應該被推翻。如果這一推翻具有溯及既往的效力，那麼D就會敗訴，儘管他所依賴的是一份明顯對他有利的司法判決。從另一方面講，如果法院對A訴B案的判決是錯誤的並且理應被推翻，那麼C之拒絕接受它並且將它帶回法院來接受再次檢驗，便相當於是履行了一項公共服務。顯然，如果C因為履行這項公共服務而獲得的唯一報酬，便是令一項現在已經被承認有誤的規則針對他而繼續適用，這顯然是十分具有諷刺意味的。如果法院只能前瞻性地推翻這一先例，從而使新的規則僅適用於這項推翻性判決做出之後發生的案件，我們就很難看到一位訴訟當事人有什麼動力去尋求推翻一項錯誤的判決，或者一項因為情勢的變遷而失去其正當性基礎的判決。（有人已經指出，這一論斷不能適用於所謂的「機構性訴訟當事人」（the institutional litigant）所提起的訴訟——比如工會或協會，它們對超越於具體糾紛之上的法律發展有著持續的興趣。）[23]

方才所討論的情形涉及到民事糾紛。適用於刑事案件的考慮因素則有相當的不同。這一點在涉及推翻先例的案件中逐漸為人們所認識，比如一個法院本來將一項刑事法規解釋為不適用於某種形式的活動，而在稍後的一個案子中，又改變了看法並且推翻了自己先前的解釋。[24]如果這一推翻先例的判決可以溯及既往，那麼，某些因信賴法院對法律的解釋而採取相應行動的人，便可能被標示為罪犯。

有人認為，法院解決先前未曾解決的，適用一部刑事法規過程中的不確定因素的案件不屬於上述情況，而對待這一類案件應該像對待上面討論過的A訴B這樣的民事案件一樣。我認為這種觀點是錯誤的。的確，這裡有某種安全保障，可以緩解溯及既往，將以前並未明確規定為犯罪的行為確定為犯罪，所表現出來的嚴重不公。如果這部刑事法規從整體上看具有適用上的不確定性，它便可能被宣布為具有不合乎憲法的模糊性。

此外，一項公認的解釋原則便是，對一項刑事法規必須作嚴格解釋，從而使那些不在其通常含義覆蓋範圍之內的行為，不至於因為表現出與該法規的語言所描述的那些行為具有相同類型的危險性，便被認為是犯罪。但是，一項刑事法規也可能被起草，雖然它的含義在十分之九的案件中都表現出合理的清晰性，但在第十個案件中，由於出現了某種特殊情況而變得模糊，以至於無法對特定的被告有真正的警示作用，使他知道自己當時正在做的事情是一種犯罪。這種情況在涉及經濟規則的場合尤其常見。法院通常假定自己在這一類的案件中除了解決疑惑、並因此創造出回溯性刑法之外便別無選擇。換句話說，這個問題被處理得好像是民事案件一樣。但是，在一個像這樣的刑事案件中，如果被告被宣判無罪，這個判決便不會留下任何未解決的糾紛，它簡單明瞭地意味著被告自由了。

我認為應該承認一位被告不應被判有罪，如果適用於他的特殊情況的法規是如此的不清楚，以至於如果在其所有的適用中都同樣不清楚的話，它便應當被認定因不確定而無效。這項原則可以消除和民事案件的錯誤類比，也可以使對所謂的具體不確定性問題的處理吻合於普遍性規則，也就是那些針對作為一個整體表現出不確定性的刑事法規的規則。

我們迄今為止還沒有考察所有問題中最難的一個，即如何知道什麼時候可以將一部法規正確地認定為是溯及既往型。最簡單的情況是那種將一種本來完全合法的行為規定為犯罪的法規。禁止回溯性立法的憲法條款主要是針對這樣的法規。「無法律則無刑罰」（nulla poena sine lege）的原則受到文明國家的普遍尊重。溯及既往型法律之所以受到如此普遍的譴責，不只是因為刑事訴訟所涉及的「賭注」很高，而且主要是因為在各類法律中，刑法最明顯且最直接地涉及到塑造和約束人們的行為。回溯性的刑事法規會令人們直接聯想到這樣一種荒唐之極的情況：今天命令某人昨天做某事。

與回溯性的刑事法規相對照，讓我們假設有這樣一部一九六三年制定的稅法，它規定人們必須為他們在一九六〇年獲得的經濟收入納稅，而這些收入在一九六〇年的時候本來是不用納稅的。這樣的一部法律可能是非常不公平的，但是嚴格說來，我們不能說它是回溯性的。的確，它將納稅的額度建立在過去發生的某些事情的基礎之上。但它只要求受它約束的人們去做一件簡單的事情，那就是交付稅款。這項要求的效力是前瞻性的。換句話說，我們並沒有今天制定一部稅法來命令某人昨天交稅，雖然我們可能今天透過一部稅法來徵稅，而所徵的稅額則根據過去發生的事件來確定。

對於普通公民來說，我剛才所提出的這些論證可能看來是在詭辯，他很可能說正如某人因為知道根據現行刑法某種行為是合法的而做出這種行為一樣，他也可能因為知道根據現行稅法從某種交易中獲得的收入不用納稅而進行這樣一項交易。如果說回溯性的刑法是可憎的，因為它對一項在做出時原本不應受罰的行為規定了刑罰，按照同樣的道理，這樣一部稅法也是非正義的，因為它向某人徵稅，而這個人是因為某種活動在當時是免稅的才去從事。

要對這種說法做出回應，就必須注意如果它的含義得到充分認可所可能帶來的後果。所有類型的法律，不僅僅是稅法，都會被人們計算和決策。一個可能決定為了從事某種特定職業而學習、結婚、控制或擴大家庭規模，或對自己的財產做出最後的處置，所有這些決策都需要參照某種既定的法律，這不僅包括稅法，也包括財產法和契約法，甚至可能包括選舉法，因為它會導致某種特定的政治權力分配。如果每次都有某人依賴法律來對自己的事務做出了安排，他便可以獲得相關法律規則不變的保障，我們的整個法律機體便會永遠陷入僵化。

對於這種論辯，有人可能會說，稅法不同於其他任何法律。一方面，它更直接地進入到人們對自己事務的規劃過程當中；另一方面，它們的主要目標通常不只是增加公共財政的收入，而且還包括按照立法者們認為可欲的方式來引導人們的行為。從這個面向上看，它們是刑法的「表親」。財產法和契約法既不規定也不推薦任何特定的行為方式；它們的目標僅僅在於保護人們透過不特定的活動而取得。相反地，稅法誘導去從事某些活動或者勸阻人們去從事某些活動，往往正是它們的目標。當它們因此而變成刑法的某種替代品的時候，它們便好像失去了自己的純真。就我們藉以啟動這場討論的那個案件（也就是法律起初未曾規定對某些類型的收入徵稅）而言，法律的目的本來可能是誘導人們去從事會產生這些收益的那種交易。如果此後法律又規定對來自於這種的交易的收入徵稅，人們實際上便因為做了法律本身起初誘導他們去做的事情而遭到了懲罰。

我們可以將同樣的論點擴展到以下這個程度——每一種類型的法律都是在誘導或阻遏人們做出某種特定類型的行為。例如，整個契約法便可以被說成是有意誘導人們透過「民營企營」來組織他們的活動。如果商業活動在一定程度上是在考慮到現有的契約法規的情況下來進行規劃的，這部分的法律是不是就永遠不能改變了？假設一位不能讀或寫的人，在口頭經紀契約被認為具有效力時成為不動產經紀人，他是否應當得到保護，以免受到此後要求這種契約必須有簽名的書面文本作為證明的法律之不利影響？至於說稅法通常具有吸引或阻礙人們從事某些活動的目的，誰能說出一項稅目的功能除了增加公共財政收入以外還有什麼？一位立法者可能出於一種原因而贊成一項稅目，另外一位立法者則可能基於完全不同的另一項原因而贊成同一稅目。我們怎樣來評論對含酒精飲料徵收的稅目？它的目的到底是為了阻遏飲酒，還是透過向那些從其生活習慣來看最有能力幫助支付政府開支的人們收錢來增加財政收入？對這一類問題不可能做出明確的回答。

雖然問題尚未解決，在此我們必須停止討論。提出這些問題的目的僅僅在於指出，圍繞著溯及既往型法律存在著一些難以解決的問題，這些難題絕不僅僅關係到稅法。在遇到這些難題的時候，法院往往會求助於政府與公民之間的契約這一概念。於是，如果某些活動本來享有免稅優待，而後這種優待又被取消，通常適用的檢驗標準是看國家能否被公平地認定為已經簽訂維持這種免稅安排的契約。應當看到的是，國家與公民之間的契約這一概念可以無限延伸。正像格奧爾格·齊美爾所指出的，國家所占據享有超級權力的地位，最終有賴於一種隱含的互惠。這種互惠，一旦被明確表達出來，便可以延伸到全部八項合法性原則之中。如果雷克斯國王不是一位世襲君主，而是基於一項改革法律制度的承諾而被選出擔任終身職務，他的臣民們便完全有理由覺得自己有權罷黜他。政府違約可以成為革命的理由，這種觀念可以說是由來已久。它是一個被普遍認為完全超越於一般法律論理前提之上的概念。不過，當溯及既往型立法的效力，被理解為取決於國家是否忠誠於自己與公民之間的一份合約的時候，這一概念中另一位更溫和的「遠親」，便會出現在法律系統之內。

在這段對溯及既往型法律的討論中，我們十分強調分析上的困難。為此，我理應在離開這個論題的時候提醒大家，並非它的每一個面向都籠罩在霧靄之中。正如適用於構成法律之內在道德性的其他基本要求的情況一樣，難題和微妙辨析不應當使我們忽略，雖然完美是一個難以捉摸的目標，但識別出明顯不妥之處卻並不困難。在為明顯不妥的情況尋找例證的時候，我們也不必將自己的目光侷限於希特勒統治的德國或者史達林統治的俄國。我們自己也有這樣的立法者，他們以一種溫和的方式證明他們相信目的可以正當化。例如，我們可以舉出一九三八年頒布的一部聯邦法律。這部法律規定「任何曾因暴力罪行而被定罪的人……接受任何透過州際或國際貿易運送或傳輸的槍支或彈藥都是非法的」。這部法律的起草者認為，落入這部法律之語言覆蓋範圍的人，不構成最值得我們信賴的公民。他們也懷抱使這部法律具有溯及力的願望。於是他們在這部法律中寫入了一項規則，即如果一個符合本法案描述的人在州際貿易中接受了任何武器，那麼其收貨時間應該被推定為是在本法案的生效日之後。這項顯示立法者的過分聰明的傑作，在托特訴美國（*Tot v. United States*）[25]一案中被最高法院宣布為無效。

法律的清晰性

清晰性要求是合法性的一項最基本的要素。[26]雖然很少有人質疑這個說法，但我不敢肯定滿足這項要求所涉及到的責任是不是被人們所理解。

如今存在一種強烈的傾向，即不是把法律等同於行為規則，而是把它等同於一套權力或命令的等級系統。這種對法律的忠誠與對既定權威的服從混淆的觀點，很容易導致雖然法官、員警和檢察官可能違反合法性原則，但立法者卻不可能違反，除非是當其僭越憲法為其權力所設定的明確限度時。不過，十分明顯的是，含糊和語無倫次的法律會使合法成為任何人都無法企及的目標，或者至少是任何人在不對法律進行未經授權的修正的情況下都無法企及的目標，而這種修正本身便損害了合法性。從污濁之泉中噴出的水流有時可以被淨化，但這樣做的成本是使之成為它本來不是的東西。處在命令鏈結的頂端，不能使立法機構免除尊重法律的內在道德性命令的責任；相反地，它強化了這種責任。

重視立法的清晰性，並不意味著忽視依靠像「誠信」和「注意義務」這樣的標準，來產生法律後果的那些規則。在某些時候，獲得清晰性的最佳辦法，便是利用並在法律中注入常識性的判斷標準，這些標準是在立法會堂之外的普通生活中建立的。畢竟，這是我們在用普通語言本身來表達立法意圖時，免不了會做的事情。此外，正像亞里斯多德很早之前就已經指出的那樣，我們所能達到的清晰程度不可能超過我們所處理的問題所容許的程度。一種虛有其表的清晰，可能比一種誠實的、開放性的模糊更有害。

另一種嚴重且經常有人犯的錯誤是——推定忙碌的立法起草者們沒辦法將他們的目的轉化成清楚詮釋的規則，但他們卻可放心地將這項任務委託給法院或者特殊的行政法庭。實際上，這取決於這種委託所欲解決的問題的性質。例如，在商法中，「公平」的要求可從一系列商業慣例和某一商貿人士共同所分享的行為原則中，獲得確定含義。但是，我們不能由此得出結論，說所有的人際糾紛都可以借助從公平標準中逐步派生出來的規則而獲得完滿解決。

因此，當我們面對海耶克譴責要求一概而論的「公平」或「合理」的法律條文時，有必要做出進一步的辨析：

我們可以寫一部法治衰落的歷史……，因為這些含糊的表達越來越多地被引入到立法和司法（jurisdiction）[27]當中，也因為法律與司法的恣意性和不確定性不斷增強，以及由此導致的人們對法律和司法的不尊重。[28]

法學中的確有一章仍有待完成。這一章應當致力於分析在什麼樣的情況下，政府管制的問題可以被放心地交付給司法決策去處理，且可以合理期待在個案處理各種紛爭的過程中產生相當清晰的判斷標準。在處理具此類基本性質的問題時，「觀望」或「社會實驗」的政策並無用處。

法律中的矛盾

顯而易見的是，為了避免法律中不經意的矛盾，立法者需要十分謹慎。不過，人們很難知道什麼時候會出現這樣的矛盾，或者如何用抽象的語言來界定這種矛盾。

人們普遍假定這僅僅是一個邏輯問題。矛盾是指違背同一律（A不可能同時又是非A）的某種東西。不過，這項形式原則對於處理矛盾的法律這一問題，可說是毫無幫助，不管它在其他方面有何價值。[29]

讓我們選擇用一種「邏輯意義上」的矛盾呈現最明顯的情形作為例子。假設在一部單一的制定法中存在兩項條文，一條要求汽車的車主們在一月一日安裝新的車牌；另一條規定在一月一日從事任何勞動都是犯罪。這似乎是一種違反同一律的情形；一種行為不能同時既被禁止又被要求。但是，如果令某人做一件事情，然後又因此而懲罰他，我們能說這樣就違反了邏輯嗎？當然，我們可以說這種做法毫無意義，但是，在做出這種判斷的時候，我們已經默默地預設了這樣一個目標，為人類活動找到一個有意義的方向。某人如果經常性地做了被命令去做的事情而遭受懲罰，人們便不能指望他將來能夠對命令做出恰當的反應。如果我們那樣對待他，是試圖為規範他的行為確立起一套規則系統，這種企圖就會失敗。不過，如果我們的目標是導致他精神崩潰，我們便可能會成功。無論在哪種情況下，我們都僭越了邏輯的領地。

處理法律中顯著矛盾的公認原則之一，便是看能不能找到辦法來協調看起來相互矛盾的條款。根據這項原則，法院可能會先判定在元旦那天安裝車牌的人有罪，然後免除他的刑罰，因為他是在一部成文法的強制性要求下這麼做的。這看起來是一種相當累贅的解決方案，不過法律史上曾經存在過更加奇怪的案件。有一段時間，在教會法中，一項原則規定任何經立誓保證的承諾都具有約束力，而另一項原則又規定某些類型的承諾（比如涉及到敲詐或高利貸的承諾）不能導致任何義務。那麼，在面對涉及宣誓保證下的高利貸承諾的案件時，法院應該怎麼辦呢？當時的解決辦法是，先判令承諾人向受承諾人履行償付義務，然後立即命令受承諾人返還其剛剛得到的東西。【30】在這種奇怪的程序中，甚至可能包含著某種象徵性的價值。透過首先強制實施這種合約，法院戲劇性地突顯了一項規則，就是人必須受其誓證承諾的約束。隨後，透過撤銷自己的判決，法院又提醒受承諾人，你的狡詐行徑需要付出代價。

假設面對「元旦法規」的法院認為先判決被告有罪，然後免除其刑罰的做法沒有價值，它可能會在以下兩種法律解釋中選擇一種：（一）規定在元旦工作是一種犯罪的條款，推翻了涉及車牌的那個條款，因此車主可以合法地將安裝車牌的工作延後到元月二日來進行；（二）涉及車牌的那個條款推翻了禁止工作的條款，因此車主必須在元旦那天安裝車牌，而他這樣做並不構成犯罪。一種比較好的解決方案是將兩種解釋結合起來，於是在元旦那天安裝車牌的車主沒有違法，而將安裝車牌的工作推遲到元月二日來進行的車主也沒有違法。這種解決方案承認該法規所呈現出來的基本問題，在於它為公民指出的方向是難以辨識的，因此公民應當被允許自己選擇一個方向來消除這種困惑，他不應當為此受到傷害。

我們最好再來考察一部「自相矛盾的」法規——這是一項真正的判決中所涉及到的一部法規。在美國控訴卡迪夫（*United States v. Cardiff*）一案中，一家食品加工公司的總裁因為不允許一位聯邦視察員進入他的工廠考察它是否遵守了《聯邦食品、藥物和化妝品法案》而被定罪。【31】該法案中的第七〇四節界定了一位視察員進入一家工廠的條件，這些條件其中一項是他首先要獲得業主的許可。而該法案的第三三一節則規定業主「不允許第七〇四節所授權的進入或視察」的行為是一種犯罪。這樣看來，這部法案似乎是在告訴人們，視察員有權進入工廠，但業主也有權不允許進入而將他拒之門外。不過，有一個非常簡單的辦法可以消除這一明顯的矛盾。就是將該法案的意思解釋為，如果業主在表示同意視察員進入之後又拒絕讓其進入，這位業主便違反了法律。這樣就把他的責任建立在他的自願行為之上，因而不算是反常，某人不一定必須做出某項承諾，不過一旦他做出了這項承諾，他就可能因此而承擔起一項責任。

最高法院考慮了這種解釋，但卻拒絕採納。這種解釋的問題不在於它不符合邏輯，而在於它不能吻合任何可理解的立法目的。如果國會希望確保視察員在業主的反對下仍然能夠進入工廠，這是可以理解的。但如果說國會希望將視察員的權利限定在這樣一種不可能出現的情況下——一位古怪的業主先是表示允許，然後又關上大門，則是很難理解。為了使這部法案顯得不是不可理喻，我們可以將這項要求解釋為，視察員之所以需要先獲得允許，是基於敲定時間和日期的禮貌，但相關條文的語言卻又不支援這種解釋。最高法院因此裁定這兩項條文之間的衝突導致了含混的局面，以至於無法針對這種犯罪的性質發出充分的警告，法院因此撤銷有罪判決。

到這裡為止，我們的討論只涉及到在一部單一制定法的框架中，出現自相矛盾的情況。更複雜的問題可能出現在一部一九六三年制定的法律，被發現和一九五三年的一部法律中一項相當明確的條文發生了衝突。在這種情況下，被習慣賦予了權威性的解決方案是，較晚頒布的制定法中的條文如果與較早頒布的制定法中的相關條文發生矛盾，則較早的條文應被推翻，正如因歷史悠久而被奉為神聖的法諺所云，後法優於前法（lex posterior derogate priori）。[32]但在某些情況下，處理這一問題更恰當的方式，可能是遵循一項現在被用來處理單一法規框架中產生之矛盾的原則，也就是透過彼此參照式的解釋來達致兩部法規之間的互惠性調整。不過，這種方案也有難題。人們需要知道到哪裡應該止步，因為法院可能很容易發覺自己正踏上危險道路；重制我們的整個制定法體系，以便使之成為一個更加融貫的整體。根據新法來對舊法做出重新解釋，也可能引發溯及既往型立法的一難堪問題。我不擬對這些問題進行進一步的探討。不過，到這裡為止所說的已經足夠顯示一項教訓：立法部門對法規之間相互牴觸現象的不在意，會對法制造成很嚴重的傷害，而且這種損害很難透過簡單的規則得到消解。

有學者曾經指出，在法律和道德論證中，我們應當說「不相容」（incompatibilities）——也就是事物之間不協調或協調不好，而不是「矛盾」（contradictions）。[33] 另外一個在普通法的歷史上頗受歡迎的術語——「不一致」（repugnant），用在這裡也很貼切。這個詞之所以特別貼切，是因為我們所稱的矛盾的法律其實是指相互打架的法律，雖然它們不一定會像邏輯上相互矛盾的陳述那樣殺死對方。另外一個已經停止使用的好詞是本意上的「不協調」（inconvenient）。不協調的法律是不能吻合於其他法律或者與其他法律相牴觸的法律。（現代法語中的 convenir，指一致或協調。）

從這裡的分析中，我們很容易看到，要確定兩項人類行為規則之間是否不協調，我們往往必須考慮一系列規則本身語言之外的因素。在歷史上的某階段，「跨過這條河，但不能把自己弄濕」這條命令中包含著矛盾。不過，自從人類發明橋和船之後，情況就並非如此了。如果今天我讓某人跳到空中並且保持雙腳和地面接觸，我的命令似乎是自相矛盾的，這是因為他沒有辦法在跳起時將地面帶著一起升空。在確定不一致因素時必須納入考慮的背景當然不僅僅是技術方面的，因為它包括這一問題周遭的整個制度環境——無論是法律的、道德的、政治的、經濟的還是社會的。為了檢驗這一命題，我們可以設想，前面提到過的那部元旦法規要求在新年的第一天安裝車牌，但同一法規中的另一條文，卻又規定向在那天工作的人徵收一塊錢的勞動稅。讓我們試著做這樣一項富有教育意義的思考：該如何著手去證明這些條款是「不一致」的，將它們納入同一部法規中必定是立法者粗心大意的結果。

要求不可能之事的法律

從表面上看，一部要求人們做不可能之事的法律是如此的荒誕不經，以至於人們傾向於認為：沒有任何神志健全的立法者、甚至包括最邪惡的獨裁者會出於某種理由制定這樣一部法律。[34]不幸的是，生活的現實推翻了這種假設。這樣一種法律可能會借助於它自身的荒謬性來服務於利爾伯恩[35]所稱的「不受法律約束的無限權力」（lawless unlimited power），它蠻不講理的無意義性可以令臣民們知道，沒有什麼事情是不可能向他們要求的，他們應當隨時準備好奔往任何方向。

要求不可能之事的技術也可能得到聰明的、有時甚至是善意的利用。良師常常對自己的學生提出他知道他們不可能達到的要求。他這樣做的時候是懷著逼出學生的潛力這一值得讚揚的動機。不幸的是，在人類社會的許多場景當中，積極的敦促與強加的義務之間的界限變得十分模糊。因此立法者很容易誤入歧途，以為自己的角色就像是教師的角色。他忘記對於未能做到他所要求之事的學生，老師照樣可以為他們實際上做到的事情而表揚他們，而不會因此便顯得虛偽或自相矛盾。在類似的情況中，政府官員面臨的則是不是做出嚴重不義之事，就是對偏離法律要求的情況視而不見，從而導致人們不再尊重法律。

法律不可要求公民為不可能之事這一原則，有可能被推向一個不切實際的極端，以至於最終變成要求立法者為不可能之事。人們有時推定，除非存在以下兩項因素之一，否則便沒有理由確立任何形式的法律責任，（一）做有害行為的意圖；（二）某種過錯或疏忽。如果某人由於某種不能責備於他的事態而被判定應當承擔責任——不論是因為他故意使某種行為發生，或是因為他疏忽而導致事情發生——那麼這就等於是讓他為某種超出其能力之外的事件負責。當法律被解釋成這樣時，它實際上便是判定某人違反了「這件事不能發生」這樣一項命令，而這個命令是他所不可能遵守的。

圍繞在這一結論周圍的合理性因素，掩蓋了它實際要求的確切範圍。例如，就過錯之證明而言，法律面臨著一道無解的難題。如果我們將一項客觀標準——也就是傳統的「理性人」標準——適用於某一特定被告，我們顯然就有可能向他強加了他不可能達到的要求，因為他的教育和稟賦可能使這種標準超出了他所能企及的範圍。如果我們換個方向來思考，並且想想，我們面前的這個人，由於他所具有的各種個人侷限和怪癖，是否根本達不到本來應該達到的要求，我們因此會陷入一種危險的探尋，在其中，所有做出客觀判斷的能力都將喪失。這種探尋要求同情體會他人的生活。非常明顯的是，階級、種族、宗教、年齡和文化上的差異會阻礙或扭曲這種體會。其結果是，雖然一種超然的正義標準注定有時會顯得過於嚴苛，但一種試圖探測和把握私人世界疆域的親密關係正義，卻在情在理都無法做到不偏不倚。法律不知道任何可以幫助它超越這種矛盾處境的魔法。因此，它不得不踏上一條不確定的中間道路，在處理某些涉及明顯能力不足的案件時，放寬適用理性人標準，但是即使在這種情況下，將這些不足的定義予以形式化。

有人或許會說，剛才所描述的這些困難，其之所以會發生的原因乃是：對過錯的確定從根本上看，是涉及到一項道德判斷。相反地，確定某一行為的意圖則似乎只要求進行一種事實考察。不過，現實在這裡又一次呈現出更為複雜的面向。如果說意圖是一種事實，那麼它是一種只能從外在表現推導出來的私人事實（private fact）。這種推導有時候會顯得比較容易。霍姆斯又一次表示，即使一條狗也知道被絆倒和被踢倒之間的區別。不過，法律要求確定的意圖有時是一種非常具體的意圖，因為刑罰的確定，可能有賴於對被告是否故意違反法律的證明。這種類型的條款有時見於複雜的經濟法規當中，目的在於避免懲罰一個做出表面上看來非常無辜之行為的人。就我自己的觀察而言，這演變成一個問題：在這種情況中，治療的方式是不是比疾病更加糟糕？法律所要求確定的意圖是如此的不易獲得明確的證實或證偽，以至於事實的裁斷者幾乎不可避免地會被迫提出這樣的問題：「他看起來像是循規蹈矩的那種人，還是一有機會就鑽規則漏洞的那種人？」不幸的是，這個問題很容易導致另外一個問題：「他看起來像不像我這種人？」[35]

為了使法律保持在公民守法的能力範圍之內，我們將公民的責任限定在過錯或錯誤意圖可以得到證明的個案中，而這樣做的時候，我們便會遭遇到上述的困難。不過，在涉及到法定責任的法律中，也有許多例子顯示責任的確定有時無需依賴過錯或意圖方面的證據。

屬於這種類型的一種相當常見的責任形式，並沒有對法律的內在道德性提出嚴重的問題。假設一個瘋子偷了我的錢包。他的精神狀況可能使他無法理解或遵守保護私人財產權的法律。這種情況提供了不把他關進監獄的好理由，但卻並沒有提供任何理由讓他保留我的錢包。根據法律，我有權收回我的錢包，而他在這種意義上有法律上的責任須把錢包還給我，即使在取走它時他並沒有主觀上的過錯或具有任何做壞事的意圖。另一種例示是，在處理一筆帳目時，一位債務人向其債權人支付了超出應付數額的現金，雙方都沒有錯，並且錯誤地相信所付款就是應付款。在這種情況下，這位債權人有義務返還給多付的部分，雖然他接受這筆款項的行為無論如何也不能算是一項有過錯的行為。

有相當一部分法律涉及到防止或導正不當得利（unjust enrichment），這種不當得利可能是由於行為不慎、認知錯誤或缺乏理解自己所做行為之性質的能力等原因所致。這種法律中有一部分明顯屬於準契約（quasi contracts）的範疇，其餘部分則透過在契約法和侵權法中的影響——通常是以一種默默發生的影響而呈現。這方面的分析無論在普通法還是羅馬法中都因為這樣一項事實而混亂不清，被正式歸類為「不法行為之訴」（delictual actions）和「以侵權法為根據之訴」（actions sounding in tort）的那些救濟方式一直被用來矯正不當得利，而這些救濟方式是在被告過錯並不明顯的情況下犧牲其利益來彌補另一方的損失。

與未注意（inadvertencies）之導正相關的法律型態的存在，似乎對本書中所提出的分析構成了一項挑戰。在這裡，我們一直把法律視為「使人的行為服從於規則之治的事業」。但是，當人們在認知錯誤或漫不經心的情況下有行為的時候，他們顯然沒有、而且也不可能有意識地使自己的行為符合法律，沒有人會透過學習準契約法來了解在不清楚自己行為時應該怎麼辦，這個難題的答案其實是顯而易見的。為了保持一套由於注意而導致的法律關係的完整性，我們需要一套輔助性的規則系統，來補救未注意所造成的後果。這裡存在著一個非常類似於溯及既往型法律的問題。一套完全由溯及既往型規則組成的法律體系，只能作為值得路易斯·卡羅爾或弗朗茲·卡夫卡用其辛辣筆法來加以諷刺的奇思妙想而存在。但是，一部溯及既往型的「治療性」法律，卻可能在處理發生在一套整體上具有前瞻性的規則體系中，對災難方面發揮有益的作用。【36】修補未注意之後果的那些規則便屬於這種類型。如果所有的事情都是在漫不經心的狀態下發生，就連對糾正未注意這一問題進行思考都是不可能的。為矯正未注意之後果而設計出來的規則，是作為一套更大的、旨在指導人類行為的規則體系的補充而存在的，這種功能不僅說明了這種規則的存在理由，而且決定著這種規則的意義。

不過，導正因未注意而不當得利的原則，並不能解釋法律責任在無過錯或無犯意的情況下發生的所有情形。實際上，有相當一部分法律涉及到對導源於某些特定活動形式的損害，設定嚴格責任或絕對責任。於是，爆破活動可能需要面對對他人造成的所有損害負責的可能性，即使沒有任何傷害他人的意圖，或疏於提出適當警告的過失可以得到證明。[37]在這一類案件中，法律用莊嚴的語言宣布：「人要承擔自己行為的危險」（men act at their peril）。

這種類型的嚴格責任很容易從經濟學原理中找到理由，一項可預見的事業社會成本應當體現到從事該事業的私人成本當中。從這個角度來看，隱含在一次爆破操作中的危險，是無法透過小心或未卜先知來完全避免的，這種操作的性質決定了它總有可能導致偶然的、非預謀的人身或財物損失。如果試圖在山腰上炸出一條捷徑的高速公路承包商，只需對可證明的過錯負責，他採用更安全的辦法來完成其開路工作的積極性就會降低。換句話說，他的經濟計算就會因此發生扭曲，而這種扭曲的代價則由公眾來承擔。為了導正這種情形，我們對他的爆破作業徵稅，這種稅採取的是一種規則的形式，也就是他必須對任何由這種作業所導致的損害負責，無論這些損害能否歸咎於他的過失。

以稅來作比方有助於澄清這類型的嚴格責任和法律的內在道德性之間的關係。我們不會把一項一般銷售稅看成是在命令人們不准賣東西，我們認為它只是對銷售行為所徵收的一項附加費用。所以我們也不應該認為針對爆破作業的特殊規則，是在命令使用炸藥的人永遠不得造成任何損害，不論他自己是多麼無辜。相反地，我們是將這種規則看成是對進入某一特定行業所附加的一項特殊責任。法律的內在道德性對嚴格責任規則提出的要求，並不是讓它停止強求不可能之事，而是讓它盡可能將承擔額外法律責任的活動類型界定清楚。

「引發特殊危險的事業，應當承擔其經營活動所致損害」的成本這一原則，有可能得到廣泛的應用。例如，在某些國家，這項原則被擴展適用於汽車駕駛活動，包括娛樂性的或為了私人便利而進行的駕車活動。有一種陳詞濫調指出，如今存在著一種邁向嚴格責任的「總體趨勢」。實際上，人們似乎時常猜測，這種趨勢正義無反顧地將我們帶往這樣一種未來，在其中，過錯和意圖這樣的概念在法律中將不再發揮任何作用。

我認為我們有充分的理由確信，我們所面對的不是這樣的未來。如果嚴格責任不是僅僅適用於某些特定形式的活動，而是適用於所有的活動，行為與所致損害之間的因果關係這一概念就會迷失。一位詩人寫下一篇哀怨之詩，一位被拋棄的情種讀了這首詩，感到絕望並且自殺。是誰「導致」了他的生命喪失？是那位詩人？那位拋棄了逝者的女子？抑或是那位培養起這位情種對詩歌興趣的老師？某人在酒後狂亂中槍殺了自己的妻子。那些與此事件相關的人們中，哪些應當對這一不幸承擔責任？殺人兇手自己、把槍借給他的那個人、把酒賣給他的那個商家，抑或是那個勸他不要離婚以至於令他未能及早結束這一不幸結合的朋友？

我們可以從操作已有的那些嚴格責任形式所遭遇的困難中，窺見這一類難題的性質。《工殤賠償法》便規定了這樣的一種責任。顯而易見的是，雇員的工作與需要得到賠償的傷害或疾病之間的關係必須得到確立。這種制定法中所採用的詮釋方式是：傷害或疾病必須是「由工作所導致，並且在工作過程中發生」。對這一條款的解釋造成一種最令人不滿、並常常令人困惑的法律型態。要了解嚴格責任的普遍適用意味著什麼，我們只需要設問：應當如何適用一條只要求原告所遭受的損失或傷害，是由被告的行為「所導致」的規則？

我們方才對嚴格民事責任所涉及之難題的說明，遠遠未能窮盡其中的所有問題。有些形式的嚴格責任，不能根據我們這裡所提供的理據而獲得充分解釋。還有許多不確定或混合型的立法動機的例子，例如，嚴格責任規則的一項補充性正當化理據就是，這種規則比明確將責任建立在欠缺注意義務（due care）的證據的基礎上的規則，更有助於有效地確保妥當注意。有些嚴格責任的實例很可能被看成是導源於分析上的混淆或歷史偶然的反常情況。因此，嚴格責任與過失責任之間的界線，也常常被過錯推定弄得模糊不清，有些情況中的過失推定表現得相當強硬，以至於它們為那些試圖反駁這種推定的人們添加了很重的負擔。最後，值得提醒讀者們注意的是，契約責任總是「嚴格」的；雖然某些特定的災難和不曾料到的干擾可能構成免責事由，但是，一般而言，不履行責任的締約方不得以「已經盡力而為」作為辯護。這最後一種嚴格責任形式沒有對法律的內在道德性提出任何問題，這一點幾乎是無需證明的；法律本身不應當給某人添加不可能承載的負擔，但這並不意味著它應當保護他不受一項根據自願締結的契約而承擔的責任之累，哪怕其間有超出他的控制能力的事件發生。

我們現在來看看違背「法律不能要求不可能之事」這一原則的最嚴重情形。這種情形存在於創制嚴格刑事責任的法律之中——根據這種法律，某人的行為符合注意義務並且毫無犯罪意圖，也可能被判定有罪。在如今這個時代，這種法律最廣泛地應用於經濟、醫療衛生和安全規制等領域，雖然在諸如持有毒品、賭博器械和禁酒等情況下，規定嚴格刑事責任的情形也絕不鮮見。

嚴格刑事責任在我們的法律中從未贏得過讚許。每當規定這樣一種責任的法律獲得通過的時候，總會有抗議發生，而政府的託詞永遠不外乎是某種假定的必要性。不過，這種法律在現代立法中繼續出現，並且可能還有擴張趨勢的原因並不意外，它們方便了檢察官。檢察官們可能會向我們保證，這種法律的明顯不義可以透過「有選擇地執行」（selective enforcement）來消除。雖然從理論上看這種法律是無辜人士的陷阱，但在實踐中，只有真正的惡棍才會受到追究。從這個方面來看，這種法律大大便利了將這種惡棍繩之於法的過程，因為政府在提出檢控的時候，不再需要證明意圖或過錯——在涉及複雜的行政規制措施的場合，這是一項十分艱難的任務。當絕對責任與嚴苛的刑罰結合到一起時，檢察官的處境就會得到進一步改善。通常他根本不必將案子帶入審判程序（trial），坐牢或高額罰金的威脅已經足以誘致一項認罪聲明（plea of guilty），或者是一項庭外和解。嚴格的刑罰還有助於強化執法機構的公共關係。知道自己本來可能被判有罪的無辜失足者（innocent stumbler）在獲得寬恕並且免於被社會標示為「犯罪份子」之後定會心存感念。他會真誠允諾將來和執法機構保持更明智的合作關係。

所謂的「脅迫性執法」（jawbone enforcement），或者不太友善地被稱為「敲詐性執法」（enforcement by blackmail），在二戰的白熱化時期變得盛行一時，那時，複雜的經濟管制措施的執行者感到不堪重負，急於尋找某種辦法來簡化自己的任務。應該就是這種辦法的持續使用，讓有些人主張對法律的忠誠是對正當制定的規則的尊敬，而不是像執法單位可能會做的那樣，隨時可以暗地裡解決任何意見。幸運的是，最近已經有一些頗有影響力和說服力的聲音出現，批評這種罪惡以及與嚴格刑事責任相關聯的其他弊端。[38]

在離開要求不可能之事的法律這一主題之前，有兩項進一步的評論。一項是非常簡單的，其大意是說，在極端困難與不可能之間並不存在穩定而清晰的界限。一項提出過高要求的規則可能是苛刻和不公平的，但它不一定會像要求明顯不可能之事的規則那樣，違背一種法律秩序的根本目的。在兩者之間是一個中間地帶，法律的內在道德性和外在道德在那裡相會。

我的最後一項評論是，我們關於哪些事情實際上不能理解，可能是由我們關於人性和宇宙之性質的前見所決定的，這些前見會隨著歷史的行進而改變。如今對於旨在強迫人們接受某種宗教或政治信念的法律乃是建立在這樣的理據之上，這種法律構成了對個人自由的無端侵擾。而湯瑪斯．傑弗遜的觀點則不同。在《維吉尼亞宗教自由法．序言》的初稿中，他譴責這種法律是在試圖要求不可能之事：

（我們）清楚知道人的觀念和信仰並不取決於他們自己的意志，而是不自主地追隨著他們的心智所面對的證據……[39]

人們可能因此提出一個問題，在這種觀念中，我們是不是可以看到一位通達世情的智者既尊重真理、也尊重人的能力的態度，而這種態度正是我們所缺乏的？

法律在時間之流中的穩定性

在構成法律的內在道德性的那些原則中，要求法律不應當頻繁改動的原則，似乎最不適合於形式化為憲法上的限制。例如，我們很難想像一項憲法會不明智地要求法律一旦頒布之後，至少要等一年才能修改。與此相反，限制溯及既往型立法的規定則是憲法制定者的最愛。【40】在溯及既往型立法和法律的頻繁變動所造成的損害之間存在緊密的相似性。兩種損害都來自於一種可以稱為立法上反覆無常（legislative inconstancy）的現象。值得注意的是，在試圖為憲法中禁止溯及既往型法律以及妨害契約義務之法律的條文作辯護的時候，麥迪森所使用的語言，似乎更適宜於描述法律經常變動的惡果，而不是導源於溯及既往型法律的罪惡：

> 明智的美國人民十分厭倦指引政府部門的政策變動頻繁。他們遺憾和義憤地發現突然的變化和立法干預……變成……為社會中勤勉行事但資訊不太靈通的百姓設置的陷阱。他們也看到，一項立法干預只是一連串重複當中的第一環。【41】

過於頻繁或突然的法律變動所造成的問題，與溯及既往型立法所導致的問題之間的相似性，也在最高法院的判決中得到了承認。溯及既往型立法之所以會造成惡果，是因為人們可能已經根據以前的法律狀態做出了某種行為，而對這種行為的法律後果的回溯性改變，可能會使當事人的願望落空，或給他們增添無法預料的負擔。但是，基於先前法律而做出的行為，有時不見得會受到這樣的不利影響，只要有關部門事先提醒人們注意將要發生的法律變動，而且這種變化本身不會如此快地生效，以便為人們適應新的法律狀態留下充分的時間。為此，最高法院曾經宣布：

一項公認的原則是，（關於訴訟時效的法律規定）可以得到修改，以縮短法定時效，但前提是，這樣做的時候仍有時間，從而為在新的時限生效之前提起訴訟留有餘地。[42]

官方行動與公布的規則之間的一致性

我們現在終於抵達了構成法律的內在道德性的要素之中最複雜的一項：官方行動與法律之間的一致性。這種一致性可能以多種方式遭到破壞或損害：錯誤解釋、法律的不易理解、缺乏對於維持一套法律體系的完整性來說、最必要因素的正確認識、腐敗、偏見、漠不關心、愚蠢，以及對個人權力的渴求。

正因為針對這種一致性的威脅是多樣化的，所以旨在維持這種一致性的程序措施也必然會採取多種形式。屬於這種類型的措施包括「訴訟程序上的正當程序」（procedural due process）中的大部分要素，比如獲得聘請律師的權利，以及交叉質詢反方證人的權利等等。我們還可以將人身保護令和向上級審判機關提出上訴的權利也算為著同樣目標的措施。甚至提出憲法問題的「適格」問題也與此有關，在這個問題上的隨意性和變動頻繁的原則，會導致憲法與其施行之間的斷續和任意的對應模式。

在這個國家，防止宣布的法律與實際執行的法律之間的差異，主要是法院的任務。這種職能分配具有如下優點：它將責任交給實踐者，將這種職責的履行置於公眾的監督之下，並且將法律的誠實品性以生動的方式突顯出來。不過，任何僅依靠法院作為防止不法司法（lawless administration of the law）的唯一屏障的制度都有嚴重的缺陷。這使得糾正問題完全取決於受影響的當事人，是否有意願和經濟能力提起訴訟。這種制度在控制警方不法行為方面尤其顯得缺乏效率，實際上，這種罪惡中混合著基層法院將自己的任務界定為維護警方士氣的傾向。要想有效地控制員警的不法行為，更有效的安排恐怕是斯堪地那維亞式的監察使（ombudsman）這樣的監督機構，它能夠針對非正式的訴願採取迅捷而靈活的行動。

在法官造法的那些領域，我們可以認為，儘管法律和官方行動之間的一致性，可能被基層法院破壞，但創制法律的最高法院同樣可能損害這種一致性。一個法域中的最高法院似乎不可能跟不上拍子，因為基調便是由它確定的。但它所確定的基調可能不適合任何人的舞步，包括它自身。當法院自己創制法律的時候，所有那些可能導致司法行動和制定法之間缺乏一致性的因素，同樣可能導致對其他合法性原則的破壞性偏離：不能明確詮釋出具有合理清晰性的一般性規則，在相互矛盾的判決中清楚體現出來的決策上的不一致，經常改變的方法，以及法律的溯及既往性變更。

當然，維持法律與官方行動之一致性的任務中所包含的最複雜的因素，體現在解釋問題上。合法性要求法官和其他官員在適用制定法時，不是根據他們的奇思妙想或捉摸不定的字面含義，而是根據適應於它們在整個法律秩序中的解釋原則。這些原則是什麼呢？我所知道的最好的簡潔答案可以追溯到一五八四年，當財政法官（Barons of the Exchequer）聚集討論海頓案（Heydon）中的一個困難的法律解釋問題的時候：

他們最後得出這樣一個結論：要切實準確地解釋各種制定法（不論是涉及刑罰的還是涉及利益的，也不論它是對普通法的限制還是擴充），有四樣事情是必須要辨明和考慮的：

> 首先，這部制定法公布之前的普通法是什麼。
>
> 其次，這種普通法未能加以救濟的損害和錯誤是什麼。
>
> 第三，議會為醫治聯邦的病態而決定採納和適用的救濟方案是什麼？
>
> 第四，這種救濟的真正道理是什麼。
>
> （在考慮完所有這些因素）之後，法官的職責在於做出最有利於制止損害並促進救濟的解釋。[43]

如果說，我們可以對這一分析提出任何批評的話，那就是其中應當加入要被「辨明和考慮」的第五點因素，這一因素可以解釋成：「那些必須根據這部制定法來安排自己行為的人們，是如何合乎理性地理解其含義的？因為法律不應當變成那些無法像法官一樣充分了解立法理由的人們設置的陷阱。」

只要準確把握了海頓案決議中的關鍵道理，即要理解一部法律，就必須理解它旨在對治的「聯邦的病態」為何，如此就能夠澄清常常環繞在法律周圍混淆時面臨的問題。其中有些問題由於表面上契合於常識而享有了不應得的持久性。對於下面這番格雷的話中所包含的思想而言，這一點尤其正確：

> 「解釋」通常被說成好像其主要功能在於揭示立法者的原意何在。但是，即使立法者

> 有某種真實的意圖，透過各種方式，人們總會懷疑這種意圖到底是什麼……實際上，所謂解釋的困難在於立法者可能根本沒有任何原意，而針對法律所提出的問題可能和立法者原意毫無關係。……（在這樣的情況下）當法官自我宣布立法者的意圖是什麼的時候，他們實際上是在自行立法以填補遺漏之處（casus omissi）。[44]

當然，在起草一部制定法的時候，偶爾的確可能有某種情形被完全忽視了，以至於人們可以想像，當有人提醒起草者注意到這一遺漏的時候，他會說「天哪！」但這種類型的情況絕不是法律解釋的典型問題。更常見的情況是，制定法顯得遲鈍和不完整，而不是如此盲目地錯失掉一個明顯的目標。

潛藏在格雷的觀點背後的是一種原子論的意圖概念，搭配著一種指標式的意義理論。這種觀點將心智想像為只能面向個別的事物，而不是面向一般性的觀念；只能面向獨特的事實情境，而不是面向這些情境可能在人類事務中共享的意義。如果這種觀點得到採納，那麼我們就不得不認為一部針對「危險武器」的法律的起草者，意在針對一系列數不清的個別目標：左輪手槍、自動手槍、匕首、獵刀等等。如果法院將該法適用於一種它的起草者未曾想到的武器，那麼法院就是在「立法」，而不是「解釋」。如果法院將該法適用於一種它獲得通過時尚未發明的武器，「立法」而非「解釋」便體現得更為明顯。[45]

這種原子論的意圖觀直接或間接地對解釋理論產生著如此巨大的影響，以至於我們有必要提出一種關於這個問題的更正確觀點。所以請允許我提出一個比喻。一位鑽研家庭設備的發明家去世了，留下了一幅鉛筆草圖，上面記錄著關於他生命中最後一段時間所從事的一項發明構想。在臨終之際，他要求自己的兒子繼續從事這項發明，但卻沒能來得及告訴兒子這項發明所為之服務的目的是什麼，以及他自己本來打算如何去完成它。在執行其父遺願的時候，兒子的第一步是確定這項未竟發明的目的何在，它打算矯正或彌補現有設備中的何種缺陷或不足。然後他著手去把握這項未竟發明的潛在原理，用海頓案中的語言來說，也就是「這項救濟的真正道理」。在解決了這些問題之後，他才著手去解決完成這項未竟發明之設計的基本問題。

現在，讓我們針對這位兒子的行動，提出人們經常針對法律解釋而提出的問題。這位兒子是否忠實於其父的意圖？如果我們的意思是：「他是否執行了其父關於如何完成這項設計既有的意圖？」那麼，這個問題是無法回答的，因為我們無從知道這位父親是否有這樣的意圖，以及如果他有這樣的意圖，那是什麼？如果我們的意思是：「他是否保持在其父所設定的框架之內，接受其父關於這項打算發明的設備之必要性的認識，以及其父對於如何滿足這種社會需求的整體構思？」那麼，根據我們假設的情節，答案是肯定的。如果這位兒子能夠召喚其父的靈魂前來助陣，這種幫助也很可能會採取與兒子合作，來解決父親生前未能解決之問題的形式。同樣的道理也適用於法律解釋中的難題。如果直接向一部法律的起草者請教如何解釋，他通常會採取與法官一樣的推進方式，也就是提出並嘗試回答：本案是否涉及到這部制定法所試圖救濟的損害？它是否符合這部法律所指明的救濟的真正道理，也就是說，這部法律中所規定的救濟方式，是否適合處理該法所針對的一般損害？

未竟發明的比方，也有助於澄清滲透在法律解釋語彙中的一項混淆。我們傾向於將意圖想像為一種個人心理現象，雖然我們所解釋的是一項集體行為。因此，我們不斷追問「立法者」（the legislator）的意圖，雖然我們知道並不存在這樣的個體。另一些時候我們會說「立法機構」的意圖，雖然我們知道投票支援一部法案的那些人，往往是抱著對其含義的不同理解而這樣做的，而且對其中的條文缺乏真正的理解。為了更接近個人心理，我們會提到「法律起草者」的意圖。但此時我們又一次陷入麻煩。一部法律的起草者往往是許多人，他們不一定同時行動，而且對於所追求的準確目的也沒有任何共同的理解。況且，起草者關於一部制定法的任何私人的、未經交流的意圖，被正確地認為與法律的正確解釋之間並無法律上的相關性。[46]讓我們回到發明的比方，來看看它是否有助於打破這種僵局。顯然，在解決問題時，這位兒子可能發現設身處地想像自己處在其父的思維框架之中、回憶他的思維模式，以及他獨具特色的解決問題方式是很有用的。但這種方法可能既無必要也無效果。實際上，如果這項未完成的設計，出自於某位完全不知名的發明家之手，這位兒子的任務也不一定會有本質上的改變。他會著眼於草圖本身，悟出這項發明的目的，以及潛藏在未完成設計背後的原理。在這種情況下，我們可能會用「設計之意圖」（the intention of the design）這個詞。這裡面可能包含著一項隱喻，但它至少是一項不會錯誤描述這位兒子的任務性質的有用隱喻。因此，在提到立法意圖的場合，我認為更好的說法是「法律的意圖」，正像曼斯費爾德（Mansfield）在談及締約意圖時，曾經說到「此項交易之意圖」。[47]

對已頒布的法律的忠誠，往往被認為是法官所扮演的一種被動的、純粹接受性的角色所必然具備的。如果他「創造性的」行動，這便說明他僭越了自己作為解釋者的職責。那些偏好法官造法而不是議會立法的人士，當然傾向於歡迎這種僭越，並且很樂意看到法官明顯從極少的資訊中得出很多結論。反之，那些不信任司法權的人士，則傾向於在法官的創造性角色中辨認出對原則的放棄，和對個人權力的追求。當這樣的爭論盛行的時候，問題就遭到了誤解。在發明一例中，當兒子扮演起創造性的角色時，他不應當為這一舉動本身而遭致表揚或責備。他只是竭盡所能來執行父親的遺願，從而滿足他的任務要求。只有當我們高明評審了他在扮演這一不可避免地具有創造性的角色時，所獲致的成就之後，我們才能提出表揚或批評，同樣的道理也適用於法官。

有人或許會反對說，這裡所採用的類比是誤導性的。他們會指出，一部制定法所服務的目的，並不像一部吸塵器所服務的目的那麼簡單和容易界定。它所試圖救濟的社會損害往往是微妙而複雜的，這種損害的存在本身，往往只能被那些持有特定價值判斷的人們所覺察。而且，一部制定法藉以矯治「聯邦病態」的方式，也不同於將一部機器和另一部機器結合起來的軸承。立法機構通常不得不在許多種可能的救濟手段之間做出選擇，其中有些手段對準備矯治的缺陷具有療效。

我不會反對所有這些說法，但我想指出，正是在這個明顯的默認點上，未竟發明的比方變得最為有用。對一部制定法所試圖救濟的損害認識不清是可以容忍的。但是，如果這種含糊性超過了一定的限度，那麼，沒有任何高明的立法技藝或解釋技巧，可以使帶有這種朦朧色彩的法律變得有意義。此外，對於救濟與所欲救濟的缺陷之間關係的認識上的不明晰，不一定會損害一部制定法；但是，如果這種關係被徹底理解錯誤，那麼，做出條理分明的解釋的可能性便完全喪失了。設想不同的結局就好像是想像一項在構思上完全錯誤的發明，可以因整合到一份精巧的藍圖之中而獲得挽救。

讓我來提供一個關於一項法律條款被其設計中的一個根本缺陷所損害的歷史實例。我指的是一六七七年通過的《欺詐法》第四節第五段。這部法案的第四節乃是建立在這樣一個假定的基礎之上，某些類型的契約應當被推定為不是在法律上生效（legally enforceable），除非有具簽名的文件證明契約的存在。另一方面，起草者們似乎又認為將如此嚴格的一項要求，擴展適用於所有的契約是不明智的，其中有些哪怕是口頭表達的也應當具有法律效力。於是，起草者不得不決定，究竟哪些類型的契約應當被要求採取書面形式，而哪些則可以放心地交給口頭表達？或許可以參考下面這段文字中：「不能針對（以下幾種契約）提起訴訟：……（五）任何不會在締約之日起一年之內履行的契約，除非其所針對的契約……是書面的，並且上面有將被起訴一方的簽名」。

我們或許可以放心地說，很少有哪項制定法條文像我們剛才所引用的這段話那樣，導致了如此不一致的、千奇百怪的解釋。到底是哪裡不對？這一條文是用簡單的、直截了當的英文來表達的。它所欲救濟的損害看起來是顯而易見的。起草者選擇計畫在相當長的一段時間之後履行的契約，作為特別需要書面證據之保障的物件，這也是非常容易理解的；用霍爾特（Holt）的話來說：「這部法律的設計宗旨在於：不要相信證人的記憶在長過一年的時間後仍能準確」。[48]

之所以會發生困難，原因其實很簡單，法律起草者沒有想明白損害與他們所採用的救濟方法之間的關係。首先，非常明顯的是，證人被傳召作證的時間與要求履行契約的時間並沒有直接的關聯，契約可能被安排在一個月之內履行，但第一次針對它而作的法庭取證卻可能在兩年之後發生。其次，法律起草者未能考慮清楚法院在處理一種常見契約案例時應該怎麼辦，這種案例中人們不可能預先知道履行它們需要多長時間，比如終身雇用某人的契約或者按月向某人支付一筆錢、直到他痊癒的契約。只要想像一下加速或耽擱履行的各種突發事件，就會發現這類契約的數量還有很大的擴展空間。

在某個該法頒布後不久訴至法院的案件中，法院指出契約的有效性取決於實際發生的事實情況。[49]如果事後證明契約的履行在一年內到期，口頭契約就是有效的，如果沒有在一年內到期，口頭契約就是不能生效的。但這一解決方案從來沒有、也不可能獲得普遍接受。當事人需要從一開始、或者至少是麻煩剛剛發生的時候，就知道他們有沒有契約。令一份有約束力的契約之存在取決於後續的事件會導致搶占有利地位的爾虞我詐，並導致可以想像的最大混亂。簡言之，法院面對著一部它們不能透過執行懵懵懂懂的立法者意圖實施的法律。英國人終於在一九五四年找到了對付這一困境的唯一辦法，直截了當地廢除這一發生問題的條文。而我們仍在為無解之謎尋找答案。

我的第二個根本設想錯誤的立法實例，比上一個晚了近大約三個世紀。它涉及到的是一部有著這樣一種缺陷的制定法，人們不可能以任何清楚的語言來界定出它所打算救濟的損害。在禁酒令被廢除之後，美國人民決心「防止老式酒吧的回歸」。這是什麼意思？老式酒吧是件複雜的事物，結合著建築、氣氛、藝術、商業、法律和社會學意義上的特徵。在銷聲匿跡了十五年之後，其間又發生了根本性的社會變遷，它根本不會、甚至不可能以舊有的形式復歸。儘管如此，為了使保證具有雙倍的確定性，許多州認為「應該有這麼一部法律」。

你會如何立法來對付一種像「老式酒吧」這樣的東西？好，老式酒吧有迴旋門（swinging door），因此讓我們規定在可以合乎情理地被稱為迴旋門的東西後面供應飲品是非法的。在老式酒吧裡，顧客都是站著喝飲品的，因此讓我們規定他們現在必須坐下——雖然作為一項原創性的提議，站著飲酒是有許多道理在其中的，因為我們有理由推定要求飲酒者們在暢飲之際保持站立有助於促進溫良的態度。你不能在老式酒吧裡購買正餐，雖然你可能獲得一份免費贈送的膳食。因此讓我們透過一項要求供應正餐的法律，要求在新式酒吧裡營造出一種類似於家庭餐廳的氛圍。但這一點不能做得太過分。要求口渴的顧客必須先購買食品才能叫飲料，這是顯失公允的。因此，讓我們將這項法律要求詮釋為：新式酒吧應當隨時準備為任何點食品的顧客提供食品，不管他們在顧客群中只占多小一部分。

執行這一套混雜的對抗療法式（allopathic）規則的主要責任，當然不是落到檢察官頭上，而是被委託給了發放酒牌的機構。我們能夠想像出服務於這樣一種機構，可以使人感到自己正在履行有益的社會職能嗎？這一管制領域因效率低下和腐敗而臭名昭著，會令我們感到奇怪嗎？即使一位盡職盡責的官僚只要被允許執行規則，就會覺得生命充滿了使命感，問題仍然無法得到解決。這裡仍然存在難以解決的解釋問題，比如在確定什麼才構成充分準備好去為一位永遠不會到來的用餐者提供正餐的時候。

我們關於解釋問題的討論，在這一點上必須停止了。這是一個內容異常豐富的主題，以至於任何一個比方或隱喻都無法窮盡其寓意。解釋的要求是如此的取決於語境，以至於典型案例只能起到揭示一般性原則的作用，而無法表達出將這些原則適用於特定法律部門所涉及到的細微變化。帶著它全部的複雜精微內涵，解釋問題在法律的內在道德性中占據著一個敏感的核心位置。它比任何其他問題都更能體現出維持合法性這一任務的合作性質。如果要使解釋者保持自己正在履行有益使命的感覺，立法機構便不應該將無意義的任務強加給他。反過來看，如果立法起草者要想履行自己的職責，他們就必須能夠預見到理性並且相對穩定的解釋模式。這種相互依賴的關係，以不太直接的方式滲透於整個法律秩序之中。沒有任何單一的智識、洞見和良好意志的集散點，不論它占據何種戰略上最佳位置，可以獨立確保使人類行為服從於規則之治這一事業的成功。

合法性作為一項實踐技藝

對於前面所展開的這些長篇分析，我們需要加上幾點最後的評論，以說明合法性原則的實踐應用。

首先，對「法律」一詞的用法提出一項警告是有必要的。在一九四一年，《麻塞諸塞州注釋版法規彙編》（第二章第九節）中增加了一項條款，將山雀確定為本州的州鳥。顯然，如果這項法律向公眾保密並且被賦予了溯及到五月花號登陸之時的效力，公共福祉並不會因此遭受任何嚴重的損害。實際上，如果我們把立法機構的任何官方行為都冠之以法律之名的話，那麼，便可能會出現這樣一些情況：在其中，某部法律的細節必須保密。這樣一種情況可能出現在國會撥款來資助研發某些新型武器的情況中。無論在什麼情況下，一旦政府的某種行為必須向公眾隱瞞，並且因此躲開公眾的批評，這總是十分不幸的。但是，在某些時候，我們的確不得不屈從於嚴峻的現實需要。就連憲法本身也在第一條第五款[50]中規定：國會兩院中的「每院應當有自己的議事記錄，並不時予以公布，但它認為應當予以保密的部分除外」。不過，所有這些與作為本書討論主題的法律都沒有太大關係。[51]例如，我想像不出任何一種緊急狀態可以正當化以下情況：不讓公眾知道一部創設了一項新罪名的法律或者一部改變了設立有效遺囑之要求的法律。

其次，違反法律之道德性的情形可能會產生累加效應。對清晰性、內在邏輯一致性或公開性的忽視，可能會使回溯性的法律變得必要。過於頻繁的法律變動，可能會抵消使法律為公眾所知的正式而緩慢的程序所帶來的好處。在保持法律的可能遵守性方面的疏忽，可能會導致對自由裁量性執法的需要，而這反過來又會破壞官方行動與公布的規則之間的一致性。

第三，倘若法律僅僅是將共同體中廣泛分享的對錯觀念明確表達出來，「制定法必須被公布並且必須得到明確詮釋」這一要求的重要性便會減弱。重要性同樣減弱的，還包括溯及既往的問題；如果法律基本上是外在於法律的道德的一種體現，那麼，在形式上表現為溯及既往型立法的東西，實質上可能僅僅代表著對已經獲得廣泛接受的觀點的肯定，或者是對正處在向最終制定的規則發展的過程之中的觀念的確認。當歷史邁向十六世紀末期的時候，英國法院最終賦予待履行雙邊合約（executory bilateral contract）以法律上的強制力，此時，它們只是透過允許當事人直接去做以前不得不間接為之的事，而追趕上了商業慣例的發展步伐而已。

第四，這八項必要條件作為一個整體得到嚴格適用的程度，以及它們之間的優先性排序，都取決於所涉及的是哪一個法律部門以及何種法律規則。因此，一般來說，使某人明確知道他的法律義務是什麼，比令他準確地了解某種違法行為會導致何種懲罰更加重要；一部創設一項新罪的溯及既往型法律，是完全不能接受的；而一部延長一種已有罪名之刑期的類似法律，則不一定完全不能接受。類似的區別也存在於設定法律義務的規則，與賦予法定能力的規則之間。兩種類型的規則在某種程度上都受到法律之道德性的全部八項要求的影響。與此同時，授予和界定法律效力的規則在日常生活實踐中，很難找到對應物——在一項交易中握手從未被認可為一項充分的法定手續。因此，對於界定法律效力的規則，公開性和明晰性的要求理應特別嚴格。反之，賦予某種在現行法律下形同虛設的法定權力行使方式具有溯及既往的效力，則往往被視為是在透過防止某種法定權利的混淆而促進合法性事業。

第五以及最後一點，我們應當還能夠回想起，在我們詳細地分析法律之道德性的每一項要求，我們所採納的視角是一位盡職盡責的立法者的視角，他非常迫切地想要理解自己的職責的性質並且願意面對其困難。這種對細微差別和困難問題的強調不應當使我們忘記：並非所有的個案都是困難的。合法性的每項要求都可能非常明顯無疑的遭到藐視。例如，據說克里賈拉[52]尊重將法律張貼於公共場所的羅馬傳統，但卻故意將自己的法律用蠅頭小字寫下，並且貼在如此之高的地方，以確保沒有人能夠看清楚其內容。

一個課題可能同時如此容易又如此困難，這種悖論可以用亞里斯多德的一個比方來說明。在他的《倫理學》中，亞里斯多德提出了公正地對待他人是否容易做到的問題。他首先指出：這看起來是很容易做到的，因為存在一些公允待人的既定規則，並且可以毫無困難地學會這些規則。對一項簡單規則的應用，本身也是簡單的。但亞里斯多德認為事實並非如此。在這裡，他提出了一項取自於醫學的著名比方：「知道蜂蜜、葡萄酒、藜蘆、燒灼和切除的功效是很容易的事情。但是，要知道如何、對誰以及何時適用這些療法，卻絲毫也不比做一位醫生容易。」

因此我們回過頭來可以說：知道法律應當被清晰明瞭地詮釋為在效力上具有前瞻性並且為公民所周知的一般性規則，是很容易的事情。但是，要知道如何、在何種情況下以及按照什麼樣的優先順序來實現它們，卻絲毫也不比做一位立法者容易。[53]

◆注解◆

[1] 《格奧爾格·齊美爾的社會學》（*The Sociology of Georg Simmel*），一九五〇年，沃爾夫（Wolff）譯，§4，「『法律』觀念中的互動」（*Interaction in the Idea of 'Law'*），第一八六～一八九頁；及第四章，「依循原則的服從」（*Subordination under a Principle*），第二五〇～二六七頁。齊美爾的討論，值得那些注意於界定「法治」理想賴以實現之條件的人們去研究。

[2] 我在我的一篇文章中，已經討論過這種惡化狀態的一些特徵。見朗·富勒，「實證主義與忠實於法律」（*Positivism and Fidelity to Law*），《哈佛法律評論》第七十一卷，第六三〇頁起，見第六四八～六五七頁，一九五八年。這篇文章並沒有嘗試全面考察戰後德國司法判決中與希特勒政權下發生事件的相關部分。後期的有些判決，並未以所適用的制定法無效為由，來宣告希特勒時代的法院判決無效，而是以納粹法官錯解了他們自己的政府所制定的法律為理由。參見帕普（Pappe），「論納粹時代司法判決的效力」（On the Validity of Judicial Decisions in the Nazi Era），《現代法律評論》（*Modern Law Review*），第二三卷，第二六〇～二七四頁，一九六〇年。在我看來，帕普博士過分強調了這種區別的重要性。難道我們可以說，當戰後德國法院用它們自己的標準，而不是通行於納粹政權下的完全不同的標準來解釋納粹法律的時候，他們就能實現納粹法律的效力？進一步說，對於像這樣充斥著模糊表達和無限制授權的制定法而言，煞費苦心地鑽研它們的解釋問題好像有點不合時宜。

[3] 譯注——富勒在這裡所用的術語是 "laws special morality"。這應該是「法律的內在道德」的另一個說法。

[4] 我曾經在兩篇文章中分析過審判式程序的侷限性。見「審判與法治」（Adjudication and the Rule of Law），《美國國際法學會會刊》（*Froceedings of the American Society of International Law*），一九六〇年，第一～八頁；「集體談判與仲裁員」（Collective Bargaining and the Arbitrator），《威斯康辛法律評論》（Wisconsin Law Review），第三～四十六頁，一九六三年。我計畫以後出版一本更一般性地分析這個問題的專著，書名會叫作《審判的形式與限度》（The Forms and Limits of Adjudication）

譯注——富勒生前並沒有完成這部著作。他的確寫了一篇同名文章，最早於一九五七年在哈佛法學院的法哲學討論組上作為閱讀材料，後來經過修改和增訂後的版本，在富勒的法理學課程上使用，並且在美國法學院協會一九五九年年會的法理學圓桌會議上被討論。在進一步的修改和修潤後，最終成為一九六一年在課堂上使用的第三個版本。這個版本於富勒去世後在《哈佛法律評論》上刊出。參見朗·富勒，“The Forms and Limits of Adjudication”, Harvard Law Review，第三五三頁，一九七八年。

【5】參見哥倫比亞大學立法起草研究基金項目所出版的《州憲法索引摘編》（Index Digest of State Constitutions）第二版，一九五九年，條目「特別法，地方法或私人法」。這種條文給法院和立法機構造成了許多困難。有時，它們的要求在透過一種明顯不真誠的策略而得到滿足，比如借助這樣一個條款，它規定一部特定的制定法將適用於「根據最近一次人口普查居民人數多於十六萬五千而少於十六萬六千的本州城市」。在譴責這種明顯的規避行為之前，我們應該想到，只有一個成員的類別或集合，是邏輯學和集合論中常見的和基本的概念。對特殊立法的禁止，有時所針對的是立法權力的相當明顯的濫用。例如，加州的憲法禁止通過特殊法律來「懲罰犯罪……規制法院的實踐……准予離婚……宣布任何人達到法定年齡」（第六條第二十五節，所根據的是到一九五二年十一月四日為止的修訂版本）。不過，同一條款中又包含著「在一般性立法可以適用的場合」對特殊法律或地方法律的一般性禁止。這將導致一場激烈訟爭。

【6】赫伯特·韋克斯勒（Herbert Wechsler）抱怨說，最高法院最近做出的某些涉及憲法問題的判決欠缺足以保障該法院「中立性」的合理的一般性（reasoned generality）水準。這是自從有法律以來便反覆有人提出的一種哀歎的論述。參見韋克斯勒，《原則、政治與根本法》（*Principles, Politics and Fundamental Law*），一九六一年。

【7】參見：約翰·奧斯丁（Austin），《法理學講義》（*Lectures on Jurisprudence*），一八七九年，第一講，第九十四~九十八頁；格雷（Gray），《法律的性質和淵源》（*The Nature and Sources of the Law*），第二版，一九二一年，第一六一~一六二頁；布朗（Brown），《奧斯丁式的法律理論》（*The Austinian Theory of Law*），一九〇六年，第十七~二十頁的注釋；另請對照：凱爾森（Kelsen）的《法律和國家的一般理論》（*General Theory of Law and State*），一九四五年，第三十七~三十九頁；索姆洛（Somló），《法學基礎理論》（*Juristische Grundlehre*），第二版，一九二七年，§20，第六十四~六十五頁。我見到過的最好的英文論述是：派特森（Patterson），《法理學——人與法的觀念》（*Jurisprudence-Men and Ideas of the Law*），一九五三年，第五章。

【8】譯注——富勒在這裡所稱的「演講」便是本書中除第五章「對批評者的回應」和附錄之外的其他章節，因為這些章節最早是作為耶魯大學法學院一九六三年度斯托爾斯演講（Storrs Lecture）的內容而出現

的。

【9】譯注——森特維爾（Centerville）是美國俄亥俄州西南部一座小城市。

【10】譯注——平民撤離運動（Secession of the Plebs in Rome），是指西元前四九四年古羅馬平民由於不滿貴族的債務奴役而發動的一場抗議運動，在那一年，羅馬城中的平民與軍團中的平民戰士一起撤到離羅馬城五公里的「聖山」上紮營，宣稱要另立國家。正面臨大軍壓境局面的羅馬頓時陷入恐慌，貴族不得不與平民進行談判。到西元前二八七年為止，這樣的撤離運動共進行過五次。其中最成功的便是西元前四五一年成立了貴族與平民共同組成的十人立法委員會，編訂並頒布了《十二銅表法》。

【11】相關的討論可以在下列文獻中找到：約翰．奧斯丁，《法理學講義》，一八七九年，第五四二～五四四頁；格雷，《法律的性質和淵源》，第二版，一九二一年，第一六二～一七〇頁。約翰．奧斯丁毫無保留地接受了英國的一種傳統觀點，即議會的法案即使未經頒布也應被視為有效。

【12】例如，可以參見他在《司法證據的理據》（*Rationale of Judicial Evidence*）第四章「論先定證據」（Of Preappointed Evidence）中所推薦的教育嘗試，收錄於他的《全集》（*Works*），約翰．博林（John Bowring）編輯版，第四卷，第五〇八～五八五頁。

【13】譯注——瑟曼．阿諾德（Thurman Arnold，1891～1969），美國著名法學家，「唯實主義法學」運動的幹將之一，也是羅斯福新政的一位重要支持者和參與者。他曾經擔任過懷俄明州拉臘米市市長、耶魯大學法學教授、西維吉尼亞大學法學院院長、美國司法部部長助理以及哥倫比亞特區巡迴上訴法院法官，也是總部位於美國首都華盛頓的著名律師事務所Arnold & Potter的創始合夥人之一。著有《政府的象徵》（*The Symbols of Government*）、《資本主義的傳說》（*The Folklore of Capitalism*）和《商業的瓶頸》（*The Bottlenecks of Business*）等等。

【14】而阿諾德法官有時似乎能夠同時扮演好幾個不同的角色。在「哈特教授的神學」（Professor Harts Theology），哈佛法學評論，第一二九八卷，第一三一一頁（一九六〇年）一文中，他超出「純粹唯實主義者」的立場而雄辯地宣稱：「如果沒有對法治而不是人治、理性之治而不是個人偏好之治等光輝燦爛但卻從未得到完全實現的理想之不懈而又真誠的追求，我們就不可能擁有一個文明的政府」。但在同一篇文章裡，他又嚴厲批評亨利．哈特（Henry M. Hart）教授向最高法院提出的這樣一項建議，最高法院應該花更多的時間來「醞釀集體思想」。阿諾德宣稱「不可能存在這樣的程序，也從未存在過這樣的程序，擁有明確想法的人……在參加了會議之後只會更加固執地堅持這些想法。」（第一三二二頁）

【15】憲法第一條第九款的第三段規定，國會「不得通過剝奪公民權利的法案，或者有溯及既往效力的法律」。儘管法條的用語十分廣泛，但它卻被解釋為僅僅適用於刑事法律。（參見注十六中引用的文章。）至於「剝奪公民權利的法律」（bills of attainder），憲法的意思主要是指標對個人的懲罰性立法。對這類法案的禁止不僅受到「法律的效力應當指向將來」這樣的信念的支持，而且（可能更主要地）還受到「懲罰性的措施應當由一般性適用的規則來確定」這樣一種信念的支持。對剝奪公民權利的法案和有溯及力的法律的禁止，透過根據憲法第一條第十款的規定而適用於各州。這一款增加了「各州不得……通過……任何妨害契約義務的法律。」這項規定一般被認為使得某一特定類型的「溯及既往型」法律無效。不過，正像我在下文中將會說明的那樣，要為「溯及既往型法律」定一個精確的定義是非常困難的。尤其是在與「削弱契約條款」相關的問題上，這種困難會變得更加棘手。

【16】參見《各州憲法索引摘編》（Index Digest of State Constitutions）第二版，一九五九年中的「有溯及力的法律（Ex Post Facto Laws）和溯及既往型法律（Retrospective Laws）」條目。這一類規定的精神在一七八四年《新罕布夏州憲法》第一部分第二十三節中得到了最強烈的表達：「溯及既往型法律是高度有害的、壓迫性的和不公正的。因此，這樣的法律不得被制定出來，無論是針對民事案件，還是關於刑事處罰。」

【17】參見：黑爾（Hale），「最高法院與契約條款」（The Supreme Court and the Contract Clause），《哈佛法律評論》，第五十七卷，第五一二～五五七、六一二～六七四，八五二～八九二頁，一九四四年；霍克曼（Hochman），「最高法院與溯及既往型立法的合憲性」（The Supreme Court and the Constitutionality of Retroactive Legislation），《哈佛法律評論》，第七十三卷，第六九二～七二七頁，一九六〇年；「聯邦法院中的前瞻性否決與回溯性適用」（Prospective Overruling and Retroactive Application in the Federal Courts），《耶魯法律雜誌》（*Yale Law Journal*），第七十一卷，第九〇七～九五一頁，一九六二年，（未署名評論）。

【18】法學文獻對溯及既往型法律只給與過零星的關注。格雷曾經詳細討論過司法判決的回溯效力（《法律的性質和淵源》，第二版，一九二一年，第八九～一〇一，二二八～二三三頁），但對於制定法則只簡單地說：「立法機構……甚至可以在憲法沒有禁止的情況下，令新的制定法具有回溯效力。」（同上，第一八七頁）凱爾森似乎受到溯及既往型法律的輕微困擾，但他指出，由於人們普遍承認對法律的無知，不能構成辯解的理由，而一部法律也因此可以被恰當地適用於一個不了解這部法律的人，溯及既往

型法律不過是將這一點往前推進了一點兒而已，它只不過是將一部法律適用於不可能知道它的人而已（《法律和國家的一般理論》（*General Theory of Law and State*），一九四五年，第四十三～四十四，七十三，一四六，一四九頁）。在索姆洛看來，回溯性法律的問題其實是一個是否公正的問題，在法律本身的性質當中找不出法律為什麼不能溯及既往的原因（《法學基礎理論》，第二版，一九二七年，第三〇二～三〇三頁）。只有約翰．奧斯丁好像認為溯及既往型法律向法律分析提出了一個嚴肅問題。由於將法律視為一種附有制裁的命令，他認為「損害或過錯以某種非法意圖或一種可以被認定為疏忽、不審慎或輕率的不法的注意義務違反為前提。因為除非當事人知道他正在違背其義務，或者除非他理應知道自己正在違背自己的義務，在其犯下過錯的那一刻，制裁便無法以驅使他遵從命令的目的而施行」（《法理學講義》，第四版，一八七九年，第四八五頁）。

【19】由於它們的起草者們通常忽視了對於「矯治性」法律的偶爾需要，對溯及既往型法律的單純的憲法性禁止有時不得不由法院進行實質性的改寫。例如，一八七〇年《田納西州憲法》第一條第二十款規定：「不得制定溯及既往的法律，或妨害契約義務的法律。」這一條款很早就被解釋成「不得制定削弱契約義務的溯及既往法律或其他法律。」早期的案例在 Wynne 的承租訴 Wynne（Wynnes Lessee v. Wynne, 32 Tenn. 405（1852））一案中得到了討論。

【20】譯注——羅姆清洗（Roehm Purge），又稱「長刀之夜」，發生在一九三四年六月三十日，是希特勒對黨內異己進行的一次屠殺和清洗。先鋒隊頭目歐尼斯特•羅姆（Ernest Roehm）擁兵自重，多次違抗希特勒的命令，希特勒便利用黨衛隊對衝鋒隊進行了清洗，在未經正式審判的情況下將衝鋒隊的重要幹部一一殺戮。

【21】相關的參考文獻可以在我發表於《哈佛法律評論》第七十一卷（一九五八年）的那篇文章裡（第六五〇頁）找到。（譯注——而富勒的那篇文章是指：「實證主義與忠實於法律——答哈特教授」（Positivism and Fidelity to Law-A Reply to Professor Hart），《哈佛法律評論》，第七十一卷，第六三〇～六七二頁，一九五八年。）

【22】Graham v. Goodcell, 282 U.S. 409, 429（1930）.

【23】參見注十七。

【24】參見前注參考文獻。

【25】Tot v. United States, 319 U.S. 463（1942）.最高法院還廢除了包含在這部法案中的另外一項推定。這項推

定的內容是，與本法案所描述的情況相吻合的人如果擁有槍支或彈藥，則應當推定這些槍支或彈藥是透過州際或國際貿易管道中的貨運方式而取得的。

【26】法學文獻中關於這項要求的討論非常之少。邊沁去世後出版的《法理學之限度》（*Bentham, The Limits of Jurisprudence Defined*），埃弗里特（Everett）編，一九四五年，第一九五頁中對這個問題的簡短論述完全致力於煞費苦心地提出一套可以用來區分各種不確定情況的術語。約翰·奧斯丁本來應該在他的「不恰當地被稱為法律的法律」（laws improperly so called）（《法理學講義》，第一〇〇～一〇一頁）中加上完全不可理解的法律，但他根本沒有提到過這樣的法律。不過，實證主義者們對這個課題的忽視是很可以理解的。如果承認法律可能在清晰程度上有所不同，就意味著要進一步承認法律在有效性方面也各不相同，而不清晰的法律就實際意義而言比起清晰的法律缺少一些法律的屬性。但是，這樣就等於接受了一個與實證主義的基本假定相悖的命題。

在美國，曾經有人在根本沒有援引憲法所暗示的任何標準的情況下指出，法律應當拒絕適用嚴重缺乏清晰性的法律。參見：艾格勒（Aigler），「用語含糊或寬泛的立法」（Legislation in Vague or General Terms），《密西根法律評論》，第二十一卷，第八三一～八五一頁，一九二二年。不過，隨著法律的發展，對清晰性的要求已經被整合到一項「不合憲的模糊性」（unconstitutional vagueness）原則當中，對這項原則的適用幾乎完全集中在刑事案件中。參見評論：「最高法院的避免含糊原則」（The Void for Vagueness Doctrine in the Supreme Court），《賓夕法尼亞大學法律評論》，第一〇九卷，第六七～一一六頁，一九六〇年。

【27】海耶克在這裡想說是「審判」（adjudication），而不是「司法管轄權」（jurisdiction）。

【28】海耶克，《通向奴役之路》（The Road to Serfdom），一九四四年，第七十八頁。

【29】我認為，凱爾森對矛盾的規範這一難題所作的高度形式化的分析既無助於立法者去避免矛盾，也無助於法官來解決矛盾。參見《法律和國家的一般理論》（*General Theory of Law and State*），一九四五年，第三七四～三七五頁以及全書各處；另參見索引中的「無矛盾原則」項。邊沁對「不一致」（repugnancies）問題的討論也提供不了多少幫助。參見：埃弗里特（Everett）的《邊沁的法律學限度》（*Limits of Jurisprudence Defined*），一九四五年，第一九五～一九八頁。

【30】魯道夫·馮·耶林（Rudolph von Jhering），《羅馬法的精神》（Geist des römischen Rechts），II^{2}，第六和第七版，一九二三年，§45，第四九一頁。

【31】344 U.S. 174 (1952).

【32】在一部關於法律解釋的早期論著中，埃爾斯米爾（Ellesmere）爵士提出如果在一部單一的制定法中出現了前後矛盾的條文，那麼首先出現的條文——也就是按照對文本的閱讀順序先出現的那個條文——應當獲得優先考慮。參見：索恩（Thorne）的《論制定法》（*A Discourse upon the Statutes*），一九四二年，第一三二～一三三頁。這種奇怪觀點的依據令人困惑。難道它是依據法律起草者在接近於完成任務的時候會變得越來越疲憊，注意力越來越渙散的這樣一項假定？

【33】佩雷爾曼（Perelman）和奧爾布雷西·提特卡（Olbrechts Tyteca），《新修辭學——關於論證的一個導論》（*La Nouvelle Rh?torique-Traité de l'Argumentation*），一九五八年，第二六二～二七六頁。

【34】在這個環節上我們還需要問這樣一個問題，構成法律之內在道德性的其他必要條件最終不也是涉及到服從之可能性嗎？從這個角度來考慮這個問題當然是無可指摘的。正像人們不可能遵守一部要求某人長成十英尺高的法律一樣，人們也不可能遵守一部不為人所知的法律、難以理解的法律或者是還沒有制定出來的法律等等。為了證明我自己在文中將這一項單列出來是有理由的，我需要提醒讀者們注意：我的目的並不是要進行一項邏輯蘊含練習，而是要推導出一些原則來指導有目的的人類活動。如果他願意，一位邏輯學家可以將一部自相矛盾的法律看成是不可能遵守之法律中的一種特殊情況，雖然，正像我曾經指出的那樣，在採納這種觀點時他可能會發現自己很難界定「矛盾」的含義。無論如何，從立法者的角度來看，一方面，他必須小心謹慎地使自己制定的規則相互協調，另一方面，他也必須確保法律的要求沒有超出受其約束的人們的能力，這兩個事項之間存在根本性的差異。那種將所有事項都壓縮到「服從之不可能性」這一標題下的嘗試必定會混淆這種根本差異。

【35】就這個問題而言，有一篇文章值得推薦，這就是：「現代的意圖概念」（Modern Conception of Animus），《綠袋》（Green Bag）雜誌第十九卷，一九〇六年，第十二～三十三頁。這篇文章的作者是布魯克斯·亞當斯（Brooks Adams）——亨利·亞當斯（Henry Adams）的弟弟和約翰·昆西·亞當斯（John Quincy Adams）的孫子*。在這篇文章裡，亞當斯提出了一種獨創的和新奇的馬克思主義論點，即統治階級總是為著自己的利益，而操縱確定某些犯罪或侵權所要求的意圖（animus）。亞當斯還試圖證明類似的操縱，也一直在確定足以證明或證偽所要求之意圖的證據規則。雖然其中提出的論點更見新奇而不是可信，但這篇文章還是很值得一讀，因為它顯示了證明使責任依賴於意圖存在的困難。

*譯注——亞當斯家族是十九世紀美國最顯赫的家族之一。這個家族出過兩位美國總統：約翰·亞當斯

（一七三五～一八二六年，其中一七八九～一七九七年任美國第一屆副總統，一七九七～一八〇一年任美國第二屆總統）和約翰・昆西・亞當斯（一七六七～一八四八年，其中一八二五～一八二九年任美國第六屆總統）。亨利・亞當斯（一八三八～一九一八）是美國著名歷史學家、新聞記者和小說家。

【36】參見原文書第六十三～六十四頁。

【37】美國法律協會（American Law Institute），《侵權法重述》（*Restatement of Torts*），一九三八年，第五一九節，「小心進行的高危險活動的失敗」（Miscarriage of Ultrahazardous Activities Carefully Carried On）。

【38】霍爾（Hall），《刑法的一般原則》（*General Principles of Criminal Law*），第二版，一九六〇年，第十章，第三三五～三五九頁；哈特，「刑法的目標」（The Aims of Criminal Law），《法律與當代問題》（*Law and Contemporary Problems*），第二十三卷，一九八五年，第四〇一～四四一頁；美國法律協會，《模範刑法典之正式提議稿》（Model Penal Code, Proposed Official Draft），一九六二年，1.04（5）和 2.01～2.13 等節。

【39】博依德（Boyd）編，《湯瑪斯・傑弗遜文集》（The Papers of Thomas Jefferson），第二卷，第五四五頁。

【40】參見注釋十、十一。

【41】《聯邦黨人文集》（The Federalist），第四十四期。

【42】Ochoa v. Hernandez y Morales，230 U.S. 139, at pp.161～162（1913）。

【43】3 Co. Rep. 7a.。顯然，在我所摘引的這個段落中，「損害」（mischief）這個詞的用法不同現在通行的用法。在海頓案中，它的含義非常接近於當時流行的另外兩個辭彙的含義：「不協調」（repugnancy）和「不便」（inconvenience）。所有這些術語所描述的都是一種事物之間搭配不當的狀態，在其中，混亂尚未借助人類追求理性秩序的努力而消除。另外，可能需要加以指出的是，由於這項決議的報導是由柯克提供的，他很可能報導的是大臣們應當做出的決議，而不是他們實際上的所思所言。

【44】格雷，《法律的性質和淵源》（*The Nature and Sources of the Law*），第二版，一九二一年，第一七二～一七三頁。

【45】這裡所說的「原子論的」意圖觀和哲學上的唯名論（philosophic nominalism）有一定關係，甚至可以被看成是唯名論的一種表達。我曾經在一篇文章裡討論過這種觀念對以「法律唯實主義」而聞名的那場運

動的影響。參見：富勒，「美國法律現實主義」（American Legal Realism），《賓夕法尼亞大學法律評論》，第八十二卷，第四二九頁、第四四三～四四七頁，一九三四年。

【46】諾丁漢爵士在艾什訴艾布迪（Ash v. Abdy, 3 Swanston 664 [1678]）案中提到《欺詐法》時說：「我有理由知道這部法律的含義，因為是我促使了它的誕生。」請對照：「如果是諾丁漢爵士起草了它，他就最沒有資格解釋它，一部法案的起草者考慮得更多的是自己的私下意圖，而不是自己所表達出來的含義。」坎貝爾（Campbell）的《英格蘭大法官列傳》（*Lives of the Lord Chancellors of England*）第三版，第三卷，第四二三頁注，一八四八年。

【47】Kingston v. Preston, 2 Douglas 689（1773）.

【48】Smith v. Westfall, 1 Lord Raymond 317（1697）.

【49】參見上一個注釋中所引用的那個案件。

【50】譯注——原文為「Article V」，有誤。應為「Article I, Section 5」。

【51】關於除了透過通常意義上的法律之外的其他政府行動中所涉及到的公開性問題，請參見拙作：「政府機密與社會秩序的形式」（Governmental Secrecy and the Forms of Social Order），載《規範》之第二輯《共同體》（Community），第二五六～二六八頁，一九五九年。

【52】譯注——克里古拉（Caligula，拉丁文「小戰靴」的意思）是羅馬帝國第三代皇帝 Gaius Caesar Augustus Germanicus（西元一二～四一年，其中三七～四一年在位）的綽號。關於克里古拉的傳聞不計其數，包括各種亂倫、縱欲、極度殘暴和窮奢極欲的事蹟。許多歷史學家認為他是一個病理學意義上的瘋子。西元四一年一月二十四日，他在宮廷內被禁衛軍統帥 Cassius Chaerea 及其手下刺殺，享年不足二十九歲。

【53】《尼各馬科倫理學》（Nichomachean Ethics），第五卷，1137a。

第三章　法律的概念

由於「法律目的為何」的觀念，在很大程度上隱含於「法律為何」的觀念中，所以，簡要地考察一下與法律的本質相關的觀念……是十分有用的。

——羅斯科・龐德

忘記我們的目標，是最常見的蠢事。

——弗里德里希・尼采

這章的目的是要討論第二章的分析和目前流行的法律理論及法律相關理論之恰當關係。這樣做的目的，不是為了在和我持對立觀點的人面前，為自己說過的話辯護，而是為了進一步澄清我到目前為止所講過的話。雖然我同意一部法理學著作不應該只是「一部人們可以從中了解其他著作內容的書」，[1]但我們還是不得不承認，人們從別的書裡學到（這種學習有時是以間接的、不去閱讀原書的方式進行）的東西就像一面稜鏡，任何新的分析都得透過它而得到檢視。將自己的觀點和涉及同一主題、根深柢固的語彙與思想中所包含的觀點做對照，是理論闡述中理應包含的重要成分。

法律的道德性與自然法

於是，為了繼續進行這項理論闡述，首要任務就是將我所稱的法律道德性和古老的自然法傳統聯繫起來。我在第二章裡所闡明的那些原則，代表著某種形態的自然法嗎？在有限定的條件下，答案絕對是肯定的。

我所嘗試做到的，是辨別和闡明一種特殊類型的人類活動所遵循的自然法，我描述這種活動為「使人類行為服從於規則之治的事業」。這些自然法和任何「至上的、孕育萬物的普遍存在」都沒有關係，和「避孕是違反上帝律法」也沒有任何關聯。它們無論從起源還是從應用上來說，都是屬於人世間的。它們並非「更高的法」，如果要用高度來比喻的話，或許可以說是「較低的法」。舉例來說，它們像是木匠的自然法則，或者至少像是一位想使自己所建造的房子經久耐用，並以服務居住者為目的的木匠師傅所尊重的法則。

儘管這些自然法則觸及到人類活動當中最為關鍵的一個層面，但它們顯然並未窮盡人類道德生活的全部。它們不涉及像一夫多妻或一妻多夫、馬克思研究、神靈崇拜、累進制個人所得稅或對婦女的壓迫等主題。如果有人提出這些或其他類似主題是否應當成為立法的問題，這種問題就涉及到我所稱的法律外在道德。

為了方便（儘管不是完全令人滿意）來描述我們所指出的這種區別，我們會談到有別於實體自然法的程序自然法。從這個意義上來說，我所稱的法律內在道德乃是一種程序性的自然法（procedural version of natural law）；雖然為了避免誤會，

「程序」這個詞應當被賦予一種特殊以及延伸的意義，以便使它涵括如政府行為與制定法之實質一致性內容。不過，「程序」這個名詞從整體上來說，顯示出我們在這裡所關注的不是法律規則的實質目標，而是建構和規範人類行為規則的方式，這些方式使得這種規則不僅有效，而且保持作為規則所應具備的品質。

從法律和政治思想的歷史來看，會發現我在第二章所闡述的原則與自然法學說之間，存在著什麼樣的關聯呢？這些原則是否構成自然法傳統不可分割的部分呢？它們是否被那些反對這一傳統的實證主義思想家們所排斥呢？這些問題不可能輕易找到答案。

就實證主義者而言，我們顯然很難在他們中間找出明確的模式。約翰．奧斯丁把法律定義為一位政治上的上級所發布的命令。但他卻又指出「名副其實的法律」（laws properly so called）是一般性的規則，而「臨時或特定的命令」則不是法律。[2]借助辛辣語言來批判自然法的邊沁，一直關注著被我稱為法律內在道德的某些方面。實際上，他似乎竭盡心力地要使法律符合那些受其影響的人們之所知、所需。另一方面，從更近代的歷史來看，格雷將法律是否應當採取一般規則的形式這個問題，看成是一個「在實踐中意義不大」的問題，雖然他也承認具體和孤立的法律權力行使實例，不適合出現在法學研究的課題中。[3]在索姆洛看來，溯及既往式的法律可以被譴責為不公正，但卻不能被認為是違背了隱含在法律概念本身的某種一般性前提。[4]

對與自然法傳統關係密切的那些思想家而言，我可以有把握地說，他們當中沒有人會表現出格雷或索姆洛對待法律道德性之要求的那種隨意性。另外，他們所關注的主要是我所稱的實體自然法，也就是透過法律規則來實現某些目的。我相信，當他們談到法律的道德性要求時，通常只是一語帶過，雖然這一主題的某些方面，有時也會有很詳細的討論。阿奎那在這方面算是非常典型的，在談到對一般性規則〔與具體案件具體處理（case by case）的糾紛裁斷方式相對〕的需要時，他提出了一種令人驚訝的細緻論證，其中包括：聰明人總是供不應求的，所以基於經濟上的審慎考量，為了使他們的天分得以被眾人所分享，應當讓他們來起草普遍性規則，從而讓次一等的人（lesser men）適用。[5]另一方面，在解讀伊西多爾[6]為什麼要求法律必須得到「清楚詮釋」的時候，他又簡單地說：這樣有助於防止「源自於法律本身的損害」。[7]

我相信，就所有哲學流派的作者而言，當他們處理關於法律的道德性問題時，這種處理通常都是以隨意和碰巧的方式來進行的。箇中原因不難尋見，人們在一般情況下，不會認為有必要解釋或正當化顯而易見的事情。歷史上幾乎每位具有或大或小影響力的法哲學家，可能都曾偶然宣稱法律應當公布，以便使那些受其約束的人們知道內容。但很少有人覺得有必要為這一命題提供更充分的理由，或將其納入到更全面的理論範圍之內。

從某個角度來看，法律道德性的要求，在眾人眼中似乎是一種不幸的情況。這種表象掩蓋了其中的複雜處，並且使人們誤以為沒有必要、甚至不可能對這個課題進行深入細緻的分析。例如，除了提出「法律不應當自相矛盾」這個主張之外，人們似乎沒有其他可多說的了。但是，正如我曾經試圖說明的那樣，在某些情況下，這項反矛盾原則可能變成構成法律內在道德的諸項原則中，最難以適用的一項。[8]

對於合法性原則在政治和法律思想史上，只受到過（適合不言自明之事的）隨意和偶然的關注，我們必須指出一項重要的例外。這項例外存在於十七世紀英格蘭的一份文獻中，這是一個抗議、彈劾、密謀和內戰的世紀，在此期間，既有的制度正經歷著被重新審視的局面。

學者通常把美國憲法的「自然法基礎」追溯到這一時期。這一時期的文獻令人驚奇地表現出兩種極端形式：匿名小冊子和司法意見，且密集地、幾乎完全關係著我認為屬於法律內在道德範疇的那些問題。它們涉及到法律的自相矛盾、不可能遵循的法律、議會在廢除某些法律之前，便做出與其制定的這些法律相牴觸的舉動等等。這類文獻有兩份代表性的樣本出現在本書第二章的開頭。[9]但從那一偉大時代流傳下來最著名的宣言，還是柯克在博納姆醫生案（Dr. Bonham's Case）中所寫下的。

亨利八世賦予皇家醫師協會廣泛的權力，來認證和規範倫敦地區的行醫活動（這項授權後來得到議會的批准），皇家醫師協會獲得的權限中，包括審理違反其規章的行為並處以罰款和監禁。在涉及罰款的案件中，一半的罰款歸於國王，另一半則由該協會自己保留。一位劍橋大學醫學博士——湯瑪斯·博納姆，在未曾獲得皇家醫師協會許可的情況下在倫敦開業行醫。他受到該協會的審判、罰款以及後來的監禁，於是他提出了非法監禁之訴。在柯克法官支持博納姆醫生訴訟請求的判決中，這個著名的文字出現了：

（皇家協會的）審查員們不能充當法官、執行人員和當事人，作為法官做出宣判或裁定；作為執行人員負責傳喚；作為當事人占有二分之一的罰款。任何人都不能在與己相關的案件中擔任法官（Quia aliquis non debet esse Judes in propria causa），任何人在涉及自身的案件中擔任法官都是違背公平原則的（imo iniquum est aliquem suae rai esse judicem）；而且任何人都不能同時擔任法官和一方當事人的律師。……根據記載，在許多案件中，普通法都能夠約束議會的法案，有時甚至裁定它們完全無效，因為，如果一部議會法案與普通法的權利和理性相牴觸、或者前後矛盾、或者不可能履行時，普通法就會控制它，並裁定這樣的法案無效。【10】

如今，這一宣言常常被認為是自然法觀點最經典的詮釋。不過請注意，它是多麼強調程序和制度性的慣例。其實，這裡面只有一小節可以被說成是牽涉到實質正義，也就是其中提到議會法案「與普通法上的權利和理性相牴觸」的那一段。但是，在說到「普通法上的權利」（common right）的時候，柯克所想到的很可能是透過法律取得、後來又被法律奪走的那些權利，換句話說，也就是通常由溯及既往型法律所呈現出來的那種問題。在一個主要討論涉及自身的案件中，自任法官是如何不妥的語氣中，提及相互矛盾的制定法，似乎是一件奇怪的事情。但是，對於柯克來說，這裡存在一種觀念上的緊密聯繫，正像法律規則可能彼此矛盾一樣，機構之間也可能相互衝突。柯克和他的法官同事們試圖在司法系統內部營造出一種公平的氛圍，在這種氛圍中，像民事法庭的法官審理涉及自身的案件這樣的情況是令人無法想像的。然而國王和議會卻將一隻醜陋的、與周圍環境不協調的手，插入這種努力之中，創設了一個醫師「法院」來審理侵犯他們自身壟斷權的案件，並將一半的罰款留給自己。當柯克將這種立法上的缺失之處和自相矛盾（repugnancy）聯繫起來的時候，他不僅僅是表達了自己對這種現象的厭惡，更說明了他對這種現象和一種有目的的努力是背道而馳的。

這種在現代學者中顯得十分普遍的觀點，即認為柯克在上面所引的這段話中，背叛了對自然法的天真信仰，並沒有提供足以幫助我們理解十七世紀的智識氛圍的資訊。它告訴了我們許多關於我們這個時代的東西，這個時代至少在某種程度上，認為自己能夠相信任何對人性或事物之本性的訴諸，都只不過是為主觀偏好尋找一種掩飾而已，而在「主觀偏好」這個名日之下，可以列上千差萬別的東西，從「法律應當得到明確詮釋」，到「唯一正當的稅收政策是使公民們納稅的數額，等價於他們從政府那裡得到的東西」。

那些實際締造我們國家及憲法的人們，在思考方式上更接近柯克的時代，而非我們這個時代。他們也致力於避免制度中的不和諧，並盡力確保這些制度合於人的本性。漢密爾頓批駁了寫下此詩的那個詩人的「政治邪說」（political heresy）：

> 讓傻子們去爭論政府的形式吧——管理得最好的政府就是最好的政府。[11]

為了支持司法機關宣布國會法案違憲的權力，漢密爾頓指出：司法機關絕不能對立法完全保持被動，即使是在缺乏成文憲法的情況下，法官們也必須主動做些事情，比如發展出某種規則來應對相互矛盾的制定法，這種規則並非源自於「任何實際法規，而是基於自然和事理。」[12]

一場在這個國家持續展開的討論，涉及在解釋憲法的時候，法院是否應該受導源於「自然法」的考慮因素的影響。[13]我認為，如果人們在關於實體目標的自然法，和涉及程序與制度的自然法之間做出區隔的話，這場討論便可能為釐清問題做出更大的貢獻。不過，應該承認的是，「自然法」這個術語已經被各方用得如此氾濫，以至於我們很難恢復對它不偏不倚的態度。

很明顯的是，憲法中的許多條款都具有我曾經描述過的那種簡單、粗糙和不完整性。[14]這意味著它們的含義必須以這樣或那樣的方式獲得補強。的確，那些命運在某種程度上，受提供這種創造性解釋行為影響含義的人們，以及那些肩負著這種解釋責任的人們，必定希望這種解釋活動能夠在盡可能穩定的基礎上進行，也就是說，它應當盡可能地依據民主政制和人性本身的必然要求。

我認為，在涉及我所稱的法律內在道德的憲法領域，這種理想離我們最近。在這個範圍內，解釋往往可以大幅度地偏離憲法的明示語詞，但卻仍然穩固地停靠在這樣一種信念之上，它忠實於一種蘊含在我們整個政制結構之中的意圖。例如，憲法並沒有明確禁止模糊或含混的立法。但是，我不認為有人會認為這樣的司法裁決是一種僭越，如果一部刑事法律未能對它所禁止的行為，做出適度明確的描述的話，它便違背了「正當法律程序」（due process）。[15]當我們反思起草一部憲法的難題時，這樣的司法裁決存在的理由，就會清楚地呈現出來。如果要在憲法中寫入明確禁止模糊法律的條款，我們就必須定義出某種明確或隱含的標準，用以確定一部法律模糊到何種程度便會失效，我們將不得不用廣泛的語言來制定這種標準。從法律用一般性規則，來約束和評斷人們的行為這一前提出發，任何刑事法律都應該足夠明確，以便符合這種雙重目的：一方面向公民們提出充足的警告，使他們知道被禁止的行為的性質；另一方面為依法審判提供足夠的方向。如果希望用一個詞語來概括所有的內容，恐怕再也沒有比「正當法律程序」更好的了。

憲法宣布「削弱契約義務的法律」無效，但法院已然裁定不當地強化既存契約之義務的法律，可能同樣有失公平，並且是違憲的。[16]這個結果令人驚訝，但它卻是奠基於深厚的憲法基礎之上的。「不得削弱契約義務」條款的起草背景清楚地顯示，它被認為是譴責溯及既往型立法的若干聲明中的一項，憲法起草者當時有意避免了對這一問題做出詳盡規定（就這項任務的難度而言，這是個明智的抉擇）。當我們根據「不得削弱契約義務條款」這項目的的背景，來判斷它的內容時，這點就變得十分明顯。對削弱既有契約義務之法律的反對，同樣也適用於擴大這種義務的法律。在承擔蘊含在一項締約活動中的風險時，人們很有可能會將現行法律所規定的默認義務（obligation in case of default）納入考慮。如果該法律之後卻朝著不利於他的方向發生巨大的改變，立法機構便等於是失信於他。

在剛才這些議題中，我似乎是將相互矛盾的性質置入於法律的內在道德之中。我一方面指出這種道德很難在成文憲法中被明確的詮釋，而與此同時，又指出在處理涉及法律內在道德的問題時，司法解釋可以在對自認具有高度客觀性的情況下進行，儘管它所倚賴的基礎是不完整、也不充分的憲法。既然這項任務是如此的困難，以至於立法者不得不使自己的工作保持在未完成狀態，我們又怎麼能夠認為它為司法解釋提供了明確的指標呢？

儘管是用人們不太熟悉的語句，但我認為這個問題已經有了答案。我將法律的內在道德描述為主要是一種期望性道德，而不是義務性道德。[17]雖然這種道德可以被認為是由單項要求或「要件」（desiderata）所組成的——我所分析出八項這樣的要求或要件，但這並未使它們成為各自成立的主張。[18]所有的要件都是達到某個單一目的的手段，在不同情況下，這些手段的配置方式可能會有所不同。因此，無意間偏離了一項要件，可能會導致必須補償性的偏離另一項要件，例如，為了補救一項無法公開發布的要件缺陷，可能就需要利用溯及既往型的法律。[19]而在另一個的場合，對這要件的忽視可能更需要另一要件來作為彌補。於是，當法律變化過於頻繁的時候，公開化的要求就會變得更加嚴格。換句話說，在不同的情況下，合法要件的組合與重組，必須符合某項使它們適用於具體的情況。

這些考量在我看來可導向一個結論：在憲法領域（即我認定的內在道德的領域）中，司法審查制度是最為需要也最有效果的。每當法院有機會做出選擇的時候，它便應當盡力保持在法律內在道德所要求的範圍之內。我認為，在魯賓遜訴加州[20]一案中，法院明顯走錯方向了。該案中多數法官認為案件的爭議點在於：法律是否可以合憲地將有毒癮的人認定為犯罪，並且處以六個月的監禁。但就事實而言，當事人很有可能是在無辜的情況下染上毒癮的，法院判定這項法律因施加「殘酷和不尋常的懲罰」而違反了第八修正案。

顯然，被送進監獄關六個月，通常不會被認為是「殘酷和不尋常的懲罰」——這段文字立刻讓人聯想到鞭刑（whipping post）和浸水椅（ducking stool）。為了回應這種反對意見，法院指出，在判斷某一特定懲罰是不是殘酷或不尋常的時候，我們必須考慮到它所針對罪行的性質。於是法院毫無疑問的必須承擔一項責任——

令刑罰合於罪行，雖然這項責任認為是崇高的，但其實卻是異常沉重的。

我認為，這一深入實質正義的遠征是毫無必要的。我們擁有一項禁止刑法溯及既往的憲法條文，以及一項要求犯罪的法律定義必須符合最低標準的憲法規則。這兩項對立法自由的約束，建立在刑法應當以這種形式呈現在公民面前，以至於他們可以根據它來調整自己的行為，更簡單地說，他們可以遵守它。無辜地進入一種對毒品上癮的狀態，不能被解釋成一種行為，更不用說是一項不服從法律的行為。將魯賓遜訴加州一案的判決引入傳統的正當法律程序範疇，並不會為法院增添多少難度，其難度充其量相當於立法機構保密其中一部分的刑事法規，直到符合的案件出現。（值得注意的是，我們的憲法並未明文要求法律必須公布。）

法律的道德性與實證法的概念

我們的下一項任務是探討這些章節中所隱含的法律觀，與目前流行的實證法定義之間的關係。我所寫下的這些文字中，唯一可稱得上是法律定義的是一句現已非常熟悉的話：法律是使人類的行為服從於某種規則的一種規範。與現代大多數的法律理論不同，這種觀點將法律視為一項活動，並且把法律體系看成是一種有目的的、持續努力的產物。讓我們來比較一下這種觀點，和可能與它對立的其他觀點有何不同。

我將考慮的第一種理論，在風格和著重的部分都與我所表達的觀點對立，但雖然看似悖謬，它卻提出了一項和我的觀點相呼應的命題。這就是霍姆斯著名的法律預測論（predictive theory of law）：「我所稱的法律，就是關於法院實際將如何判決的預言，而不是其他矯飾的東西。」【21】

顯然，做出預測的能力是以某種秩序的存在為前提。因此，法律預測論推定在那些決定「法院實際上將如何判決」的因素之中，存在某種一貫性。霍姆斯選擇從對這些影響因素的研究出發來做出整合，從而將自己的注意力集中在法律中實際發生效力的要素上。

他解釋說，他進行這種整合的目的，在於確立法律與道德之間的嚴格分界。但是，只有當他克制住描述實際預測過程的衝動時，他才可能認為自己成功達到這個目標。如果我們想要明智地預測法院實際上將如何判決，我們必須假設，它們正打算怎麼做。事實上，我們必須更進一步設身處地的參與，目的在於創造和維繫一套透過規則來引導人類行為的整體活動之中。如果我們想要理解這個過程，就必須先理解其中所包含的許多獨具特色的問題，就其性質而言，都是和道德相關的。於是，我們必須將自己擺在和法官相同的位置上，這位法官面對著一部條款極其含糊、而其序言中又非常明確地表露一種在他看來十分不智的目的的法律。我們必須分擔這些法案起草者的難處，他在凌晨兩點的時候自言自語：「我知道這裡不能出錯，不然的話，人們就會因為我們根本沒打算涉及的事項而蜂擁到法院。但我有多少時間來反覆修改呢？」

從創制法律的目的出發，來檢視抽象法律所塑造的秩序，根本就不是霍姆斯的預測理論所獨有的特色。例如，弗里德曼教授在試圖提出一種不需要往法律這一概念注入任何實質正義理念的中立性法律思想的時候，提出了這樣一個定義：

法治僅僅意味著「公共秩序之存在」。它意味著有組織的政府借助各種合法支配（legal command）的工具和管道來運作。也就是說，現代社會都生存在法治之下，不論它是法西斯國家、社會主義國家還是自由國家。[22]

現在非常明顯的是，「公共秩序」的表象可能由非法的恐怖行動所造成，這種恐怖行動使人們遠離公共場所而躲在家裡。顯然，弗里德曼並未設想過這種秩序，因為他提到「有組織的政府借助各種合法支配的工具和橋樑來運作」。但是，除了含糊其辭地表達出自己心中所想的那種秩序之外，他什麼也沒說。不過，他顯然是想表示，如果我們僅僅把它們「當成法律」來思考的話，納粹德國的法律就會像其他國家的法律一樣是法律。不用說，這個議題和我在這裡所呈現的分析是格格不入的。

大多數法律理論不是明確聲稱，就是默默推定法律的強制力或暴力的使用。本書並不承認這是法律的獨特性質。在這方面，我所維護的法律概念和下面這個定義是截然相反的，這一定義是一位人類學家所提出的，他試圖在原始社會的各種社會秩序形式中辨識出獨特的「法律」因素：

法律為著實用的目的，可以被定義為一種社會規範，如果忽視或違反它，會導致社會上時常出現掌握如此行為特權的人或群體，威脅或實際使用肢體暴力。[23]

獲准使用肢體暴力這一特點，可以幫助我們分辨出法律和其他社會現象，這一觀念在近年的案例中可以說是屢見不鮮。依我之見，它已經嚴重損害了關於法律功能的思想清晰性。我們有必要追問，這個辨別標準是如何產生的？

首先，考慮到和人性有關的各項事實，一套法律體系如果允許自身受到非法暴力的挑戰，便會失去其實際效力。有時候暴力只能靠暴力來遏制。因此，可以想見的是，社會中必須存在某種常規的機制，以便在必要時使用暴力來支援法律。但這並不能證明使用暴力或潛意識將暴力當成法律的象徵是正確的。現代自然科學嚴重依賴各種度量和試驗設備，沒有這些設備，它就不可能獲致其已經取得的這些成就。但沒有人會因此說，自然科學應被定義為度量和試驗設備。法律也是如此，法律為了實現其目的而必須去做的事情，和法律本身是完全不同的。

另外還有一項因素也使人們傾向於將法律等同於暴力，正是當法律系統本身在拿起暴力武器的時候，我們要求其符合最嚴格的正當程序。在文明國家中，正是在刑事案件裡，我們才會急迫地要求法律忠於自己。因此，與暴力關係最緊密的法律部門，也正是一個與形式要件、儀式和莊嚴的正當程序關係最緊密的法律部門。這種同一性的認定和原始社會有著特殊的相關性，正是在這種社會中，邁向法律秩序的第一步，可能也是朝向防止或對抗私人暴力的爆發。

這些解釋並未將肢體暴力正當化視為法律象徵性的特徵，讓我們假設一個案件來檢驗一下。一個國家允許外商在其國內做生意，但要求他們遵守一個條件，外商必須在該國的國家銀行中存入一大筆錢，以確保他們服從這套專門為規範他們活動而制定的法律。這套法律得到確實的執行，並且由專門的法院來加以解釋和使用。

如果證實有違法行為，政府會根據法院的判決收取一定的罰款，這一罰款將採取從違法商人的存款帳戶中扣除款項的形式。要完成這項扣款行為，政府不需要對違法商人採取任何暴力手段，只需進行轉帳，因為商人無法阻止這項行為。顯然，我們不能僅僅因為這裡沒有機會為了實現制度性的要求，而使用或威脅使用暴力，就否認這種制度是法律。相反地，我們只有在下述情況中，才能合理地拒絕將其稱為一套法律制度：如果我們能夠證明其中的公示規則和法官只是一種表面的假象，其目的在於掩飾事實上不以法律為依據的懲罰行為。

我認為，這個例證中所蘊含的道理已足以使我們問：如果把暴力視為法律的代表性特徵，這裡的暴力究竟意味著什麼？如果在一個神權社會中，地獄之火的威脅已足以確保人們服從法律，這是否構成一種「暴力威脅」？如果回答是肯定的，那麼暴力就開始獲得一種新的定義，並且僅僅表示其為法律制度需要在實際事務中，獲得某種最低限度的成效，不論這種成效的基礎是什麼——這樣一個議題既無法駁斥，也毫無新意。

在大多數的法律理論中，暴力因素和正式的命令或權威的科層體系觀念緊密相關。但在我們剛才引用的那段來自霍貝爾的論述中，這種關聯並不存在，因為，作為一位人類學家，霍貝爾所關注的是原始法，在這種法律當中，一般不存在明確界定的權威等級。但是，自從民族國家興起之後，從霍布斯經約翰·奧斯丁到凱爾森和索姆洛等等一大批法哲學家，都認為法律的本質體現在一種金字塔式的國家權力結構當中。這種觀點將自己從創制和維持一套法律規則體系的目的中孤立出來，而滿足於描述這種活動在其中產生的制度。

法哲學已經為這種孤立付出了慘重的代價，在接受這種孤立的學派之中，大量爭議缺乏足以理解的原則來解答。讓我們以「法律」僅僅是包括具有某種普遍性的規則、還是應當被理解為也包括「特殊或偶然的命令」這一爭論為例，有些人認為法律意味著某種程度的普遍性，另一些人則否認這一點。那些同意法律應當具備某種程度的普遍性的人，又在如何界定這種普遍性的問題上產生爭論，這種普遍性是要求某種類型的行為？某種類型的人？還是兩者皆備？[24]整個爭論所依靠的，僅僅是肯定和否認，於是又再度陷入苦思。我認為必須從人民無法依照一部展現散亂，毫無章法的國家權力的法律來調整自己的行為出發，否則這種爭論沒有知性內涵。

如果我們追問，法律作為一套等級森嚴的命令體系這一概念，是以何種目的存在的，答案很可能是：這一概念代表著民族國家在政治上的表現；但我認為更貼切的答案應該是：這一概念表現出對於在法律系統之內解決衝突這一難題的關注。實際上，我們可以這樣說，它將法律內在道德的一項原則——也就是譴責自相矛盾的法律那項原則——予以絕對化，從而無視於其他的原則。對於凱爾森和索姆洛而言，這種對內在邏輯一致性的集中關注，顯然成了他們理論當中的一項基本要素。[25]的確，我們理應希望一套法律體系之中應當避免未決矛盾，並且在出現時盡快解決。但是，如果我們不帶任何預設立場地來看待這個問題，有什麼理由可以令我們在一套充斥著矛盾的法律系統和一套規則含糊，以至於人們無從知曉它們是否彼此矛盾的法律系統之間判斷孰優孰劣？

有人也許會回答說，常識和使自己的舉動切實有效的期望，通常會使立法者傾向於將自己起草的法律表達得更清晰，而各個政府機構所適用的規則之間的矛盾，卻構成一個經久不息的問題。在接受這一答案之前，我們應該思考一下這個真實的可能性：政府有時會故意令其法律模糊不清。但是，更根本的是，如果我們不去弄清楚我們的問題，並且尋找合適的解答，而是透過定義上的武斷結論來掩蓋我們所遭遇的難題，整個問題就會被誤解。我們很容易將法律定義為不可能出現自我矛盾，因為從理論上來說，總會存在可以解決分歧的高階規則。但這並未觸及實踐中的矛盾問題，特別是如何辨明類似案件中，哪些因素應當被視為相互矛盾的問題。雖然凱爾森和索姆洛都很重視解決矛盾，但他們未曾討論過任何一個有可能在實踐中出現困難的此類問題。相反地，他們全部的討論都只是停留在相當抽象的層次上，比如指出「同時主張『A應當是』和『A不應當是』在邏輯上是不可能的」。[26]這種議題，顯然無法協助法官解決像是一部成文法其中一項條款說A先生應當繳納一項稅款，而該法的另一條款似乎又說他可以免繳這項稅款的難題。面對這樣一部制定法的法官，顯然也無法從索姆洛下的「如果存在一種『真正的』而不是『表面上的』矛盾，對立的規則就應當被視為相互抵消」原則中獲得任何幫助。[27]

即使我們可以透過一項定義來解決所有的矛盾問題，但一項界定清晰的科層式權威結構，也不一定就永遠是解決法律系統內部矛盾的最佳途徑。在討論法律是什麼的問題時，當地方法院之間意見不一時，格雷就預設了一個司法等級結構，並且給出一個顯而易見的答案：在這種情況下，最高法院所說的就是法律。[28]但我們很容易設想出一套由享有平等地位的法院構成的司法系統，在其中，法官們會不時地聚在一起，透過討論和相互遷就的過程來消弭矛盾。當上訴法院，法官們主持審判並且以全院討論的方式來審理疑難案件時，與此類似的情況便會出現。

在美國的工會主導型產業中，有一種制度叫做「產業法」（industrial jurisprudence）。規範工廠內部的各種規則，並不是由某個立法機構制定的，而是透過管理階層與工會之間的契約來確立的。這套法律系統內的司法機構由仲裁人組成，他們也是透過協議被挑選出來的。在這樣一套系統中，當然存在失敗的可能。最基本的當事人權利章程——確立集體談判規則的契約——可能無法形成，因為管理階層與工會之間可能無法達成協議。在一份談判成功的協定之下，當一起糾紛發生的時候，當事人很可能無法在指定某位仲裁人的問題上達成共識，不過通常會有某項條款是專門應付這種情況而擬定的。比如說，在當事人無法透過協議來任命仲裁人的情況下，美國仲裁協會便有權指定仲裁人。但這種條款既不是取得成功的必要因素，也不是避免失敗的充分條件。所有的法律系統都可能運轉不靈，包括那些擁有最整齊有序的命令鏈系統。

在「法律等同於科層式權威等級體系」的那些討論中，帕舒卡尼斯聰明地指出，如果一套整齊有序的命令鏈是法律最重要的特質，那麼我們便應當將軍隊看成是法律秩序最典型的表現。[29]但這樣的觀點顯然有悖於基本常識。這種理論與常識之間的緊張關係，顯然導源於理論過分重於形式，以至於忽視了這種結構所應加以組織的目的。我們在這裡沒有必要將軍事目的和法律系統所要求的科層式組織形式異同細分出來，我們只需要回想一下，當一位外國公民信賴由在法律階級上處於較低地位的某一機構，做出的一項錯誤法律解釋的時候，法律秩序便會出現令人無所適從的問題。顯然，類似的問題不會出現在軍隊秩序中，除非是在緊急狀態下，當軍隊開始接管並限制一般人行為的時候。

如果我們不提及議會主權原則的話，我們對法律理論的討論就會是不完整的。根據這一原則，議會被認為享有無限制的立法權能（如英國）。這一原則之所以值得檢視，是因為它與被認為法律制度的基本特徵是權威的科層式組織結構有密切關聯。

當然，議會主權也完全可以由一種政治審慎論來加以支持，大意是保留立法權來應付難以預見的情形永遠是最完美的安排。明確限制立法權的安排在確立時可能看起來是明智而有益的，但之後卻可能成為阻礙為因應急劇變化的情況所必須的舉措。如果周遭的壓力變大，對立法權的限制可能會透過規避和擬制而被忽略，但這種規避和擬制本身有很高的成本，因為它們會扭曲政治的道德氛圍乃至制度結構。透過參照我們憲法中所包含的最嚴格限制，這些要點可以得到假設性的例示。我們所指的限制條款是指，沒有任何一個州在未經同意的情況下，可以「被剝奪在參議院中的平等代表權」。[30]這是唯一一項可以不受憲法修正案本身所帶來的改變影響，卻仍然有效的憲法約束。

現在讓我們假設某些州出現人口急劇減少的情況——可能是因為某種自然災害使得有三分之一的州出現人口只剩大約一千人的情況。這種情況下，在參議院裡的平等代表權可能變成一件荒謬的蠢事。因為如果他們的平等代表權獲得尊重，整個國家的政治生態就會受到致命的損害。我們是否能夠利用修正權來削弱參議院的地位，使它變成一個類似上議院的機構？或是乾脆廢除參議院而採用一院制？或者，我們背後的民意是否足以支持我們將參議院更名為「元老院」，並且重新安排代表的選任方式？

在比較一部成文憲法和議會主權原則所具有的明顯特性時，我們不應被後一原則所呈現出來的表象所誤導。事實上，議會主權意味著議會能改變任何它不喜歡的法律，這個意義顯示出議會主權凌駕於法律之上。不過，矛盾的是，它獲得這個優於法律地位的方式，卻是因服從於法律，也就是服從於規定其內部程序的法律。因為對於一個負責通過法律的機構來說，它必須依循決定法律通過要件之法律。這種法律本身也可能面臨其他法律系統所可能遭遇的事故——它可能太過模糊或自相矛盾以致無法給出明確的指示。而且，最重要的是，在實行中很可能會嚴重忽視了它的標準，而在需要其發揮作用的場合缺席。這可能導致憲法對立法權嚴格限制以致崩潰的危機，也可能（而且也許同樣容易）導致立法的法定程序產生阻礙。即使是英國——那裡的人們習慣嚴守規則並且做事有條不紊——法院據說也曾將一項並未在議會通過的、只是議會議事日程上的一項紀錄，當成法律來使用。[31] 權力結構經常被人直接理解成一個法律的組織，但其自身其實也是法律的產物。

在議會主權極強的國家，對它的討論不是圍繞其中體現的智慧，而是圍繞有關的法律要點。那些支持這一原則的人們，一般將它視為一項只能透過法律論辯來全面支持或全盤駁倒的法律原則；這一原則的批判者通常也接受這種聯結。當論戰採取這種形式的時候，關於法律性質的各種理論便有了參戰的機會。那些對這一原則產生過實際影響的理論，正是被我描述為嚴重脫離建立和控制人類行為規則的那項理論。

這種脫離的後果，在戴雪為議會主權規則辯護的一個重要段落中，明顯地表現出來。在其主要論辯的結尾部分，他聲稱某些由議會通過的法律構成「主權權力的至高行使（highest exertion）和最終證明（crowning proof）」。[32]是什麼樣的立法具有這些特質呢？用戴雪的話來說，它們是「宣布那些由於某種形式錯誤或其他失誤而未曾完成儀式的婚姻有效」之類的法案，以及「其目的在於令某些在發生時非法的交易合法化、或者免除因違法而本應承擔責任者之責任」的制定法。[33]對於這樣的立法，戴雪寫道：「正因為它們是關於非法的立法」，所以它們構成「主權權力的至高行使和最終證明」。

只有完全罔顧創造和管理法律制度之現實的理論，才會對溯及既往型法律做出這種徹底掃除式的判斷（幸好掃除只是高度比喻性的說法）。值得注意的是，戴雪所屬的那一思想流派的其他支持者，也把溯及既往型立法看成是立法權的正當行使方式，不會對此法律理論提出任何質疑。[34]我認為，這些發源於此的各種理論都表現出一種症狀：對立法問題缺乏真正的關注。

戴雪從議會主權規則中得出的結論也暴露出類似的問題。其中最著名的結論被詮釋為：「議會可以透過合法地解散消失，並且沒有任何方式可再合法召集後續的議會。」[35]這就好像是說，生命力即使在自殺行為中也有自我表現——這樣一項詮釋可能具有某種存在主義的詩意，但它和戴雪的法律授權一項法律秩序自殺一樣，偏離對日常事務和人的關注。

討論議會法律全能性的傳統，可以透過荒謬的例子來檢驗荒謬的議題。這種傳統在我下一個例子中會獲得充分的尊重。讓我們把戴雪的兩個主張放到一起來談，一個是議會可以合法地自我終結，另一個是：「根據英國憲法，議會……有權制定或廢除任何法律。」[36]現在讓我們假設在未來某個瘋狂的年代，議會可能出現以下措施：（一）所有現任議員從此可以不受任何法律的約束，並且有權搶劫、殺人和強姦，而不受任何法律處罰；（二）對這些議員之行為的任何干涉都是死罪；（三）其他所有的法律都從此廢除；以及（四）議會自此永久性解散。顯然，我們很難想像有哪個律師會在諮詢了戴雪之後，再向他的客戶提出這樣的法律建議：「如果就法律而言」，胡作非為的議員們並沒有超越他們的法定權利，這位客戶不得不面對是否要違法反抗這些議員的道德難題。在某個時點，我們會離開那個法與非法之分的僵局。我認為，早在達到我所描述的這種狀況之前，這一點就已經被超越了。事實上，當我們開始提出以下這些問題的時候，我們就已經達到這個臨界點了：議會解散是否可能？議會可否正式將它的所有權力交付給一位獨裁者？議會能夠決定不向受法律約束的人們公布它將來制定的所有法律嗎？前兩個問題是戴雪的理論所涉及的問題；當然，他並沒有考慮過第三個問題，但從歷史的經驗來看，這是三個問題中最平凡的一個。

我們就此結束可能對本書中所提出的分析構成挑戰的某些理論批評。為了總結我所提出的觀點，我重複一下其中的重點：我嘗試將法律視為一項有目的性的活動，它通常會遭遇某些困難，而為了成功地抵達其目標，它必須克服這些困難。相反地，我所駁斥的那些理論在我看來，只是在這種活動的周邊玩耍，而從未直接面對其中的問題。於是，法律被定義為「公共秩序的存在」，而這是一種什麼性質的秩序？如何才能形成這種秩序？這些問題卻未曾得到解答。此外，法律的最顯著的特徵被認為是存在於一項叫做「暴力」的手段當中，這種手段時常被用來實現法律。但持這種觀點的人顯然沒有意識到，除了使賭注變得更高以外，使用還是不使用暴力並不能改變立法者和執法者們所面對的問題。最後，還有一些理論著重在科層式的結構，它們認為這種結構組織引導著被我稱為法律的那種活動，但是它們沒有意識到這種結構本身就是它理應加以組織的法律下的產物。

說到這裡，我肯定有些人雖然會大致同意我所否定和駁斥的觀點，但卻對我所提出的法律觀不甚認同。在他們看來，體現在本書之中的法律觀念好像太鬆散、太隨便、太容易適用於廣泛的事例了，因此不能真正作為看待法律的獨特方式。對於這些批評，我很快就會做出答覆。但我將先檢視一下或許可以支持這裡所提出的法律觀的一項概念。

科學的概念

我所想到的這項概念就是科學，而我在這裡所說的科學，主要是指物理學和生命科學。

科學同樣也可以被看成是人類努力的一個方向，就好比法哲學這門學問中，也存在一門叫科學的學問。有些科學哲學家，其中比較著名的有邁克爾・波拉尼，主要關注於科學家的活動，試圖辨識出這個職業的目的以及有助於實現這些目的的習慣和制度。其他有些科學哲學家則是在為他們的理論錦上添花，他們以各種頗具獨創性的方式研究著科學家工作的極限。透過瀏覽科學哲學的一些文獻（就像我所做的那樣），我們會發現法哲學與科學哲學之間的相似性十分驚人。霍姆斯根據法律當中的有效因素來定義法律的做法，顯然與布里奇曼的「概念的操作性理論」【37】有得比。一位「科學經驗主義」的擁護者明確主張自己的哲學不會涉及科學發現行為，據他說，這種行為「不適合邏輯分析」。【38】這使我們不禁立刻想起凱爾森將制定和解釋法律的活動中所涉及的重要問題，統統歸類到「法學之外」（meta-juristic）的做法。

不過，我不打算在這裡進一步討論科學哲學的文獻。我將根據法律理論所呈現出的三種模式，建構出三個假設的科學定義。

在定義科學的時候，人們相當有可能、而且事實上是相當習慣於倚重它的結果，而不是產生這些結果的活動。因此，對應於法律只是「公共秩序之存在」這一觀點，我們可以主張「當人們有能力預測和控制自然現象的時候，科學就存在了」。作為法律具有使用暴力這項特徵，正像我已經提出的那樣，我們可以推想出這個科學理論，它將科學界定為某些類型的儀器使用。為法律的科層理論尋找一個對照組可能比較困難，因為除了擁有極權主義的背景，我們是很難把科學想像成科學權威的科層式組織。但我們或許可以根據凱爾森的一個觀點，即法律的金字塔並不會表現出人所組成的機構間上下級的關係，而是表現出規範間的等級關係。根據這一觀點，我們將科學定義為由「根據不斷上升的普遍程度，而對關於自然現象的議題所做的一種安排」構成。

我們不能說這些觀點有任何一種是錯誤的，只不過，它們當中沒有一項可以幫助外行人去真正理解科學以及科學所面對的問題。它們也無法為清楚地了解科學的目的，以及有助於促進這些目的的實現的科學家提供任何幫助。

最近出現了一場改革科學教育的運動，尤其涉及到那些為不打算成為科學家的人開設的大眾科學課程的教學。這種類型的舊式課程，通常會提供一幅關於科學成就的全面圖景，再輔以對科學方法（尤其是歸納和驗證）所涉及問題的抽象討論，新的課程則試圖幫助學生了解科學家探尋新知的方式。在科南特率先開設的課程中，這點是透過學習個案史來進行的。這類課程的目的在於使學生能夠對於科學發現行為有感同身受的體驗。透過這種方式，學生或許能夠對「科學的策略和戰略」有一定程度的了解。【39】

邁克爾．波拉尼最大的貢獻，應該在於他在可以被泛稱為科學發現認識論的領域中提出的理論。但是，就他的理論和本書主題之間的相關性而言，最獨特的貢獻在於他的科學事業（scientific enterprise）這一概念。【40】在他看來，這項事業是一項協作型的事業，主要為尋求適合它的目的和問題制度形式與慣例。雖然天才們可能引發革命性的理論轉向，但他們只有在前人或其他同代科學家的思想、發現和錯誤的基礎上才能做出這種突破。在科學共同體中，科學家的自由並不單純是一種自我表現的機會，更是有效地組織探尋科學真理而共同行動的必要手段。

科學家這一天職有其獨特的精神特質，也就是它的內在道德。正像法律的道德一樣，就其必須滿足的要求之性質而言，它必定是一種期望性道德，而不是義務性道德。我想，以下的例子足以說明為何如此。

有位科學家相信自己得出一項足以觸動和提升其他人研究的原始發現，他應當何時發表這項發現？顯然，如果他有了一項重要的發現，他就必須公布，哪怕（比如說）他能夠預見到其他與之競爭的科學家，會因此而得出使這一發現黯然無光的進一步發現。另一方面，他必須確定自己真的是了不起的發現，因為如果貿然發表的話，他可能會誤導其他人的研究，浪費別人的時間。

正是考慮到這些問題，波拉尼引用了一個法律術語，其中提到科學的「信賴」（fiduciary）觀念。事實上，在科學的道德與法律的道德之間存在緊密的對應關係，在兩種情況中，很容易被辨識出肆無忌憚的背離。在兩個領域中，謹守傳統的做事方式，或者自我利益與職業道德之間保持一致，都可以阻止道德問題出現。但兩種道德也都可能不時提出困難和複雜的問題，對於這些問題，沒有任何簡單的公式可以解決。對於兩種道德來說，人們對它們的理解和依照它們來行為的水準，在每一個國家都可能略有不同；即使在同一個國家，不同的社會背景也會呈現出程度的不同。

我認為，如果缺乏對科學事業的策略、戰略和獨特精神特質的了解，外行人很難在這些問題上形成有見識的觀點：政府對科學的政策應該是怎樣的？在新興國家中，如何才能有效啟動和培育科學研究？當科學的道德所涉及的責任被忽視或未能得到嚴格執行的時候，社會直接和間接付出的代價是什麼？我想不必費力去證明以上問題在法律領域都有類似狀況。同樣的，我們也不需要去證明與這些科學問題相對應的法律問題，我們稱之為法律的活動在法哲學中都無法得到回答。

本書提出的法律觀所遭遇的反對觀點

我現在將針對把法律當成「使人類行為服從於規則之治的事業」所進行的分析中，可能提出的反對意見。

第一種反對意見可能是：把一套法律制度說成是一項「事業」，意味著它可能有不同程度的成就，這便意味著一套法律制度的存在是一個程度的問題。這種觀點可能有悖於法律思維的最基本假定，不論是一項法律規則還是一套法律制度，都不可能「半存在」。

對於這種觀點，我的回答是：法律規則和法律制度可能、而且的確不完全地存在著。之所以會出現這種情況，是因為它們賴以獲得完整生命的有目的活動只成功一半，這種努力獲得成功的程度會有差異，這個真相被日常的法律語言習慣所遮蔽了。這些習慣導源於一種值得讚揚的期望，那就是不要讓我們的說話方式充斥著鼓勵無政府主義的語氣。我們的法律語彙很可能將一位法官就當成是一位法官，儘管對於某些司法職位的占據者，我的確可以對一位法律同行說：「他根本稱不上是法官」。但我們要將不完善和灰色地帶的認同排除在我們談論所法律的一般性之外，這種潛在的約束，有其存在的理由和功能。但是，在分析那些在創造和管理一套法律規則系統所必須加以解決的基本問題時，它們是沒有存在理由和功能的。

對於其他任何複雜的人類事業來說，我們好像從來不會推定它只可能獲致完全的成功。如果我問教育是否「存在」於一個特定的國家，在被提問者從這種提問方式所導致的困惑中回過神來之後，他們可能做出的回答不外乎：「為什麼這麼問？

是的，該國在這一領域可謂成績斐然」，或者「哦，教育當然是存在的，不過只是還不是很普遍」。同樣的情況也適用於科學、文學、棋藝、科學、會話以及殯葬藝術等等。當然，對於衡量成就的標準永遠存在爭論，而任何量化的評估（比如「半」成功）都只能被看成是比喻。不過，正常的預期應該是，有些表現會落在零分與理論上的完美境界之間。

只有在談到法律時情況才不同，在整個現代法哲學思維中，這樣一項假定的普及程度是令人驚訝的：法律像是某種惰性物質，它不是在那裡，就是不在那裡。只有這樣一項假定才會導致法學家們得出這樣的假定，比如，納粹在其最後的日子裡制定的「法律」應當被視為法律，而且拋開其罪惡目的不談，這些法律和英國和瑞士的法律，是具有同等效力的法律。這個假定還衍生出一項更加古怪的推論：正直的德國公民們遵守這些法律的義務不受這些事實影響，這些法律中有一部分根本不為他們所知；它們當中有些是用來溯及既往性地「正當化」大規模謀殺；它們賦予行政機關廣泛的自由裁量權，允許其重新界定法律所定的犯罪；而且，在任何時候，只要受命適用這些法律的軍事法院認為合適，這些法律的實際條文就會被棄置不顧。【41】

對本書所表達的觀點可能會出現的第二項反對意見為，它允許存在兩套規範同一群人的法律。我的回答是：的確如此，這種多重法律系統的確存在，而且在歷史上比單一系統更常見。

在現今的美國，每州的公民都受制於兩套各自獨立的法律系統，也就是聯邦政府的法律和州法律。即使是在不實行聯邦制的地方，也可能存在一套規範結婚和離婚的法律、一套規範商業行為的法律以及一套規範其他事務的法律，這三套系統都各自由不同的法院來運作。

多重系統的存在可能為理論和實踐帶來難題，理論上的難題，只有當理論自身固守這樣一種觀點的時候才會產生：法律的概念必然包含一套清楚界定的權威科層結構，其中，一個最高的立法權力機關處在頂端，它本身不受任何法律約束。使這種理論相容於政治生活之事實的一種辦法是說：儘管看起來像是存在三套系統，A、B和C，但實際上B和C只有在A的法律允許下才能存在。將這種說法再往前推進，有人會說：最高法律權力的授權其實意味著它如此設定，因此看起來雖然有三套系統，實際上「從法律的角度來看」，只存在一套系統。

當這幾套系統之間由於其效力邊界未曾、甚或不可能得到清楚界定而發生摩擦的時候，便會產生實行上的困難。當這種困難影響到一個聯邦制國家中，聯邦與州之間的權力劃分時，解決方案便是根據成文憲法的條文，而將爭議提交司法機構來裁決。這種安排是有用的，但並非在任何情況下都不可或缺。從歷史的角度來看，雙重或三重系統可能在沒有嚴重摩擦的情況下能夠正常運作，當衝突發生時，解決方式往往是某種自願的妥協。這種情況曾經發生在英國，有段時期，普通法法院將商人法（law merchant）法院的許多規則吸收進自己的系統當中，儘管這個發展最終的結果是——商人法法院被普通法法院所取代。

第三種可能的批評基本上是循著第二種批評的方法，但這次它所看到的不只是兩套系統並存的問題，而是無數套系統並存的問題。如果法律被理解成「使人類行為服從於規則之治的事業」，那麼這種事業便不是只在兩條或三條戰線上展開，而是在成千上萬條戰線上展開。那些起草和執行規則來規範俱樂部、教會、學校、工會、行業組織、農產品市集，及許多以其他形式來組織內部事務的人們，都在從事著這項事業。因此，如果適用和本書的觀點一致的法律概念，必然的結果就是：承認僅僅在美國就存在數以萬計的「法律系統」。由於這一結果似乎是荒謬的，所以任何導致這種結果的理論也同樣是荒謬的。

在嘗試對這一批評做出任何回答之前，讓我們先來做個假設，它涉及到一套小型法律系統的運作。一個學院頒布和執行著一套規範學生在宿舍中行為的校舍規則，學生會或教育委員會得到授權來處理違紀事件，在違紀得到證實的情況下，該委員會有權施以紀律處分，在情節嚴重的個案中，懲罰可能嚴重到相當於學校系統內的「死刑」，即開除。

如果我們將所有對於國家權力或權威的暗示，從「法律」這個辭彙中剝離出來，將這一系統稱為一套法律系統，便不會有任何困難。進一步來說，一位對國家法感興趣的社會學家或哲學家，為了獲得對於法律程序的洞見，完全可以從研究這套校舍規則、機制和問題入手。然而，「法律」一詞與政治國家的法律之間的聯繫，已經是如此根深柢固，以至於嚴肅地將一套校規稱為法律，意味著對語言規則的冒犯。如果這便是我們所面對的唯一問題，我們馬上就可以和我們的批評者講和，達成和解，他們可以把這樣的語詞用法看成是比喻性的，並且完全可以憑他們的喜好在「法律」一詞前面，加上一個古老而容易引發問題的限定詞：「準」（quasi）。

但是，問題遠不止於此。假設委員會根據校規審理了一名學生，並發現他有嚴重的違規行為，於是開除他，他能夠上訴到法院並要求法院命令學校恢復他的學籍。法院有足夠的權限來行使對此案的管轄權，而且也應當如此，且這種管轄權和涉案學校是私立還是公立這個問題，似乎也沒有關係。[42]

法院會如何處理這樣一個案件？如果被開除的學生說雖然開除他是根據已公布的規則做出的，但這些規則本身並不公平，法院便可能就這一主張做出裁斷，雖然它通常不願如此。假設沒有被提出這樣的主張，法院將會設法回答可以這樣來詮釋：學校在制定和執行其校規的過程中，是否尊重法律的內在道德？這些規則是否公布了？在本案中，這個問題可以詮釋為：學生是否得到了關於這些規則的資訊？它們的含義是否具有合理的清晰性，以至於學生們知道什麼樣的行為會構成違規？校紀委員會的決定是否符合這些規則？調查程序的進行方式，是否足以保證其結果乃是以公布的規則為準則，並且以準確了解相關事實為基礎？

不論法院是決定恢復這名學生的學籍，還是支持開除他的決定，它都是以該學院自己的規則作為裁決的標準。如果這些規則需要得到國家的認可才能具有法律的效力，從它們對法院的判決發生影響來看，它們現在已經獲得了認可。如果我們承認校規確立了這個案件中的法律，這種法律對校方和法院都同樣具有約束力，那麼，法院對學校當局的決定進行審查，便無異於一個上訴法院對初審法官的判決進行審查。

那麼，我們為什麼不願意乾脆地將校規稱為法律呢？那是因為對法律這樣一種擴展適用，會破壞日常語言習慣，而這又會導致另外一個問題：這種日常語言習慣是如何形成的？我們的答案可能都是因為：我們憑直覺意識到，在我剛才所討論的案件中，我們面臨著維持社會中機構職能之間適度平衡的複雜問題。如果需要司法部門做出判決的案件，涉及到學生因為信奉「異教」而被某教派學校開除，或者涉及到學生因為「在憲法意義上不能以恰當的精神狀態來遵守軍事紀律」而被私立軍事學校開除，人們便會清楚地看到亟待解決的問題。當我們在這裡所討論的這種微妙細緻的問題，被置於司法考量之下的時候，我們就會不情願將「法律」這樣一個充滿著絕對權力和既定權威意味的詞，引入到法院的權衡之中。

催生這種約束的動機也許是值得贊同的，但是，我認為真正導致困難的原因在於某些哲學，它們在「法律」一詞中，注入了令它不能在最關鍵的時候發揮準確用途的含義。在我們所討論的情況中，正急需使用「法律」一詞，沒有它的話，我們就會面對這樣兩難的困境：一方面，我們不能把一個學院據以做出開除決定的規則稱為法律；另一方面，這種規則在司法決策中被明確賦予了法律的效力。法院可以宣布有失公平的校規無效，這一點絲毫也不能表示出校規與國會法案之間的區別，因為當國會法案僭越憲法為立法權設定的限度的時候，法院也可以宣布它無效。在被禁止使用「法律」這一術語的情況下，我們被迫四處尋找另外的概念收容所以安置這些規則。人們通常會在一個私法概念中找到這樣的收容所，這個概念就是契約。我們可以說，校規是學校與學生之間的一份契約，他們各自的權利在其中有明確的界定。[43]

這一「純屬人造的契約連結」[44]已經導致了許多麻煩，在檢視它的不便和缺陷的時候，我們應當注意：學校開除案件只是從一連串類似的判例中選取出來的一個樣本，這些判例涉及工會、教會、社團以及其他各種機構形式。作為一項處理如此廣泛問題的裝備，契約這個概念在幾個重要方面出現運轉不良。首先，它指向了不宜適用於這種背景之中的救濟方式。其次它表示，如果相關機構或組織認為合適，它們可以用契約條款的方式約定一種取消成員資格的無限制特權。最為根本的是，契約理論上與法院不相容，在這些案件中承擔實際的責任。例如，我們說校規是構成學院與學生之間的一種契約，但我們應該怎麼說明法院為什麼以不同於對待契約解釋的方式，來對待學校在將校規適用於一項被指控為違規行為時所作的解釋？在當事人對一項契約條款的意義發生爭議的時候，法院一般不會採納任何一方所作的解釋，而會不偏不倚地對兩者做出評判。當然，透過假定這裡的契約是一份特殊契約，其特殊性在於所有偏離一般契約法的安排，都可以被理解成是當事人默許的，所有這些以及我未曾提到的其他難題都可迎刃而解。但是，當我們邁出這一步的時候，「契約」就變成了一項空洞的虛構，它就像是便利的衣架，任何被認為適合於特殊情勢的結果都可以掛在上面。

我反對契約論的理由在於，正像任何法律擬制一樣，它傾向於混亂此類案件中涉及的真正問題，並且延誤了我們面對這些問題的時機。我認為我們所討論的這種法律，基本上是憲法的一個分支，它大體上是在我們的成文憲法框架之外，恰如其分地發展起來的。之所以說它是憲法，乃是因為它涉及到如何在我們社會的各種機構之間分配法律權力（legal power），也就是制定規則並作成對相關當事人有適當拘束力之裁判的權威。至於說這種憲法是在我們的成文憲法之外發展起來的，我們也不必為此而擔心。我們第一部成文憲法的起草者，可能根本無法預見自他們的時代以來所發生豐富多彩的制度發展。此外，十八世紀末的智識氛圍，可能尚不足以使人得以清楚認識到：當人們組成志願性社團的時候，不同的權威中心因此形成。【45】基於這些考量，我們不應為發現自己擁有一套不成文憲法而感到困擾，就像英國人不必為了發現自一九三一年「西敏寺法」（Statute of Westminster）以來，他們已經擁有一套與他們的不成文憲法相安無事的成文憲法雛形。

一種試圖根據支持法律的活動，而非僅考慮法律權威的形式淵源來理解法律的觀點，有時可能會建議以違背語言的正常方式來使用語詞。我認為，這種觀點使我們得以看到相似點的能力，抵消了它所導致的不便。它幫助我們看到工會或大學的不完全成形的法律系統，時常會影響到一個人的生活，其影響之深，可能遠甚於任何針對他而做出的法院判決。另一方面，它也幫助我們認識到：任何法律系統，不論是小是大，都存在著相同的弱點。法律所能獲致的成就，永遠也不可能超越引領它前行的人類見識。對機構內部紀律措施的司法審查，在矯正明顯不公之時便發揮了它最大的作用；從長遠來看，如果它在機構和社團組織內部營造出一種令自己變得沒有必要的氛圍，它便發揮了最偉大的作用。【46】

我現在來說說對我在這裡所闡明觀點的第四項批評——就我自己所了解的範圍而言，這也是最後一項批評。就是：它無法充分區分法律與道德，道德也致力於借助規則來控制人的行為，它同樣也要求這些規則必須清楚、相互保持協調並且能夠為那些應當遵守它們的人們所理解。一種將法律與道德所分享的一系列共同關注點視為法律特徵的觀點，自然很容易導致人們批評它，並混淆一項基本區分。

我認為，這項批評掩蓋了若干截然不同的問題。其中一個問題出現在我們提出這樣一項設問的時候：當我們面對一套規則的時候，我們應當如何確定這個規則是一個法律系統還是一個道德系統？對於這個問題，我們的唯一答案包含在「事業」這個詞裡面，而這個詞的意思包含在我的這項主張當中：如果把法律理解成人類有目的的努力方向，那麼它便存在於「使人類行為服從於規則之治的事業」當中。

我們可以想像一個小群體——比如一個移居到熱帶小島上的人群——只擁有某些共用的行為準則，但卻成功地生活在一起，這些準則是透過經驗和教育，以各種間接和非正式的方式塑造而成的。當這樣一個社會選出一個委員會來起草一份對已接受之行為準則的權威性宣稱時，可能就產生了第一次的法律經驗。這樣一個委員會將發現自己無可避免（ex necessitate rei）地開始了一項法律事業。準則中先前潛伏而未被注意到的矛盾必須解決。意識到除非改變某些準則的含義，否則無法實現對矛盾之處的澄清，該委員會不得不擔心它的詮釋中所提出準則的溯及既往性，會帶來的嚴酷後果。隨著這個社會逐漸發展出其他我們所熟悉的法律制度工具，像是法官和立法院，它會越來越深入到法律這項事業當中。或者，這個社會在法律事業上邁出的第一步，不是嘗試起草一份對行為準則的權威解釋，而是任命某個人作為法官。在我看來，這個社會的成員們，參與到我所稱的法律「事業」之中的具體方式，並不會對我們這裡討論的主題產生任何影響。

雖然我們可以說法律與道德分享著某些關注——比如規則必須清楚明確，但是，當這些關注逐漸變成一項明確責任的東西時，便誕生了一套法律系統。例如，普遍性（generality）在道德中被視為當然，而且很難被稱為一個問題。不過，當一位法官判令將一個人收押，但卻無法表達出任何普遍性原則來解釋或正當化這項判決的時候，便會產生問題。

當然，我的這些看法仍然未能準確回答法律系統，究竟在什麼時候可以被認為已經誕生？我認為，當現實呈現為灰色暗影的時候，我們沒有必要假裝只看到黑白。顯然，我們沒有必要在這種情況下給出某種定義式的結論，比如說，只有當法院存在的時候，我們才能認為法律存在。

我們剛才的這個問題雖然在法學文獻中有連篇的討論，但在實行中並不具有太大的意義。真正的難題在於界定這兩者之間的恰當關係：一方面是一套已經明顯確立並持續運轉的法律系統，另一方面是一般性的道德準則。在處理這個問題的時候，我不認為本書所表達的法律觀點，會混淆或扭曲這些基本問題。

相反地，我可以為法律的外在道德與內在道德之分，提供一項有用的澄清，我們可以用法官在解釋一部制定法時所面臨的問題來作為例子。就這部制定法的外在目標而言，法官職務的倫理（ethos）要求他在人力所及的限度內保持中立，中立於這部制定法在離婚、避孕、賭博或私產充公這樣的問題上，所採取的道德立場。

但要求法官在涉及法律之外在目標的問題保持中立態度的同時，一些考量因素又要求法官信守法律的內在道德。例如，如果一位法官在一項能夠使守法成為普通公民能力範圍之內的法律解釋，與一項使普通公民不可能遵守法律條文的解釋之間保持中立，他便是怠忽職守。

當然，法律的外在道德與內在道德之間的區分，只是一個分析工具，我們不應該認為它可以取代判斷。我曾經煞費苦心地說明：在這兩種道德所占據的條件上，在某些特定的應用場合，可能出現兩者重疊的中間地帶。這兩種道德無論在何種情況下，都會以我將在最後一章加以分析的那些方式來互動。現在我只需指出，一位面臨兩種同樣看似有理的法律解釋的法官，可能偏向那種可以令該項法律條文吻合於獲得普遍認可的對錯原則的解釋。雖然這一結果可以借助某種假設的立法意圖中得出，但它也可以根據這樣一個理由來獲得正當性：這樣一種解釋不可能使制定法成為無辜者的陷阱，這樣便將這個問題帶入了和法律的內在道德相關的考量之中。

關於「立法道德」的討論可以說是歷久彌新，最近人們談論的話題圍繞著法律與性行為，尤其是同性性行為之間的關係爭論得異常激烈。[47]我必須承認我發現這場爭論對雙方而言都是沒有結果的，因為它立基於爭論本身並未挑明初始預設。不過，我一點也不覺得主張法律不應將成年人基於同意，而在私下發生的同性性行為規定為犯罪有什麼困難。我得出這一結論的理由是：這樣的法律根本無法實行，而它在紙本上的存在只是為敲詐勒索提供了許多機會，於是導致字面上的法律與實際施行的法律之間出現巨大的鴻溝。我認為許多相關的問題，都可以用類似的分析方法解決，而無需我們在其中涉及的實質道德問題上達成一致。

哈特的法律的概念

到目前為止，我一直沒有談到本章的題目所引用的那部重要的近著。H・L・A・哈特的《法律的概念》[48]無疑是一部做出重要貢獻的法理學文獻，我們已經很久沒有見過這樣的力作了。它不是偽裝成一本書的論文集，也不是一部常規的教科書。相反地，它力圖簡潔地道出作者本身對法理學主要問題的解答。

這本書有很多方面都堪稱卓越。它行文優美，充滿靈光一現的洞見。我從其中獲得許多啟發。不過，對於其中關於法律概念的基本分析，我完全不同意。

在本書的最後一章，我將對哈特處理我所稱的法律內在道德的方式提出批評。簡單地說，我的批評是：哈特的整個分析，是在有系統地排除對我在本書第二章嘗試要分析的問題。

在以下的內容中，我打算批評的是「承認規則」，這個概念似乎被哈特看成是他的著作主題以及它的主要貢獻。在推演這個概念的時候，哈特首先區分了確定義務的規則和授予法定權力的規則。對此我沒有什麼不滿。這是一項常見的區分方式，尤其是在美國，它曾經成為霍菲爾德式分析的基石。[49] 霍菲爾德式分辨出四組基本的法律關係：權利—義務，無權利—特權，權力—責任，以及無能力—免責。不過，在這四組關係中，第二組和第四組僅僅是第一組和第三組的否定。因此，這整套分析體系所依賴的基礎區分就是權利—義務，和權力—責任之分，這種區分完全契合於哈特所採用方式。顯然，在一項說「你不應殺人」的規則，和一項說「如果你想訂立一份有效的遺囑，就將它寫下來，並當著三位證人的面在上面簽名」的規則之間，存在一種重要的差異。

要注意的是，這種在某些情況下有助於澄清問題的區分可能被誤用，以至於將最簡單的問題混淆到難以挽救的程度。關於這一點，我們在以霍菲爾德式分析為基礎的某些作品中，找到充分的證據。

讓我們用兩個例子來揭示出隱含在這項區分當中的含糊之處。在第一個例子中，我們想像自己面對著清楚闡釋這樣一項規則的難題：「如果一位受託人從自己的口袋中拿出錢來，支付了信託財產理應繳付的費用，他有權利從他所占有的信託基金中獲得償還」。「權利」一詞的使用，意味著信託的受益人負有相應的義務，但受託人沒有必要令這項義務得到履行；透過一種合法的自助行為，他可以簡單地完成一項法律上有效的轉帳，即將資金從信託基金轉移到自己的帳戶上。因此我們可以得出結論說：我們在這裡所面對的是一項授權規則，而不是一項確定義務的規則。但是，假設創立此項信託的那份檔案授權受益人在達到一定年齡後，將信託財產轉歸自己名下；或是受益人在受託人尚未找到機會從信託基金中報銷自己的費用之前，便行使了這項權力。顯然受益人在這種情況下，便有了一項償還受託人的法定義務。不過，在這兩種情況中，基本原則都是一樣的，即：受託人有權從受益人那裡得到補償；至於他是被授予一項自助的權力，還是獲得一項針對受益人的權利（受益人因此負有相應的義務），則只是以何種方法最適宜於獲致此種結果的問題而已。

我的第二個例子涉及到一項關於減輕損失的常見規則。A和B簽訂了一項契約，根據這項契約，A將為B製造一部特別設計的機器，而B則應在這項工作完成後支付一萬元給A。當A開始製造這部機器之後，B悔約了。毫無疑問的，B有責任支付賠償金，其中應該包括對A到毀約之時為製造該機器而支出的費用補償，以及對A在完成整件工作後，所可能獲得的利潤補償。關鍵的問題在於，A是否可以不顧B的悔約而繼續製造這部機器，並且在工作結束後收取原定的全部費用。法律規則是，他無法從B那裡獲得B悔約後繼續履行契約而導致的費用；不論他是否繼續履約，他獲得補償的限度，就是他在B悔約後停止工作而有權得到的數額。法院表達這種觀點的方式通常是說A在B悔約的情況下負有「一項減輕損失的義務」，具體做法就是停止製造那部機器，其中包含的意義便是他無法收回因違背這項義務而導致的成本。

這種觀點被嚴厲批評為混淆了確立義務規則與授予或剝奪法定權力規則之間的區分。如果A在B表示不打算履行合約之後，仍然愚蠢地繼續製造那部機器，B缺乏訴由來起訴A，要求其履行某種「義務」。這項名不副實的義務所面臨的唯一強制手段就是，如果A繼續工作，他無法從B那裡收回這樣做的成本。在B悔約之前，A享有一項法律權力，根據這項權力，他可以利用日復一日的持續工作增加B對他的可能義務，如今他失去了這項權力。這種情況與《禁止詐欺法》的通過所導致的情況可做一比較。在這部法律通過之前，人們可以口頭締結有拘束力的契約；在這部法律通過之後，這種權力就某些特定類型的契約來說被取消了。立基於霍菲爾德式分析的一項論辯就是這樣主張。[50]

這一論點似乎很令人信服，直到我們對上述機器案這樣的案件進行反思：在該案中，法院的起點是推定——A應該停止工作，因為如果他繼續下去的話，他就將自己和社會的資源浪費在某種不再適用於任何需求的事情上。法院說A有義務減輕損失，指的正是這個意思。B完全不用去控訴A違反這項義務，因為他不必為自己悔約之後的工作付錢，他個人沒有因A的繼續履行而受到損害。相反地，《禁止詐欺法》並沒有說人們應該用書面形式來締結契約，它只是說，如果某些契約是用口頭形式表達的話，它們將不具有法律上的可執行力。熟悉該法律之條文的締約方，事實上可能故意不去簽署一份書面的契約，以便使他們的契約保持「君子協議」的姿態。

在以上這兩個事例中，所謂的「無效作為一種制裁」（sanction of nullity）被用來實現截然不同的目的。在這個例子中，他透過斷絕A獲得償付的可能性來令他做應該做的事情；在另一個事例中，它被用來確保簽訂契約的權力在特定的條件下得到行使，以防止欺詐。

我們不可能在這裡充分討論確定義務的規則，與授權規則之分所可能導致的眾多問題（尤其是當其中涉及到對照論辯的時候）。不過，即使是這樣的簡短評論也已經清楚地顯示，存在兩套適用這一區分的不同標準。一套標準涉及到根本性的立法意圖；另一套標準則涉及到使規則的目的得以實現的法律機制。由於看不到存在這樣兩種不同的標準，許多試圖將霍菲爾德式分析運用於實踐性考量的努力都陷入困境。【51】再者，如果人們總是試圖穿透法律形式去剖析潛在的立法意圖，這種區分就會喪失其吸引力，並且很難發揮霍菲爾德及其追隨者希望它發揮的那種深入的澄清作用。霍菲爾德式分析的令人失望的表現，反襯著人們起初對它的熱情，令我有些懷疑哈特所提出的那種區分是否承受得起如此評價：「而且在困惑著法學家和政治理論家二者之許多現象的分析上，也擁有了最強而有力的工具」。（《法律的概念》，第九十五頁）

當哈特的「承認規則」出現的時候，這種懷疑變成了堅定的質疑。讓我用一個可能具有令人覺得奇怪的簡單例子，來解釋一下我所理解的這種規則的含義。有個小國處在雷克斯國王的統治之下，在這個國家之內，人民一致同意雷克斯擁有最高的法律權力。為了使這一點十分明確，我們可以假設每一位成年公民都歡欣且真誠地簽署了這樣一項聲明：「我承認在我的國家，雷克斯是唯一和最終的法律來源」。

現在很明顯的是，在這個王國存在一項公認的規則，根據這項規則，雷克斯有權最終決定什麼應當被視為法律。哈特建議將這項規則稱為「承認規則」。這一提議本身想來不會引起什麼爭論，但哈特進一步堅持將授權與確定義務的規則之分也適用於這項規則之中。他宣布，承認規則應當被視為一項授權規則，這又像是一條自明之理。

但哈特似乎進一步賦予了這項定義某種特別的含義，就是這項規則中不能包含任何使它所授予的權力因濫用而得以被收回的明示或暗示條款。對於那些處心積慮想杜絕無政府狀態的人們來說，這種觀點顯然很有道理，而霍布斯的確曾經大費周章地論證過這裡面的道理。但哈特似乎認為自己所面對的是一種邏輯思維的必然性，如果人們想要保持確立義務規則與授權規則之間的嚴格區分，我們就有理由反對任何認為在承認規則授予了立法權之後，仍有可能收回這種權力的建議。如果雷克斯開始保密法律，並且因此失去了王位，我們難道不應提出這樣一些愚蠢的問題：他是因為違背了一項隱含的義務而被逼退位，還是因為他超越其權力的隱含限度而導致其職位的自動喪失，也就是因為「無效作為一種制裁」呢？換句話說，如果規則一方面授予了權力，另一方面又明示或暗示地規定這種權力可能因濫用而被收回，它便在自己的限制條款中出現混淆，造成義務規範和授權規範之分的約束。

於是，為了維護他的關鍵區分，哈特被迫推定立法權不能被合法撤銷。在我看來，從他對承認規則所作的整個分析來看，哈特已經落入了一個所有法理學研究者都避之唯恐不及的陷阱，他試圖將一項法學區分適用於催生並支援著一個法律系統的心態，而這種區分在這裡並沒有什麼意義。毫無疑問的，一個法律系統的最終支援來自於認為它「正確」的心態。不過，這種實際上來自於潛在預期和認可的心態，顯然不能用義務和能力這樣的術語來表達。

讓我們從維根斯坦那裡借用一個著名的例子。假設一位將子女留在家裡而去欣賞音樂演出的母親對保姆說：「在我出門這段時間，教孩子們玩一種遊戲。」這位保姆於是教孩子們擲骰子賭錢，或者用廚房裡的刀叉來打鬥？這位母親在對此事做出判斷的時候是否應當自問：這位保姆是違背了一項默示的承諾，抑或只是超越了授權？我認為她不大會意識到這個問題，也不太可能想到維根斯坦所提出的那個問題：在她從未想到過她的子女可能被教以這樣的遊戲的情況下，她能否如實地說「我的意思不是這樣的遊戲」？有些人際互動的結果太過於荒謬，以至於不會被有意識地排除。例如至少在現代社會，一個議會竟然會忘記它被認定的功能是制定法律，而開始表現得像曾被授權拯救靈魂或宣布科學真理似的。而且，如果作為議會權力基礎的預期和承認將這種權力限定在立法上面，難道這不意味著是進一步的限制嗎？例如，難道不能推定議會不能聚眾飲酒作樂，因為人們認為只有到午夜仍保持清醒的議員才享有制定法律的權力？難道我們再想得遠一點，乃至推定存在這樣一項共識：議會不能將其立法向那些應當遵守這種法律的人們保密，也不能故意用難以理解的語句來詮釋法律？

哈特試圖將法律的概念從與法律等同於強制性力量的觀念中拯救出來。他指出，法律制度不是「搶匪情境的放大版本」。但是，如果承認規則意味著獲得授權的立法者稱之為「法律」的任何東西都被視為法律，那麼公民所面臨的困境恐怕在某些方面比被人拿槍威脅還糟。如果一名持槍歹徒說：「要錢還是要命」，可以預想到的就是：如果我把錢給他，他就會饒我一命。如果他拿了我的錢包後又給我一槍，我有理由認為他的行為不只會被輿論譴責，也會受到其他強盜們的鄙視。從這個意義上來說，即使是一次「無條件投降」也並非真正不講條件，因為投降者一定存有一項期待，那就是他不是在用快速的死亡換取慢慢的折磨。

哈特在「搶匪情境」與法律制度之間做出的區分（《法律的概念》，第二〇～二五頁）並沒有包含任何關於潛在互惠性的提議。相反地，這種區分完全是用形式或結構性的語句來解釋的。歹徒在面對面中發出他的威脅；而法律則通常表現為被公布的常規性和普遍性的命令，它並不構成立法者與有守法義務者之間的直接交流。透過普遍性的規則是「法律運作的標準方式，哪怕僅僅因為社會沒有能力聘用足夠的官員，來正式地單獨通知每一位社會成員，告訴他／她在法律要求下應當做的每一件事。」（《法律的概念》，第二一頁）這項分析中的每一步似乎都旨在排除這個觀念：公民們可能有一些正當的期待，但這些期待可能被立法者違背。

我不打算詳細分析哈特將承認規則適用於一套複雜的憲政民主制度的過程，我只需指出，他承認在這種情況下，不只存在一項承認規則，而是有一整套複雜的規則、慣例和習俗來確定如何選出立法者、法官的任職資格和管轄權，以及在任何一個給定案件中對確定什麼是法律、而什麼不能被視為法律的判斷發生影響的相關事務（《法律的概念》，第五九、七五、二四二頁及各處）。他還承認，「一般公民有很大一部分（或許是多數），對於法律的結構，或其效力之判準，根本沒有概念。」（《法律的概念》，第一一一頁）最後，他還承認，在普通法律規則與那些授予立法權的法律規則之間，有時很難劃分出明顯的分界線（《法律的概念》，第一四四頁）。但他似乎仍然堅持：儘管存在這些限制，將法律上的最高權力（legal sovereignty）賦予給女王議會（Queen in Parliament）的那一項承認規則，可以透過某種方式總結，使執法人士能夠在無數不同的特殊背景中，辨認出法律的所有次級規則。他似乎還進一步主張，這種觀點不是一項無中生有的法學建構，也不是對議會解決系統內部發生的任何可能衝突的政治權力的信心表達，而是某種在政府的日常實踐中，能夠找到經驗證明的東西。

我很難理解這怎麼可能，「議會」畢竟只是一個機構的名字，在若干個世紀中，這個機構的性質已經發生了許多翻天覆地的變化。這種改變的記憶，還保留在今天仍使用的一種典雅的說法中，亦即用「女王議會」而非「議會」來談立法。在我看來，把某種變化無常的東西說成是一項承認規則就好像是說，在一個國家裡，承認規則總是將最高立法權賦予偉大的X，而X在某個世代意味著一位選舉產生的官員，在下一個世代則意味著上一位X的長子，在第三個世代則意味著軍隊、神職人員和工會各自產生一名成員而組成的三頭同盟。

於是，依照哈特的理論，指向法律來源的承認規則，可以游移在很大的範圍內而不會迷失目標。這一游移幅度可以有多大？不去過分挑剔地追問這個問題的準確答案，可能是一項政治智慧。在對一個國家的過去進行考察的時候，我們可能會發現：即使是在被當時的人視為革命的場合也存在連續性。但是，當承認規則被用作一項「強有力的分析工具」時，知道這個詞在某一特定時間到底意指什麼，以及它會在什麼時候意思會從A變成B便是十分必要的了。

我認為，哈特對承認規則的整個分析中都顯露出基本方法的錯誤。他自始至終都想要在承認規則的幫助下，為那些基本上屬於社會事實領域的問題找到齊整的法學答案。對承認規則的這種誤用最明顯地表現在他對所謂的「法律的持續性」（前揭書，第六〇～六四頁）問題的討論上。

極權君主雷克斯五世，在其父雷克斯四世去世之後繼承了王位。儘管法律的來源者（human source of law）發生了變化，但雷克斯四世制定的法律仍被認為是繼續有效的，而且，除非雷克斯五世宣布對它們作某些改變，否則它們仍會保持不變，這就是哈特試圖解釋的社會事實。博塔利早在一個半世紀以前就對這種事實作了這樣的描述：「經驗證明，統治權比法律更加易變」。[52]

哈特對這項事實的解釋是，承認規則並非指向人，而是指向職位，並且其中包含著合法繼位的規則。哈特認為，我們可以用同樣的方式來解釋，為什麼議會於一七三五年制定的法律到一九四四年仍然是法律。

但是，假設繼雷克斯四世之後登上王位的，不是他的兒子雷克斯五世，而是布魯特斯一世，他絲毫不顧及是否「名正言順」地奪走了雷克斯四世的王位，公然違反了既定的繼位規則。在這種情況下，我們是否可以說，這一事件的必然結果便是所有先前的法律，包括財產法、契約法和婚姻法都會失效？哈特的分析必然會推出這樣一個結果，但它有悖於歷史的經驗。在這種情況下，哈特大概不得不訴諸於這樣一種論式，比如說，由於布魯特斯一世沒有在這個問題上說什麼，因此他默示性地重新頒布了先前的法律——這正是哈特自己在批評霍布斯、邊沁和奧斯丁時所反對的一種主張，也是哈特的分析想使之變得沒有必要的一項主張。

這裡可能存在一項反諷，老派的、非意識形態化的軍事政變，呈現著最明顯的「承認規則」變化的模式，但卻可能對「法律的持續性」最無威脅。現代的意識形態革命透過對法律形式的操縱而巧妙的奪取權力，但它卻剛好代表了那種最可能使人們懷疑先前的法律（比如豁免教會的納稅義務的法律），能否繼續保持效力的變化。而他對法律的持續性做出的一項解釋，承認規則恰恰對這種情況做出錯誤判斷。

在我看來，當哈特試圖用承認規則來解釋一個原始社會，如何以及何時「從前法律社會進入法律社會」（前揭書，第四一頁）時，他又為我們提供了一項拙劣的應用實例。一個生活在前法律世界的，只知道初級的義務規則，也就是確定義務的規則的社會（前揭書，第八九頁）。這樣的規則系統存在多方面的缺陷：它無法提供任何機制來解決疑難和矛盾，或者促成精心謀劃的變動；它的規則之有效性依賴於分散的社會壓力（前揭書，第九〇～九一頁）。當社會初次認識某項規則而可以授予一項權力來制定或改變義務規則，並將這種觀念適用於它的實際事務的時候，邁向「法律世界」的轉型便發生了（前揭書，第六一頁），這一發現「就像輪子的發明對社會一樣，是重要的一大進步」（前揭書，第四一頁）。

在我看來，這一基本上屬於奧斯丁學派的觀念又再次提供了一項實例，說明法學區分如何被錯誤地使用於一個不會支持它們的背景。首先，在一個普遍相信魔力並認為可以借助咒語來支配自然的社會，顯然不可能存在「自然」力量與「法律」力量之間的明確區分。個人魅力型的立法者不是在任何人造的承認規則的授權下立法的。相反地，他在社會中享有的權威來自於一種信仰，即人們相信他擁有某種特殊的能力，能夠辨識出並且宣布法律。[53]如果我們要談論像明確的承認規則這樣的東西的產生，就必須看到這個過程經歷了許多個世紀，而且涉及漸進式的轉變，也就是將權力本為權力享有者秉賦的觀念，轉變到權力來自於某人被分派的某個社會角色的觀念。早在這項轉型完成之前，我們就已經離開了那種可以被稱為社會原始狀態的階段。實際上，我們可以說，這一轉型永遠也不能保證我們不會再次陷入某些更原始的觀念，個人崇拜至今仍然在某種程度上伴隨著我們。

進一步來說，原始社會是否為某種類似現代義務概念的觀念所主宰，這也是值得懷疑的。值得一提的是，在權力和義務這兩個概念中，權力似乎代表著更加原始的觀念。我們如今稱為「刑罰」的那種東西，在原始社會中普遍採取的是施魔法於忤逆者的形式，目的在於清除社群中的不潔，類似的情況也可能透過貝殼放逐法的廣泛應用來實現。在原始社會中，我們能夠發現的恐怕不是一種普遍的義務概念，而是哪些行為是被允許的或不被允許的，妥當的或不妥當的，是對的或錯的。最早的法律程序往往不是採取對罪責做出司法裁定的形式，而是採取儀式化的自助形式。每項錯誤行為都需要一項獨特的、量身訂做的方式來補救。只有當人們將幾種不同的補救方式應用於同一種違背義務的行為，或者用某一種補救方式來強制履行多種義務的時候，我們才能夠說一種普遍的義務概念可能已經出現了。只要一項錯誤行為的後果仍被等同於為補救它所必需的形式步驟，我們所面對的便是權力觀念，而不是義務觀念。

用一個近代實現這種轉變的原始民族的實際經驗，來檢視一下哈特關於向「法律世界」轉型的猜想也許十分有意義。這裡所提到的這種經驗，就是瑪格麗特・米

德所記錄的阿德米勒爾蒂群島（Admiralty Island）上的馬努斯人（Manus people）的經驗。【54】

第二次世界大戰之後，馬努斯人從他們的澳洲管理者們那裡了解到，世界上存在一種他們先前一無所知的糾紛處理方式。他們自己固有的糾紛解決方式很不令人滿意，主要由「械鬥、突襲以及隨後的短暫的媾和儀式組成，這種媾和儀式往往包含著賠償金的支付」。如今他們認識到糾紛可以經由交給一位公正的仲裁者的方式，獲得裁決和處理，於是出現了對審判的熱衷，他們當中的長者被分派或主動承擔了一項陌生的社會角色，即法官的角色。有意思的是，如此展開的司法是一種黑市商品，因為解決糾紛的「法官」在澳洲政府那裡不具備任何法律上的資格；他們的權力缺乏任何承認規則的支援，而只得到馬努斯人自己所表達的一種非正式的支持。

米德小姐是這樣描述土著人對這項創新的態度的：

> 對於新幾內亞的土著——他們的心中燃燒著一團剛剛被點燃的欲望之火，也就是使自己的社會「整齊有序」的欲望之火——來說，整個法律制度顯得新鮮而美麗。他們視之為一項華美的發明，就像飛機一樣神奇，於是，非法的「法院」制度，正迅速散布到新幾內亞的腹地中。

如果米德小姐的描述準確無誤的話，馬努斯人的承認規則，主要不是指向一個由這種規則授予立法權的機構，而是指向一種程序。顯然，如果人們提到一項可以和輪子或飛機相比的人類發明，我們比較容易想到的是一種程序，而不是一項簡單的授權。

法律作為有目的的事業，和法律作為社會力量的表現事實

本章所考察的多組對立觀點，可說是在不同的環境中反映出一種單一的、根本性的分歧。這種根本性的分歧可以解釋為：我堅持認為法律應當被視為一項有目的的事業，其成功取決於那些從事這項事業的人們的能量、見識、智力和良知，也正是由於這種依賴性，它注定永遠無法完全實現其目標。與此相反的觀點認為，法律被視為社會權威或社會力量的表現事實，對它的研究應當關注於它是什麼、已經做了些什麼，而不應側重於它試圖做什麼，或正在變成什麼。

在討論這一根本對立時，讓我先來談談在我看來導致我所反對的那種觀點的各項考量。由於我沒有權力代表對方說話，我對這些考量的解釋只能採取假設的方式。不過，我將盡力將其解釋得具有說服力。這樣的解釋可能首先要承認其目的在解釋個別法律規定的過程中，可以扮演適當的角色，一部制定法顯然是一件有目的的東西，致力於某一目標或一連串相關目標。需要反對的不是將目的賦予特定的法律，而是說法律作為一個整體具有某種目的。

有人可能會說，將某種目的或目標分派給一整套複雜制度體系的做法，在哲學史上有非常不好的先例。它使我們想起德國和英國唯心主義的極端形態，人們認

為，一旦我們開始談論法律的目的，我們最後就會說起國家的目的。即使我們認為黑格爾精神捲土重來的危險不大可能出現，但我們這裡所談到的這種觀點也還有其他令人不安的關聯因素。例如，它使我們想起湯瑪斯·傑弗遜和他的追隨者們，在美國哲學協會就「沼澤的目的」（Purpose of Swamps）進行的嚴肅討論。[55]有人也許會說，天真的目的論，已經被證明是對客觀真理進行科學探求的努力所能遭遇的最大敵人。

即使它的歷史關聯不是那麼令人煩惱，任何試圖大筆一揮地為一整套制度賦予某種目的的嘗試，仍具有某種內在的不可能性。制度是由各式各樣的人類行為所構成的。這些行為有許多是習慣使然，很難說有什麼目的。對於那些有目的的行為來說，他們所追求的目標可以說是天差地別的。即使對於那些參與制度創制過程的人們來說，他們對於自己所創造制度的目的和功能，也可能有著相當多樣化的理解。

為了回應這些批評，我首先要提醒大家注意：我所認為的法律制度的目的是一種很有分寸、理智的目的，那就是：使人類行為服從於普遍規則的指導和控制，這樣的目的很難走向黑格爾式的極端立場。其實，將這種目的賦予法律似乎是一種無害的自明之理，如果其寓意既非深奧難解，也非無足輕重——我相信我在第二章裡已經證明了這一點。

在暢談我所提倡的這種目的論之中的權利之前，我們應當仔細思考一下這種剝奪的代價。這種代價中最重要的一項因素，在於我們會完全喪失界定合法性的標準，如果法律僅僅是權威或社會力量的一項表現事實，那麼，雖然我們還可以談論個別立法的實質正義或非正義，我們卻不能再討論法律制度實現了多大程度的合法性的理想；例如，如果我們要忠於我們的討論前提的話，我們就不能宣稱X國的法律制度比Y國的法律制度有更高的合法性。我們可以談論法律中的矛盾，但我們卻沒有任何標準來界定什麼是矛盾。我們可以對某些類型的溯及既往型法律表示不滿，但我們甚至無法解釋一套完全回溯性的法律系統究竟錯在什麼地方。如果我們觀察到法律的力量通常是在適用於普遍規則的過程中得到表達，我們也想不出更好的解釋，而只能說：最高的法律權力享有者負擔不起在每一條街道安排一名下屬來告訴人們如何去做的成本。簡言之，我們既無法詮釋、也無法回答我在第二章所致力於回答的那些問題。

或許我可以這樣說：如果這些問題事實上無法以一種使我們能夠回答它們的方式來解釋，我們就應當勇敢地面對這一事實，而不應該用虛構來欺騙自己。在這一點上，上述難題已顯露出來。問題不再是哪種觀點最令人感到舒服和安心，而是變成哪種觀點最忠實地反映著我們必須面對的現實。在本章後面，我將試圖說明，那種作勢要避開法律的目的，並且簡單地將其視為社會力量表現事實的觀點將無法得到任何支援，除非是透過歪曲它聲稱要立基於其上的現實。

我正在批評的這種觀點認為：可以在一個確定的立法權威中看到法律的實在。被這一權威確定為法律的東西便是法律。在這一確定行為中不存在程度的問題，這裡並不適用「成功」或「不成功」這樣的形容詞。在我看來，這正是我在本書中所反對的那種理論的要旨。

我認為，只有當我們有系統地將兩項要素從這種理論描述的現實中剝離出去的時候，它才有可能站得住腳。第一個要素存在於這項事實當中：告訴我們什麼是法律的那個權威本身也是法律的產物。[56]在現代社會中，法律通常是由團體行動（corporate action）所創制。團體——比如議會——的行動只有借助採納和遵循程序規則才有可能進行，這些規則使得一群人得以合法地發出一種聲音，這些程序規則，可能在任何法律系統都會面對的八條航道中的任何一條上觸礁。因此，當我們宣稱在英國議會有權最終決定法律為何的時候，我們其實已經默默地假定至少有一項法律事業獲得一定程度的成功，這項法律事業旨在賦予議會一種團體權力，使其得以「說」出些什麼。這些對於成功的假定在具有悠久議會制傳統的國家通常是相當有道理的。但是，如果我們忠實於我們打算描述的現實，我們便應承認：議會制定法律的能力本身也是一項有目的努力的成果，而不僅僅是一項自然事實。

對現實的第二項扭曲在於無視於這項事實：一套形式化的權威結構本身，通常有賴於某種並不為任何法律和命令所要求的人類努力。韋伯曾經指出：所有形式化的社會結構——不論它是鑲嵌在一種傳統還是一部成文憲法之中——都可能包含著一些缺陷，但它們並不會明顯表現出來，因為它們是被恰如其分的行動填補上的，而行動者在做出這些行動時通常並沒有意識到還另有選擇。[57]換句話說，人們一般不會去做將令其所從事的事業功虧一簣的蠢事，即使他們所依循的形式規則允許這種蠢事。

我們可以在美國憲法中找到形式結構中出現缺陷的例子。法律應當被公布可能是合法性的最明顯的要求，這也是一項最容易被化約為一項正式憲法條款的要求。但美國憲法剛好對法律的公布隻字未提，儘管存在這項疏漏，我還是不相信任何議員會想到這種討好納稅人的辦法：向納稅人承諾不公布法律以便幫他們省錢。人們當然可以辯稱：公布法律的憲法要求可以透過解釋得出，不然的話，反對某些回溯性立法的條款便沒有多少意義。但重點在於：那些從一開始就將「法律應當被公布」視為理所當然的人們，事實上從未進行過此種解釋。

學者可以拒絕將法律看作一項事業，而僅僅將其視為社會力量的一種傳達。但那些因其行動而構成這種力量的人們卻認為自己從事著一項事業，而且他們一直做著為它成功所必需的事情。由於他們的行動必須受洞察（insight），而不是正式規則的指引，獲致成功的程度差異是不可避免的。

哈特所提出的「法律持續性」的問題——雷克斯四世所制定的法律在雷克斯五世繼位後如何繼續成為法律？——是另一個例子，說明確定的形式結構中出現的缺陷，在實行中不一定會始終存在缺陷。法律不隨政府更替而保持恆定的需求是如此明顯，以至於每個人都會將這種連續性推論為當然之事。只有當一個人試圖將法律界定為正式權威的一種表達，並且將人的判斷和見識排除在它的運作之外時，法律的連續性才會變成一個問題。

理論傾向於異常強調準確界定最高法律權力的重要性，這一點無疑令人擔心：在這一點上含糊不清可能導致一個整體的法律系統瓦解。再一次，人們忘記了：沒有任何一套來自於上級的指示，可以無需受到目的感指引的明智行為而自行。即使是最基層的治安法官，雖然他可能無法從總體上理解限定其司法管轄權的那一套語言，但他通常也能洞見到自己的權力來自於一項職務，而這項職務是由一個更大的系統所組成。他至少有審慎從事的判斷力。一個法律系統中各要素之間的協調不是一件能輕易強加的事物；它必須被實現。幸運的是，一種適當的責任感，再加上一點點智識，通常便足以矯正形式系統中的缺陷。

我認為，在拒絕賦予一個整體的法律以任何目的（不論這種目的是多麼適度和有限）的各種觀點中存在一種奇怪的反諷。沒有任何一種思想流派曾冒險宣稱它可以理解現實，而不必從中辨識出結構、關係或模式。如果我們被一連串無形式的、具體而毫無關聯的偶發事件所包圍，我們就無法理解或談論任何事情。如果我們將法律視為一種「事實」，我們就必須推定它是一種特殊類型的事實，具有能夠使其與其他事實區別的可界定特質。事實上，所有的法律理論家都無法簡單明瞭地告訴我們它究竟是何種事實——它不是「搶匪情境的放大版本」，它通常涉及到將普遍規則套用於人類的行為。

這種發現和描述使法律成其為法律的那些特徵的努力，通常會獲得一定程度上的成功，為什麼會這樣？原因一點兒也不神祕，在幾乎所有的社會中，人們都能看到使某些類型的人類行為服從於規則控制的需要。當他們開始從事確保這種服從的工作之時，他們就會逐漸看到這項工作包含著某種自身的內在邏輯，也就是說，如果它的目標要獲得實現，它就必須加強某些必須被滿足的要求（哪怕有時這些要求會造成相當程度的不便）。正是因為人們總是能夠有一定的理解並尊重這些要求，法律制度在本來千差萬別的不同社會中將呈現出某種相似性。

因此，正是因為法律是一項有目的的事業，它才能呈現出法律理論家們能夠發現，並且將其視為給定事實情境中的一致因素的結構恆定性。如果他們能夠認識到自己的理論所賴以建立的基礎，他們就不會再傾向於將自己想像成在無生命的自然界中發現規律的科學家。但是，可能正是在反思自己的過程中，他能夠獲得對自己研究對象的重新尊重，並且能夠認識到，不只是電子才會留下足以辨識的模式。

注解

【1】哈特，《法律的概念》，一九六一年，viii頁。

【2】見本書第二章注釋六。

【3】同前注。

【4】「因此，法律規則的溯及既往效力所排除可能僅僅是一種實質性的公平原則，而不是一項前提性原則」。索姆洛，《法學基礎理論》，第二版，一九二七年，第三〇二頁。另請參見本書第二章的注釋十二。

【5】《神學大全》（Summa Theologica），第I～II部分，第九十五問，第一條。

【6】譯注—塞維利亞的聖伊西多爾（St. Isidore of Seville, AC 560～636），西班牙基督教神學家和「最後一位古代基督教哲學家以及最後一位偉大的拉丁教父」。他的著述十分豐富，包括《教父行傳》、《格言集》、《論教會的職責》和《異名同義考》等。

【7】同上，第三條。

【8】參見本書第七七～八三頁。

【9】本書第四〇頁。對這些文獻的精彩評述可見於高夫（Gough）的《英國憲政史中的基本法》（*Fundamental Law in English Constitutional History*），一九五四年，及一九六一年重印本（僅有微小改動）。

【10】8 Rep. 118a（1610）。關於對這一段著名文字，與博納姆醫生所提起之訴訟的實際判決之間的相關性的一項有趣分析，請參見索恩（Thorne）的「博納姆醫生案」（Dr. Bonham's Case），《法律季評》（*Law Quarterly Review*），第五十四卷，第五四三～五五二頁，一九三八年。

【11】《聯邦黨人文集》（The Federalist），第六十八期。

【12】《聯邦黨人文集》（The Federalist），第七十八期。

【13】在最高法院當中，這場討論發端於布萊克大法官和法蘭克福特（Frankfurter）大法官在亞當森訴加利福尼亞（Adamson v. California，332 U.S. 46 [1947]）一案中進行的交流。

【14】本書第九十九頁。

【15】請參見前面第二章注釋二十一中提到的參考文獻。

【16】對這些案件的討論可見於：黑爾（Hale），「最高法院與契約條款」（The Supreme Court and the Contracts Clause），《哈佛法律評論》第五十七卷，第五一二頁，第五一四～五一六頁，一九四四年。

【17】參見本書第五〇～五二頁。

【18】參見本書第五〇～五五頁以及第二章各處。

【19】參見本書第一〇八頁。

【20】Robinson v. California, 370 U.S. 660（1962）.

【21】霍姆斯，「法律的道路」（The Path of the Law），《哈佛法律評論》，第十卷，第四五七～四七八頁，引文在第四六一頁，一八九七年。

【22】弗里德曼，《法律與社會變遷》（*Law and Social Change*），一九五一年，第二八一頁。

【23】霍貝爾（Hoebel），《原始人的法》（*The Law of Primitive Man*），一九五四年，第二十八頁。

【24】參見第二章注釋六。

【25】凱爾森，《法和國家的一般理論》，一九四五年，第四〇一～四〇四頁以及索引中的「無矛盾原則」項；索姆洛，《法學基礎理論》，第二版，一九二七年，索引中的「法律之矛盾」項。

【26】凱爾森，《法和國家的一般理論》，第三七四頁。

【27】索姆洛，《法學基礎理論》，第三八三頁。

【28】格雷，《法律的性質和淵源》，第二版，一九二一年，第一一七頁。

【29】帕舒卡尼斯，《法的一般理論與馬克思主義》（*The General Theory of Law and Marxism*），巴布（Babb）譯，收入《蘇維埃法哲學》（*Soviet Legal Philosophy*），「二十世紀法律哲學叢書」，第五輯，第一一一～二二五頁，見第一五四頁。

【30】美國憲法第五條。

【31】戴雪，《英憲精義》，第十版，一九六〇年，導論，第xl頁。

【32】戴雪，《英憲精義》，第十版，一九六〇年，第五〇頁。

【33】同上，第四九～五〇頁。

【34】請參見前面注釋四中提到的索姆洛的理論。

【35】戴雪，《英憲精義》，第十版，一九六〇年，第六八～七〇頁注釋。

【36】同上，第三九～四〇頁。

【37】布里奇曼（Bridgman），《現代物理學的邏輯》（*The Logic of Modern Physics*），第三～九頁以及全書各處）。

【38】賴欣巴哈（Reichenbach），《科學哲學的興起》（*The Rise of Scientific Philosophy*），一九五一年，第二三一頁。

【39】詹姆斯．科南特（James B.Conant），《科學與常識》（*Science and Common Sense*），一九五一年。

【40】邁克爾．波拉尼（Michael Polanyi），《自由的邏輯》（*The Logic of Liberty*），一九五一年；《個人知識》（*Personal Knowledge*），一九五八年。

【41】參見前面第四八頁的討論和參考文獻。

【42】對這個問題所作的最好的討論見於：「校園裡的私政府——對大學開除學籍的司法審查」（Private Government on the Campus-Judicial Review of University Expulsions），《耶魯法律雜誌》，第七十二卷，第一三六二～一四一〇頁，一九六三年。

【43】此處我不詳述法院就某些開除案件（特別是針對社交性社團者）少數採取財產權概念及毀謗法處理的狀況。

【44】勞埃德（Lloyd），「同業公會所做出的剝奪資格決定｜法院的司法管轄與自然正義」（Disqualifications Imposed by Trade Associations—Jurisdiction of Court and Natural Justice），《現代法律評論》（*Modern Law Review*），第十二卷，第六六一頁起，見第六六八頁，一九五八年。

【45】懷贊斯基（Wyzanski），「敞開的窗戶與開放的門扉」（The Open Window and the Open Door），《加利福尼亞法律評論》（*California Law Review*），第三十五卷，第三三六～三五一頁，見第三四一～三四五頁，一九四七年。

【46】下面這篇評述對相關法律作了總體性考察，其分量相當於一部不太長的論集：「法律的發展｜對私人社團行為的司法控制」（Developments in the Law-Judicial Control of Actions of Private Associations），（《哈佛法律評論》（*Harvard Law Review*），第七十六卷，第九八三～一一〇〇頁，一九六三年）。最好的一般性介紹仍然是查菲（Chafee）的那篇可讀性很強的文章：「非營利組織的內部事務」（The Internal Affairs of Associations Not for Profit）（《哈佛法律評論》，第四十三卷，第九九三頁起，一九三〇年）。

【47】德夫林（P. A. Devlin），《道德準則的強制執行》（*The Enforcement of Morals*），一九五九年；《法律

與道德》，一九六一年；哈特，《法律、自由與道德》（*Law, Liberty and Morality*），一九六三年。

【48】哈特，《法律的概念》，牛津大學出版社（Oxford University Press），一九六一年。

【49】參見：霍菲爾德（Hohfeld），《基本法律概念》（*Fundamental Legal Conceptions*），一九二三年。霍菲爾德式分析體系的最佳導引是科賓（Corbin）的「法律分析與術語」（Legal Analysis and Terminology），《耶魯法律雜誌》，第二十九卷，第一六三～一七三頁，一九一九年。

【50】科賓（Corbin），《契約法》（*Contracts*），卷五，一〇三九節，第二〇五～二〇七頁，一九五一年。

【51】一項特別突出的例子就是庫克（Cook）的「法理學在解決法律問題方面的效用」（The Utility of Jurisprudence in the Solution of Legal Problems）。（這篇文章刊登在紐約市律師協會出版的《法律問題演講錄》（*Lectures on Legal Topics*）第五卷，第三三七～三九〇頁，一九二八年）。

【52】「導論」（Discours préliminaire），參見珞克（Locré），《法國立法考》（*La legislation de la France*），一八二七年，第二五一頁。

【53】參見：馬克斯．韋伯（Max Weber），《經濟與社會中的法律》（*Law in Economy and Society*），席爾斯（Shils）和瑞因斯坦（Rheinstein）翻譯，第七三～八二頁）。中國哲學對人治（government by men）和法治（government by laws）做出的區分也值得我們注意，因為它可以在一定程度上中和韋伯對「卡里斯瑪」（Charisma）的非理性品質的強調。另參見：埃斯卡拉（Escarra），《中國法》（*Le Droit chinois*），一九六三年，第七～五七頁。

【54】瑪格麗特•米德（Margaret Mead），《古老者的新生》（*New Lives for Old*），一九五六年。正文當中的引文選自該書第三〇六和三〇七頁。

【55】布林斯廷（Boorstin），《湯瑪斯．傑弗遜的失落的世界》（*The Lost World of Thomas Jefferson*），一九四八年，第四五～四七頁）。

【56】在討論議會主權時，我已經談到過這個問題，參見本書第一三四頁。

【57】韋伯（Weber），《經濟與社會中的法律》（*Law in Economy and Society*），第三一～三三頁。韋伯寫道：「事實上，即使是在本來已經完全理性化的法律秩序當中，最具「基礎」的問題往往不被法律所規範。」他繼續說，人們通常會這麼做，使得「『荒謬』但在法律上可能的情形」不會在實踐中出現。

第四章　法律的實質目標

守法的學者寫道，法律實在是對錯難辨。

——W．H．奥登

我們不能指望一部由品德優良人士所制訂的憲法，必定是一部好憲法，反之，因為有了一部好憲法，我們才能指望出現一個由品德良好人士組成的社會。

——伊曼紐爾．康德

霍姆斯的法律哲學中包含著一個核心觀念，那就是：在法律與道德之間劃出一條嚴格的分界線是十分必要的。但在《法律的道路》中，他寫道：

我並不否認存在這樣一個更加廣闊的視角，從那裡望去，法律與道德之間的區分會顯得不再重要，就像所有的數學上的差異在面對無限的時候，都顯得微不足道一樣。[1]

因此，當我們的考察進展到目前這個階段時，我們有必要看看是否存在這樣一些脈絡（contexts），在其中，先前我們所堅持的區分可能變得不再重要。大家或許還記得，目前為止我們的討論所賴以為基的兩組主要區分，是義務性道德與期望性道德之分，以及法律的內在道德與法律的外在道德之分。

法律的內在道德相對於實質目標的中立性

在表述我對法律的內在道德的分析時，我所堅持的一個觀點是：從涉及面十分廣泛的一系列問題上來看，法律的內在道德並不關心法律的實質目標，並且很願意同等並有效地服務於各種不同的實質目標。一個現今得到熱烈討論的倫理問題，便是避孕法的問題。現在已經相當清楚的是：合法性原則（principles of legality）本身是無法解決這個問題的。無論一個法律系統的規則是被設計來禁止還是鼓勵避孕，這個系統都有可能維持其內在完整性（internal integrity）。

但是，認識到法律的內在道德，可能支持並賦予各式各樣的實質目標功效，卻不等於相信任何實質目標，都可以在無損於合法性的情況下獲得接受。即使是採納透過法律來禁止避孕這樣的一個目標，在某些情況下也可能損害法律的內在道德。正如與某些真實發生的情況那樣，假使禁止販賣避孕用品的法律作為一種象徵性措施而停留在紙面上，人們都知道它們不會也無法得到執行，法律的道德在這種情況下便會受到嚴重影響。沒有任何途徑可以將這一個病源隔離起來，防止它傳染到法律系統的其他部分。不幸的是，這種政治技巧已經成為人們司空見慣的現象：先通過一部制定法以取悅某個利益團體，然後再通過不執行這部制定法來討好另外一個利益團體。

目前這一章的任務之一就是從總體上分析法律的內在道德與外在道德發生互動關係的方式。在呈現這一個分析之前，我們有必要先將H．L．A．哈特教授在《法律的概念》一書[2]中所表達的對立觀點呈現給讀者。在「法律與道德」這一章裡，哈特寫道：

如果我們真正要探討社會控制方式的內容（遊戲和法律的規則）的話，這些社會控制主要包含有行為的一般標準，這標準是所有階級的人都能夠互相溝通的，而他們也都被認定無需進一步的官方指示，就可以理解和服從這些規則。如果這些社會控制要能實行，就必須滿足某些條件，這些條件是：規則必須是可理解的，也在大部分的人能夠遵從的範圍，而且，一般而言，它們不能溯及既往，雖然有時候會有例外。這樣規則控制的方式，和法律學者稱為「形式合法性原則」（principle of legality）的正義要求有密切的關係。有一位法實證主義的批評者注意到了這些規則控制所必然蘊含的面向，認為這些以規則進行控制所必然要遵守的標準可以構成法律和道德間的必然關係，而建議這些面向應該稱為「法律的內在道德」。再一次地，我認為，如果法律與道德的必然關係就是這個意思，我們或許可以接受。但是很不幸地，符合於這些標準的法律體系仍然可能非常邪惡。

可以肯定的是，再也沒有什麼比這個段落中的最後一句話，對法律內在與外在道德之間可能存在的互動關係作更明顯的否認了。我必須承認我對這段話感到困惑，哈特的意思難道僅僅是說：透過盡情的想像，我們可能設想出這樣一種情形——一個邪惡的王國追求著最為不公的目標，卻總是能夠保持對合法性原則的真正尊重？如果真是這樣，那麼這種意見似乎不該在一部旨在使「法律的概念」更加貼近於生活的著作中出現。或者哈特的意思是說，歷史已經提供了足夠的例證來說明，忠實地堅守法律的內在道德，的確可以和同等殘酷地無視正義和人類的福祉結合起來？如果是這樣，我們會很感激地期待他能提供這樣的例證，從而為有意義的討論提供基礎。

哈特認為合法性問題不值得認真和專門的思考，這一觀點絕不僅僅展現於我剛才所引用的這段話中，而是貫穿於他的整部著作中。在關於他所稱的「自然法學說的真諦」（《法律的概念》，第一八九～一九五頁）的討論中，他所關心的僅僅是實質目的，而對優良的英國「基本法」（fundamental law）傳統卻不予置評，這一傳統所涉及的主要是可以成為「合法性法則」（the laws of lawfulness）的東西。[4]當他開始研究「一個法律系統的病理學」（《法律的概念》，第一一四～一二〇頁）的時候，他所討論的問題基本上可以簡化為：「誰是這裡的領導者？」最後，在談到戰後德國試圖清理納粹所留下的道德和法律殘跡時所面臨的困境時，他仍然沒有討論在希特勒統治時期所發生的法律道德（legal morality）的嚴重敗壞（《法律的概念》，第二〇四頁）。簡言之，雖然哈特順帶地承認可能存在著某種可以被稱為法律內在道德的東西，但他似乎認為這種東西對於法理學所應關注的更嚴肅問題來說，並沒有什麼重要意義。

針對哈特這種在現代法律思維當中並非另類的觀點，我在下面的討論中將試圖恢復，在我看來可能將合法性的問題，與法律哲學中的其他重要問題聯繫起來的智識渠道。

作為實效之條件的合法性

我認為我不需要在這裡重複說明隱含在整個第二章之中的一個論斷，即：法律的內在道德不是某種添附或強加在法律的力量之上的某種東西，而是那種力量本身的基本條件。如果同意了這個結論，那麼我們所需要提出的第一個論點便是：法律是良法的前提條件。我們可以設想：一位技藝精湛並將自己的工具保養得十分完善且盡責的木工師傅，在為盜賊打造巢穴和為孤兒修建收容所的時候，會同樣的竭盡全力。事實上：要修建一所孤兒院，我們需要一位木工師傅，或需要一位木工師傅的幫助，如果我們能得到一位器具使用得當，且將工具保持良好的能工巧匠幫助的話，就能建造一所更好的孤兒院。

如果我們找不到任何一位木工師傅的話，非常明顯的，我們的當務之急並不是繪製收容所和孤兒院的設計草圖、或是討論良好設計的原則，而是去招募並培訓所需的木匠。從這個意義上來說，當今世界上的許多地方更急需的是法律，而不是良法。

值得回味的是，在《獨立宣言》所提出的那些指控當中，喬治三世不僅被譴責為強立惡法，也被譴責為目無法律。

> 他拒絕批准對公共利益最有益和最必要的法律……他禁止他的總督們批准最為迫切而又極為重要的法律……他一再地解散代表人民的立法機構……在解散代表人民的立法機構之後，他又長時間的拒絕另外選出新的民意代表……他拒絕批准確立司法權力的法律，從

而妨礙了司法……他宣布我們不在他的保護範圍之內，並對我們宣戰，從而遺棄了這裡的政府。

當這些文字被記載下來的時候，美國人正踏上他們的「去殖民化」道路。非常幸運的是，我們從英國老師那裡學到了一些東西，知道了法律以及保持法律的完整性和效力的必要性，如今世界上許多渴求正義的國家，並沒有經歷過類似的言傳身教。在人類歷史上再也找不到任何一個時代，如此明顯地昭示了這樣一種觀點的空洞性：法律只是單純地表述著正當化的社會力量（legitimated social power）的資料（datum）。同樣的，歷史上再也難以找到這樣一個時代，因認真看待此種空洞的觀點，而處於危險的境地。

要不是這個命題總在最需要被清楚闡明的語境中一再被忽略，我本該為強調已經如此明顯的道理而道歉：對法律之道德性的最低限度的堅守，是保障法律之實踐有效性的基本條件。我認為，這種忽略最顯著的一個例子發生在哈特教授對「一個法律系統的病理學」的討論（《法律的概念》，第一一四～一二〇頁）中。他在這樣一個標題之下討論的所有情形，不是涉及到終極權威的衝突，就是涉及到「單純地法律秩序崩潰的無政府狀態，或者無意取得政治權力之盜賊橫行的時候，則是另一種法體系的失常」。在這裡，正如哈特書中的其他部分一樣，對法律的設想完全是根據它的形式淵源，而不是將它視為一種能夠獲得不同程度成功的複雜事業。其中並未認定，可能有一種對單一法律權力的持續接受，也未指出這種權力可能會被誤用或濫用，以至於一種有效的法律制度並未得到實現。同樣缺失的還有這樣一種認識：所有的法律系統，包括其中那些最堪稱表率者，都有著某種程度的「病理」（pathology）。縱使一個人只感興趣在不同的法律權力的形式淵源之間打轉，如果將法律的道德性問題排除在外，將無法做出符合現實的評述。歷史上，合法成立的政府在法律的名號下被推翻的例子屢見不鮮。非法革命的威脅使得一個真正致力於維持合法性的政府，很難在行動中始終遵守著法律。這些充滿矛盾的現象充斥在實際上演的歷史戲劇，但它們卻消失在一種理論中，這種理論滿足於簡單地說出相當於這種效果的話：「首先有法案一，隨後有了法案二」。

合法性與正義

合法性與正義之間存在的深刻親和性，經常為哈特本人所談及，並且得到他的明確承認（第二〇二頁）。這種親和性的樞紐存在於兩者所分享的一項品質之上：它們都是借助眾人所知的規則來行動的。法律的內在道德要求有規則，這些規則必須為公眾所知，以及在實踐中得到那些公務執行者的遵循。就法律的外在目標而言，這些要求也許看起來具有倫理上的中立性。但是，正如法律為良法的前提一樣，根據已知的規則來行動，也是對法律正義做出任何有意義評價的前提條件。純粹以難以預測和毫無規範的方式來干預人類事務的「一種不受法律約束的無限權力」，只有在「它不遵照已知的規則來行動」這樣一種意義上，才可以說是非正義的。除非我們能夠發現指導其干預的隱含原則，否則便很難在任何更加具體的意義上稱之為不義。一套被認真建構出來並得到盡責管理的法律秩序的美德（virtue），在於它將自己賴以行動的規則置於公眾審視之下。

如今，人們大概已經忘記納粹是透過什麼樣的詭計躲開公共監督的。在納粹統治的期間，德國許多商店的窗戶上都貼著一張標籤，上面寫著「猶太人商店」（Judisches Geschaft）。當時沒有任何要求張貼這種標籤的法律獲得過通過。商店只是在納粹黨徒的「要求」下貼上的，這些黨徒四處巡視，將標籤分發給那些他們認為應當打上這種記號的店鋪。在德國公民中流行的關於這種措施的解釋認為，納粹認為一部正式而公開的法律會招致國外的批評，這種詭計實際上獲得了部分成功。在預期會有許多外國人來到的時候，譬如在一場商業展覽會期間，這些標籤就會在納粹黨的要求下暫時被取下。在柏林，由於時時刻刻都有大批的外國人來往，這種標籤就根本無法派上用場。取而代之的方法是，猶太店主們在納粹黨的「要求」下，用一種特定顏色的油漆來塗抹他們商店展示窗的窗框。偶爾到來的外國遊客。可能會注意到這種顏色的使用頻率，但一般來說，他們不會知道這意味著什麼，也不會知道這種顏色的使用，是基於對一項從未公開頒布過的規則的服從。

在我們自己的國家，政府機構的活動受不成文和不公開的規則之約束，是件很平常的事情。有時這些規則就其實質內容來說是相當無害的，但一旦缺乏對於它們的了解，卻可能會妨礙公民有效地與這些機構打交道。在另一些場合，這些未經宣布的規則並不是無害的。這種規則的一個非常殘酷的例證，最近在波士頓被揭露出來。事情是這樣的：當一個被拘捕的人需要被羈押整夜的時候，有一項慣例是要求他簽署一份文件，申明免除警方因拒捕和扣留他而可能導致的任何民事責任，簽署這份文件是他被解除拘留的一項條件。毫無疑問，許多警官都是在從未對這種做法進行過任何反思的情況下，秉持著認真執行標準操作程序的精神來適用這項慣例的。我們很難想像任何立法者，會願意通過一項公開頒布的規則來授權這樣一種做法。

到這裡為止，我所談的好像是表明，合法性與正義之間的親緣關係僅僅在於這樣一個事實：一項得到明確表述並獲得公開的規則，使得公眾得以能夠判斷其公正性。但是，這種親緣關係其實有著更深的根基。即使一個人只需要對自己的良心負責，如果他被迫清楚地表達出自己據以行動的原則的話，他會更加盡心地為此負責。許多有權有勢的人在與其下屬的關係中會背叛可以被稱為不成文規則的那些行為規矩。那些透過他們的行動來表達這些規矩的人，他們自己也不一定清楚地意識到這些規矩。有人說，這個世界上大多數不義不是透過拳頭、而是透過手肘來造成的。[5]當我們使用我們的拳頭時，我們用它來達到某種明顯的目的，而且我們需要為這種目的而對他人和自己負責。我們可以毫不費力地這樣設想：我們的肘部所依循的是一條難以捉摸的軌跡，即使我們的鄰居可能痛苦地意識到他被有步驟地擠出自己的座位。對合法性原則的強烈信奉促使一位統治者對自己負責，不僅是對自己的拳頭負責，而且要對自己的手肘負責。

法律的道德性與以未受界定之罪惡為目標的法律

「法律規則必須用易於理解的語言來表述」這一個簡單要求，從表面上看似乎中立於法律所可能為之服務的實質目標。如果法律的道德性中，有任何原則像哈特所說的那樣「相容於非常嚴重的不公平」，這條原則似乎便符合這種描述。然而，如果一位立法者試圖消除某種罪惡，卻又無法明確表達出他的制定法所針對的目標，他便顯然很難使他的立法變得清晰明瞭。我已經以旨在防止「老式酒吧的回歸」的那些法律為例嘗試說明了這一點。[6]不過，在那則實例中，我們所注意到的是立法者的愚蠢，而不是任何涉及不公的因素。

試圖令法律權利取決於種族的法律則是另外一種情況。如今，人們普遍認為：南非政府一方面致力於嚴格依法辦事，另一方面又制定了一系列嚴苛和不人道的法律。之所以會產生這樣的觀點，是因為人們習以為常地混淆著對權力機構的服從和對法律的忠誠。只要對維持種族歧視的南非立法進行一番考察，我們便會發現：這些立法嚴重偏離了法律的內在道德的要求。

下面的這段文字，摘自對南非聯邦所頒布的種族法的一項認真而客觀的研究：

> 立法中充斥著各種不規則因素，以至於同一個人根據不同的制定法，可能被歸類到不同的種族類別中去……內政部長在一九五七年三月二十二日聲稱：大約有十萬件被認為是「邊緣案件」（borderline cases）的種族歸類案件正在等待人口普查與統計局局長的處理……正如本項研究已經揭示的那樣，對種族分類缺乏統一或科學的根據，是導致定義不統一的主要原因……我們的最終分析表明，立法機構正在試圖定義不可定義的東西。[7]

對於一位南非法官來說，即使他在私人生活中，分享著對他有義務加以解釋和適用的那些法律產生決定性影響的那些偏見，只要他還尊重自己的天職（calling）所固有的倫理（ethos），他就必定會深切反感於這種立法要求他進行的姿意操弄。

我們不該認為，只有在南非，為種族上的差異賦予相應法律後果的制定法，才會導致解釋上的嚴重困難。一九四八年，在佩雷茲訴夏普案[8]中，加州最高法院宣布一部制定法無效，因為這部法律規定「不得頒發結婚證書來認可一位白人與一名黑人、白黑混血兒、蒙古人或馬來人之間的婚姻」。裁定這部法律無效的部分理由在於：它未能滿足這樣一項憲法要求，即「法律必須明確，其含義必須能夠為那些權利和義務受其影響的人們所確知」。

我們的歸化法現在明確規定：「一個人成為一位歸化公民的權利……不應當由於種族原因……而遭否定」，[9]最高法院於是得以免於陷入自己在一九二二年和一九二三年所作的解釋而不能自拔。在奧札瓦訴美利堅合眾國一案[10]中，最高法院解釋了一項將歸化的可能性限定在「白種人」之中的法律條款。法院指出：「顯然，單純根據每個人的膚色來作為檢驗標準是很不切實際的，因為即使是同一種族的人，在膚色上也可能會有很大差別」。為了獲得某種具有科學上準確性的標準，法院宣布「白種人」應該被解釋為高加索（Caucasian）人種的人。就在這項判決做出之後的幾個月，最高法院就一個案子聽取了法庭論辯，在那個案子中，申請公民權的是一位高等種姓的印度人。[11]他的律師提出了令人信服的證據說明，根據人類學家對「高加索人」這一術語的了解，他應當被歸入這類人種。法院指出：高加索人這一術語並不為那些在一七九〇年起草這部歸化法的人們所知，而且，「從其在人種學中的應用來看，這一語詞的含義並不十分清楚，而且，用這個詞的科學含義來取代法律中所使用的白種人一詞……僅僅意味著用一種含混來取代另一種含混……這個詞在日常語言中的含義，也就是該法律的原起草者們所採用的含義，旨在僅僅包括那些被他們理解成白人的人」。

最後，具有辛辣諷刺意味的是，以色列高等法院在試圖對《歸國法》（Law of Return）做出簡單易懂的解釋時，遭遇到了幾近無法解決的難題，這部法律規定作為「猶太人」（Jews）的移民可以自動取得公民權。在一九六二年十二月六日，該法院在意見嚴重分歧的情況下，判定一位羅馬天主教修道士不是這部法律所稱的「猶太人」。他的律師辯稱：根據猶太教士的律法（rabbinical law），由於他出生在猶太人家庭，所以應該算是猶太人。法院承認這一個事實，卻指出：這不是一個宗教法上的問題，而是一個以色列世俗法上的問題。根據這種法律，由於他改信了基督教（Christian religion），所以不再是一名猶太人。[12]

法律的道德性中蘊含的人類觀

我現在進入最為重要的一個話題，其主旨是：對法律的道德性之要求的遵循，可以服務於更為廣泛的人生目標，這一要點來自於法律的內在道德中所蘊含的人類觀。我已經反覆指出：法律的道德性可以被說成是在一系列的倫理問題上具有中立性。但它不能在關於人本身的理解上保持中立。要開展使人的行為服從於規則之治的事業，必然需要信奉這樣一種觀念，即：人是或者能夠變成一個負責的理性行動主體，能夠理解和遵循規則，並且能夠對自己的過錯負責。

每一個偏離法律的內在道德之原則的事件，都是對作為負責的理性行動主體的人之尊嚴的一次冒犯。根據未公開的或溯及既往的法律來判斷他的行為，或者命令他做不可能的事情，這些都是在向他表明：你完全無視於他進行自我決定的能力。反之，如果我們接受這樣一種觀點：人沒有能力做出負責任的行動，那麼法律的道德性就失去了它的存在理由。根據未公開的或溯及既往的法律來論斷他的行為不再是一種冒犯，因為沒有什麼東西可以被冒犯——實際上，就連「論斷」這個動詞本身在這種語境中都顯得不合時宜；我們不再論斷一個人，我們只是對他採取行動。

如今，一整套複雜的態度、實踐和理論似乎正把我們引向這樣一種觀點，它否定人是或者人能透過有意義的努力變成負責任的、自我決定的中心。造成這種趨勢的原因是極為多樣的；就其動機而言，可以說是包羅了最卑劣的和最高尚的。

其中有一股影響力是來自於科學，更具體地說是來自於社會科學領域內的某些教條主義的學派。在這一點上，我應該請著名心理學家B．F．斯金納來表達自己的觀點：

> 如果我們要在人類事務的領域中採用科學方法，我們就必須假定行為是合乎規律並且已經被決定的。我們必然會期待發現：一個人的所作所為是一些可被指明的條件的結果，而一旦這些條件被揭示出來，我們就能夠預測並且在某種程度上決定他的行動。這種可能性會使許多人感到不愉快。它對立於一種將人視為自由行動主體的悠久傳統……任何人，只

要他是西方文明的產品，（在接受關於人類行為的科學觀點之前）都需要經歷一番掙扎。

自由的、負責任的個人這一概念鑲嵌在我們的語言中，也瀰漫於我們的習慣、法典和信念之中。隨便給出一個人類行為的例子，大多數人都會馬上套用這一概念來對其做出描述。這種習慣是如此的自然，以至於它極少獲得省思。相反地，一種科學的表述則是全新的和陌生的。

我們不會讓人對其反射行為負責——譬如在教堂裡咳嗽。我們會讓他們對其主動行為負責——譬如在教堂裡吹口哨或者在咳嗽時仍留在教堂裡。但是，有一些變數既決定著吹口哨、也決定著咳嗽，並且都同樣不為所動。如果我們認識到這一點，我們就可能完全放棄責任這一概念，同時也放棄作為一種內在動因的自由意志這一理論，這會在很大程度上改變我們的實踐。個人責任這一學說涉及到某些控制行為的技術——譬如激發「責任感」的技術或者指明「對社會的義務」的技術，這些技術相對來說都不太適應於它們的目的。[13]

像我們剛才引用的這段話中所顯現的這些觀點，顯現出「科學」的過度擴張，並且是基於一種最為天真的認識論，[14]但這似乎並沒有減弱其吸引力。雖然沒有人（包括斯金納教授本人）會如此真正地相信這些觀點，以至於把它們作為行動的穩定基礎，我們還是得承認它表達了一種片面的真理。由於過分強調這種真理並且對它的適當限度不予界定，他們鼓勵了一種對責任概念的衰落漠不關心的態度，這種衰落顯現在法律中的諸多發展動態之中，其中大多數變化顯然並不適合於斯金納教授所為之努力的那些目標。

為了對斯金納教授表示公平，我們應當注意到：他並不只是簡單地懷疑責任概念的有效性；他還進一步建構出了一種替代性的社會控制模式。簡單來說，他提議：與其告訴人們要做好人，不如設定條件迫使他們成為好人。姑且不論這種計畫的優點或缺點是什麼，它都完全不同於這樣一位不堪負荷的檢察官的盤算：為了簡化自己的工作，他寄望於某些法律，這些法律使刑事責任不依賴於任何過錯或意圖方面的證據。

我提到過「高尚」的動機在混淆法律責任概念的過程中扮演過角色。一個顯著的例子就是保安處分（rehabilitative）理想在刑法中的濫用。正如法蘭西斯．艾倫所證明的那樣，【15】對這種理想設計的錯誤應用，可能會使刑法變得更加殘酷，儘管其原本目的是想使之變得更加人道。例如，當保安處分被當作是刑法惟一目標的時候，所有對於正當程序以及何為犯罪的明確定義的關注都會消失。如果被告可能遭遇的最壞情形只是獲得一個機會利用公共經費去進行改善自我，為什麼還需要擔心公正審判的問題？

自從艾倫教授發表他的文章之後，他在其中所表達的擔憂，已經從克拉克大法官在魯賓遜訴加利福尼亞一案【16】所表達的司法意見中得到了證實。在那個案件中，最高法院的大多數法官都認為爭議點（issue）在於一個吸毒成癮者在這種狀況下，能否合乎憲法地被規定為犯罪——這種狀況可能是在當事人沒有過錯的情況下發生的。法院的多數派認為答案是否定的。在表達對這項判決的異議時，克拉克大法官爭論，接受審查的這部法律是否可以被視為一項矯治性的措施。因為大家都承認一個州可以透過民事程序將一名毒癮者送入醫院以便接受治療，沒有理由反對另外將這種毒癮者送到監獄裡關上六個月，在那裡，我們可以推定他是接觸不到毒品的。

從這種刑法觀出發，合法性原則與魯賓遜訴加利福尼亞一案中所涉及的這種法典，還有什麼相關性呢？矯治性措施還需不需要受到形式規則的限制和約束呢？這些措施以及它們適用於其上的那些案件的性質，需不需要公布呢？矯治性措施能否適用於它們被正式採納之前所發生的狀況呢？

我們有許多理由相信我們用來處理吸毒成癮問題的方法是錯誤的，透過醫療和保安處分可能比透過刑法更能獲得良好的效果。但是，這種改革計畫想要獲得成功的話，就得先創設實現其目標所必需的機構。它不能突兀地插入具有完全不同目標的機構當中；你不能透過把監獄叫做醫院而使它變成醫院，也不能透過將一場刑事審判偽裝成體檢而使它真正地變成體檢。

法律領域還存在著一些趨勢，也在致力於混淆公民作為自決的理性行動主體的角色。其中比較重要的一個趨勢就是：稅收越來越常被用來作為法律的萬能女傭（legal maid-of-all-work）。近來，稅收成了服務於多種間接目的的手段。新增稅種被用來控制商業週期、識別職業賭徒、分配經濟資源、抑制酒精的使用、令化妝品零售商與政府分享他們從女性願意為其非自然美支付的高昂價格中，所獲得的利潤、阻礙旅行、擴展聯邦司法管轄權——誰知道還有著什麼其他目標？與此同時，檢察官們也發現稅法為他們提供了一種便捷的途徑，使他們可以比較容易地確保在其他基礎上很難獲得的定罪。

於是，不足為奇的是，稅法的適用主體和受害者們有時會變得非常困惑，並開始對明天會發生什麼事情而感到迷茫。已經深深為自己的貪吃感到罪惡的肥胖公民可能會開始擔心，政府之後會對他的多餘磅數做些什麼。可以肯定的是，他大可不必擔心政府會因為他超重而對他處以罰款。但他不能肯定明天自己會不會被課以一種特別稅，而課這種稅的依據是：政府補貼的航空公司需要花費高出於平均成本的經費，才能把他運來運去，儘管他從未搭乘過飛機？而且，他難道不會對「稅與罰款究竟有何區別」而感到困惑？即使他不幸地知道最高法院的一位著名大法官曾經堅持，並認為這兩者沒有區別，但他沉默的絕望情緒也不可能因此有絲毫的改善。

我不打算在現代法律秩序中的這些不和諧因素上花費太多的時間。反之，我打算反思一下：如果責任概念從法律中完全消失，我們會失去什麼。法律的整體中充斥著兩項不斷出現的決策標準：過失和意圖。對這兩種概念所作的哲學探討主要集中於它們在刑法中的角色上，在這個領域，它們引發出了最為深奧的論證，包括那些關於自由意志的討論。但這一對標準在契約法、侵權法和財產法中也扮演著同等重要的角色。在仔細的審視之下，它們在所出現的每一個法律領域中，都表現為複雜和難以理解的概念。但是，如果沒有它們，就沒有線索來指引我們走出迷宮。當其中一項標準失敗的時候，我們會試圖到達最接近它的地方。當我們找不到明確意圖的時候，我們就會問：如果當事人預見到後來發生的這種情況，他們會有什麼樣的意圖。如果所有的當事人似乎都不能直接被譴責為有過錯，我們就會問：他們當中誰最有機會防止損害的發生——換句話說，誰離過錯最近？

讓我們來看一看，當這兩項標準以及與它們最接近的那些標準完全失靈的時候，會發生什麼樣的情況。當一項契約的履行遭遇障礙，或者它的意義因為某種外部事件而發生轉變（譬如加冕典禮的取消）時，這種情況就會發生。在財產法中，當自然力量介入並發揮主宰作用的時候，我們所熟悉的標準便會失效，譬如一條河流改道，令A的土地減少了二十英畝而使B的土地增加了二十五英畝。在這樣的案件中，訴訟當事人並不是作為負責任的理性行動主體出現，而是作為外部力量的無助受害者。我們不再能夠問：誰應當受責罰？他們的意圖是什麼？因為我們所習慣的正義標準不再能夠為我們提供幫助，我們無從知曉正義的要求是什麼。如果我們在整個法律當中都找不到人作為一個負責任的行動主體的觀念，所有的法律問題就會變得像我剛才所指出的情況那樣。

有效法律行動的限度問題

在這一章裡，目前為止我一直在試圖證明，法律的內在道德的確應當被稱為一種「道德」。我希望我已經證明：對這種道德的接受是實現正義的必要但非充分條件；如果有人試圖透過法律規則來發洩盲目的仇恨，這種道德本身便遭到了違背；最後，這種特殊的法律道德表述還向我們呈現了一種人性觀，這種關於人性的觀點不論對法律還是道德都是不可或缺的。

現在是時候轉向法律道德的侷限性，並分析這種道德如果適用於其上會不恰當和有害的情形了。

但是，我們首先需要澄清一項將對我們的主題構成威脅的混淆，讓我來給這種混淆一個歷史例證。在《論自由》中，密爾寫道：

本文的目的，是在申述一個簡單的原則，以絕對控制社會對個人的一切強迫和管制行為，不問其所用的是法律的強制懲罰，還是輿論的精神壓制。這個原則是：只有基於自衛的目的，人類才有理由，集體或個別地，干涉他人行動的自由。只有基於防止他危害別人的目的，才能不顧他自己的意願，正當地對文明社會中任何一個人行使權力。僅是為他自己的利益，物質的或精神的，並不就是一個充分的理由。【17】

在詹姆斯・菲茨詹姆斯・斯蒂芬對密爾做出的著名回應中，他試圖借助這樣的反例來駁斥密爾的「一項簡單的原則」，即：英國公民都處在一項徵稅權的控制之下，這項權力所抽取的稅款可能是用來支持大英博物館，這個機構顯然不是被設計來保護公民免於傷害、而是為了提升公民素質。【18】

這裡所例示的是：對通常意義上的針對公民的行為規則，與一般意義上的政府行為的混淆。密爾所主張的是「表現為法律制裁的物理性暴力」本身不應當被用作提升公民素質的直接工具。他當然無意主張政府永遠不能使用稅收款項——在必要時，的確可以透過強制措施來徵收——來提供能夠幫助公民自我提升的設施。

斯蒂芬在他與密爾的爭論中所引入的這項混淆，為我們提供了這一類混淆中相當微妙的一個例證。一項更加徹頭徹尾的混淆，出現在一位著名人類學家的以下文字當中：

法律一直以來都被用作一種立法全能（legislative omnipotence）的工具。曾經有過一項利用法律來使整個民族變得更加理智的嘗試，但失敗了。（在這一點上，我們可以說，這樣講也未嘗不可。）在納粹德國，整個民族透過法律以及其他工具被轉變成一群嗜血的世界匪徒。我們希望，這也將再次失敗。義大利的獨裁者正在試圖將他那聰明、憤世嫉俗並熱愛和平的人民轉變成勇敢的英雄。原教旨主義者們試圖在這個聯邦的某些州透過法律使人民變得敬畏上帝並崇拜聖經。而一個偉大的共產主義聯邦則試圖廢除上帝、婚姻和家庭，也是透過法律。【19】

這種將法律與每一種可以想像出來的官方行為混為一談的做法，已經變得如此通行，以至於當我們發現一位作者打算討論龐德的著名說法所講的「有效法律行動的侷限性」時，我們可能無法確定他所談論的主題會是正在籌畫中的對同性戀的法律壓制，還是政府試圖將帕薩瑪科蒂的潮水能量轉化成電能的那個項目的失敗。

法律的道德性與經濟資源的分配

我們為了智識上的預防所做的鋪陳就到此為止了。現在我將直接轉向法律的內在道德超越其恰當領地的情況。

你可能還記得，我在第一章曾經借助過一把尺規的比喻，這把尺規的起端是為社會的存續所明顯必需的義務，而終端則是人力所及的最高、最難的成就。我還提到了一項看不見的指標，它標示著義務的壓力消失而追求卓越的挑戰開始發生作用的那條分界線，我認為找出那項指標的準確位置是社會哲學的一道基本難題。如果它被定得過低，義務的概念本身，便會在只適合於較高層次期待之道德思維模式的影響下解體；如果這項指針的位置被定得過高，義務的嚴苛性就會升高到扼殺追求卓越的強烈欲望的程度，並且用常規性的盡義務行動替換了真正有效的行動。

我認為，這個尺規和指標的比喻也有助於我們考察政府行為的範圍。在底端，我們讓政府確立一系列的義務規則來控制人們的行為。在尺規的另一端，我們則（譬如說）允許總統（在參議院的建議和同意下）從事外交活動，這種外交關係顯然不能用固定的義務規則來確定，因為，即使沒有其他原因，它們也涉及到超越我們法律控制範圍的那些權力的決策。

我在第二章曾經指出，法律的內在道德本身基本上就是一種期待性道德。與此同時，它的特定品質來自於它涉及到創設和執行法律義務這一事實。換句話說，法律的內在道德不是、也不可能是一種適合於每一類政府行動的道德。軍隊是法律的造物，而軍官從某種意義上講也是政府官員。但是，我們顯然不能由此推出：每一項軍事命令的發出都必須服從或適合於（譬如說）司法職能所履行的那些約束。

我剛才所指出的這些自明之理主要在經濟領域最常被人忽視，需要提醒大家的是，我在第一章曾經指出，私人經濟活動乃是發生在一個由財產權和契約的法律與道德所設定的約束框架之內。與此同時，這種活動無法、也不應當依照某種類似於法律的內在道德標準來進行。這種活動只聽從一項一般性原則，那就是從有限的資源中獲取最大限度的回報。即使當環繞在經濟計算四周的約束條件被擴展到包括（譬如說）支付最低工資、提供某種形式的工作保障，以及將解雇員工的決定提交仲裁等義務的時候，情況仍是如此。這些義務只是縮緊了經濟計算在其中所進行的那一框架；它們並未改變這種計算的基本屬性。

當政府本身直接從事經濟活動的時候，這種計算的屬性也不會發生變化。社會主義經濟有史以來一直面臨著如何發展出一套有意義的定價系統的難題。如果沒有這樣一套系統，邊際效用原則的適用就會變得十分困難，並且只能是基於揣測。但這一原則本身仍然毫髮無損，無論何時何地，只要人們試圖最有效地處置他們所控制的資源，這一原則必定一如既往地發生作用。而且，十分明顯的是，這項原則不能透過既定的義務規則來實現。

如今，當我們試圖在我們的混合型經濟中，透過審判形式來完成基本上相當於經濟分配的那一類任務時，我剛才所列出的所有這些考慮因素都被忽略了，這種情況最明顯發生在民用航空委員會和聯邦通訊委員會這兩項個案中。就其性質而言，審判必須透過公開宣布的規則或原則來進行，而且，它賴以進行的根據必須呈現出不隨時間而變的連續性。如果缺乏這些條件，爭點合併（joinder）就變得不可能，而所有環繞在司法決策周圍的常規保障（譬如禁止訴訟當事人與仲裁者之間私人會晤的常規）也都失去了意義。

要採取明智的行動，經濟管理者必須將每一種與他決策相關的情況都納入考慮，而且他自己必須主動採取行動去發掘哪些情況是相關的。當情況發生變化時，他的決策必須撤銷或作改變。相反地，法官以那些按照公布的決策原則、事先被認定為相關的事實為根據來採取行動。他的決策不僅簡單地引導資源和能量的流向；它宣布權利，而權利只有以某種於流變的情境中保持不變的尺度為基礎才會有意義。因此，當我們試圖借助審判形式來完成經濟管理任務的時候，一項嚴重的搭配不當便會出現在所採用的程序與有待解決的問題之間。

這種思想在亨利．J．弗蘭德利的霍姆斯講座——《聯邦行政機構：我們需要更好的界定標準》[20]——中所舉的一個例子裡得到了最有效的表達。弗蘭德利法官提到國會分派給聯邦通訊委員會的任務中具有著「令人沮喪的性質」。他接著說道：

國會交給這個委員會的工作，就像是要求大都會歌劇協會根據公開聽證及經過論證的意見來決定，是讓泰巴爾迪、薩瑟蘭還是得過多項美國大獎的歌手之一來擔任開幕夜上的女主角，才能滿足公共便利、公共利益或公共需要。將這項任務擴大數百倍；加上一個看起來令局面變化無常的因素：任何被選中出演這一角色的歌手，都可以將角色轉讓給其他任何夠資格的候選人；禁止該委員會獲取許多最能提供幫助的人士的建議；進一步假定決策者們知道他們的行動有可能取悅或激怒那些有權決定他們能否留任的人士，而這些人士在決策過程仍在進行的途中偶爾也會表明他們的態度——這個時候，你便會對該委員會的難題有一種更加同情的理解（《聯邦行政機構》，第五五～五六頁）。

在這個段落中得到如此有效表達的這種「同情的理解」，在弗蘭德利法官講座的其餘部分似乎並未被顯現出來。他對聯邦行政機構的抱怨是說：它們沒有充分尊重我們這裡所稱的法律的內在道德。在列出行政機構為什麼應當清楚界定它們據以行動的標準的原因時，弗蘭德利法官提出了一些非常近似於、並且在某些方面有益地補充了被我視為法律的道德性的基本成分的因素（《聯邦行政機構》，第一九～

二六頁）。但他將這些因素毫無差別地運用在整個行政過程，基本上沒有嘗試區分可能被分派給某一行政機構的不同類型的經濟任務。

我在這裡所提出的反對觀點是：經濟分配的任務無法在法律的內在道德所設定的限度內，得到有效地履行。透過審判形式來完成這類任務的嘗試必定會導致無效率、虛偽、道德混亂和挫折。

我認為，這一反對觀點在弗蘭德利法官講座中所呈現出的斷裂裡得到了證實。他最嚴厲的批評所針對的兩個目標，分別是聯邦通訊委員會和民用航空委員會，這兩個機構的主要任務顯然是分配性的。他讚揚全國勞資關係委員會，因為它清楚地界定了不公平的勞動實踐，換句話說，因其管轄權的行使方式更接近於刑法手段，而不是接近於任何類似一種管理性的資源分配方式。從總體上來看，在弗蘭德利法官的整個講座當中，讚譽和譴責乃是循著一條緊密關聯於分配性功能與非分配性功能之分的路徑。不過，無論是讚揚還是譴責，當它們乃是針對個人的時候，它們顯然找錯了目標；它們應當針對的是一個機構履行分派給它的任務的制度設計的妥當性。

為了緩解對如此多的行政機構造成不利影響的程序，與任務間的不協調，赫克托[21]和雷德福[22]各自以略有不同的方式，提議區分宣布一般性政策的功能，與對特定個案做出日常決策的功能。雷德福的建議顯然未能獲得弗蘭德利法官的「同情的理解」；實際上，他斷然拒絕了這項建議：「非常簡單，我認為很難找到更糟糕的提議」（《聯邦行政機構》，第一五三頁）。但是，這項單獨履行宣布一般性政策之功能的建議，代表著一項認真而且明智的嘗試，它抓住了調整機構的制度設計以適應它們所承擔的經濟任務這一問題。例如，我們可以想像一項增加煤產量的全國性政策。沒有人會認為這一項政策應當透過一套限定在自身規範侷限性之內的司法程序來制定。當然，這一項政策在特定的背景中將提出什麼樣的要求，應當根據具體情況來做出具體決定。在這方面，赫克托和雷德福的建議具有其寶貴的經濟意義。但是，他們並沒有解決分配性機構的制度設計，與它們所承擔的任務之間的不匹配問題。裁定一項一般性的經濟政策在特定情形下會有什麼要求，仍然是一項難以應付的司法作業。例如，一項增加煤產量的全國性政策不會告訴一個裁定機構應當關閉，還是補貼一個虧損的煤礦。在這個問題上的明智抉擇只有在對這些情況進行調查之後才能做出：對關閉煤礦後所釋放出的人力資源可以安排到哪些別的用途上面？對煤礦的補貼還可以用在哪些項目上面？

在強調分配性任務之特殊意義的時候，我當然無意於暗示分配性任務與非分配性任務之間是一視同仁的。即使是宣布某一稅目違憲的一項司法判決，也可能將投資引向先前受這一稅目影響的領域的作用上。理論上，這項分配性的副作用往往被忽略不計，因為它與判決本身並不相關。同樣的，一個行政法庭也可能依據不理會其裁決之分配性效果的準則來行事。當一個等級評定機構以某項特定投資，能否獲得充分回報作為標準的時候，情況也是如此。但是，如果這個機構採納一種標準是為了確定這一種評級體系，以便吸引充分的資本流入一種受規範的行業之中，它的分配性功能就變得更加明顯，但如果假定這個行業要求維持「正常」的資本流入量，這種功能就無意義了。不過，若對經濟作更為宏觀的考察，可能會推翻這一假定。情況的變化可能使原本只是偶爾具有分配性的任務變得更加直接地具有分配性。當鐵路運輸開始面臨來自公路運輸和航空運輸的競爭的時候，州際貿易委員會便發生了這樣的變化。值得注意的是，弗蘭德利法官表揚了州際貿易委員會的一些早期決定（第二七～三五頁），但卻批評該委員會晚近所作的決定（第一〇六～一四〇頁）。

找出政府控制經濟最為適合的制度設計，長期以來一直是一個令人頭疼的問題。我認為，這個問題將來必定會變得更加緊迫和普遍。我們需要將像鐵路這種不可缺少的設施從它們的經濟困境中解救出來，就鐵路這個例子而言，這種困境是由政府向競爭性的交通運輸形式發放補貼的分配性效果所導致的（對此，沒有人來承擔明確的責任）。在勞資關係領域，許多先前不屈不撓地反對強制性仲裁的資深仲裁員都開始變得更願意接受它，有些甚至認為它是不可避免的。幾乎是在一場涉及數以億計金額的不經意之間，我們發展出一種新型的混合經濟，在其中，有相當一部分工業依賴於與軍隊之間的合約。由於這種新型的產業被歸類到「私人」領域，它逃過直接的政府經營所應當接受的嚴格審查。與此同時，認為它嚴格受制於市場的規訓也是很傻的。倘若我們的軍備開支嚴重削減，大量的軍工設備便都需要置換。最後，逐漸發展的自動化所導致的混亂現今仍然沒有得到直接的面對。

如果這些未來景象的徵兆是可信的，我們顯然即將面對在規模和重要性上都史無前例的制度設計問題。法律專業難免會在解決這些問題的方面上扮演重要角色。最大的危險是，我們會不假思索地將那些已經被證明在設計上存在缺陷的傳統制度和程序，搬進新的狀況當中。作為法律人，我們自然傾向於將政府的每一項職能「司法化」。審判是一種我們所熟悉的程序，並且可以使我們的特殊才能得到最有利的發揮。但我們必須面對這樣一項顯著的事實：對於經濟管理以及經濟資源分配中的政府參與來說，審判是一項缺乏效率的工具。

也許有人會反對說：如果沒有審判程序所賦予的保障，政府權力可能會遭到嚴重的濫用。這種擔心恐怕低估了一種信任感，這種信任感伴隨著被委以一項有意義的工作並允許用明智的方式來完成這項工作。如今，貪婪和對權力的渴求所找到的最常見的發洩管道，是利用不再受任何明確的目的感鼓舞的制度形式的場合。無論如何，在尋找防止權力濫用的制度保障的時候，我們沒有必要固守嚴格意義上的審判程序，而可以考慮這些制度安排所代表的模式：法國諮政院（Conseil d'Etat）[23]、斯堪的納維亞半島諸國的監察使（ombudsman）、英國的行政法庭委員會（British Council on Tribunals），以及美國某些州曾經設立的監察官委員會（boards of censors）——這些監察員的職能不是監管私德，而是警覺地監督政府部門的權力濫用和缺陷。

法律的道德性與制度設計的難題

在討論法律的道德之侷限的過程中，目前為止我一直在試圖說明：有效的經濟資源分配無法在這種道德所施加的約束條件內得到履行。這一點又轉而表明這樣一種分配無法透過審判程序得到滿意的履行。值得注意的是，我為了支持這些命題所提出的那些考慮事項，絕不僅僅關係到嚴格意義上的經濟學領域。從廣義上來講，經濟計算是我們生活當中無所不在的一項成分，任何人均不可避免的會應用到計算。

一個民主社會所特有的兩種基本決策程序是：由不偏不倚的法官來決策，抑或是由一個選民群體或一個代表機構透過投票來做出決策。需要強調的是，這些決策過程本身並不能解決涉及到大量可能方案的複雜問題。因此，當基督教會學院[24]的教師們為一座新鐘樓的最佳設計而爭論不休時，即使是像查理斯・道奇森[25]這樣的數學天才，也無法設計出一種投票方式來解決他們之間的分歧。[26]審判和多數決在這種情況下，都有賴於某種能夠將選擇範圍縮小的預備性程序。這種程序通常涉及那些可能受最終決策影響的人們之間的相互遷就和妥協。

法律制度和程序的框架性設計，顯然不能透過審判式決策來確定。正由於這個原因，最高法院明智地認為，實施保障各州擁有共和型政府的憲法條款，不在自己的權限範圍內。一個如此行為的法院既不能起草憲法，也不能履行對憲法實施的一般管理性監督職能。

貝克訴卡爾案[27]的判決代表一場博弈，在其中，法庭之外的政治協調和妥協折衝出一項似乎可以為法院所消化的爭議點。我認為，為了履行任務，最高法院將發現自己不得不踏上一條艱難的中間路線。一方面，如果它確立起一個過於嚴格和詳盡的標準，這將會抑制不可或缺的審前調整和妥協程序。如果它的標準過於寬鬆，這些程序又無法產生出最高法院可以接受的答案。

制度設計作為一種經濟考量的問題

有一項假定隱含在這些最後的評論以及全書當中：就像人可以做什麼是受到物質性的自然所給定的限制條件之約束一樣，人在安排其社會生活形式方面的選擇也受到類似的約束。在這裡，就像在任何場合一樣，人面對著稀少性的問題，並且被迫採取技巧並抱持審慎的態度來安排可得的資源。

冒著重複說明顯而易見之事的風險，讓我用一個純粹假設的案例來說明這個要點。讓我們假設有這樣一所文法學校（grammar school），在那裡上學的孩子們的家長，開始對學校使某些學生留級的做法感到擔憂。家長們的不滿在於兩個方面：（一）他們不能肯定學校在這個事項上的決策是否正確——實際上，有傳言說學校有偏袒和粗心大意地對待學生檔案的嫌疑；（二）家長們認為，不論如何，不能升級被過分地解釋成一項失敗，而留級被貼上了不成比例的恥辱標記。為了應對第一項不滿，家長們要求評分老師做出的所有不予升級的建議，都應當提交給一個資深教師委員會，該委員會將依照審判式程序來做出最後決定，在這個程序當中，相關學生的家長將被允許出席，並得以查閱所有的相關檔案。為了應對第二項不滿，家長們要求透過一致努力來減少無法升級的恥辱感，所有參與討論留級個案的老師都應當盡力削弱留級決定所帶來的影響。

非常明顯的是，這個計畫中存在著彼此難以相容的因素。運作這個計畫的技巧和策略可以減少這種衝突，但有一點一般來講總是正確的：防止錯誤和偏私的程序越是有效，留級生所遭到的指指點點就越是確定無疑。一場公共審判可以保護他免於遭受不公，卻也剝奪了這樣一種想法可能帶給他的安慰：那些不讓他升級的人可能並不清楚自己在做什麼。

類似權衡成本的難題在我們的法律和政治生活中隨處可見，例如，如果有人提出這樣一個問題：「為了確保沒有任何無辜的人被判定為有罪，應當付出多大的努力」？答案很容易會滑向極端，甚至會有人指出：在涉及基本人權的場合，一個帶有如此低俗計算性特徵的問題根本不應該被提出。但是，如果我們想到：為了確保一項判決正確無誤，我們必須消耗時間這種稀缺資源，而且，一項姍姍來遲的正確判決對被告所造成的損害，可能大於一項很快做出的錯誤判決所造成的損害，這個問題就會呈現出不同的面目。這時我們就會看到，即使在這樣一種案件中，我們也不得不做出一項具有廣義「經濟」屬性的計算，儘管金錢成本完全不在考慮範圍之內。

將設計和管理我們制度的問題，看成好像只是一個權衡不同實質目標的問題，是一項嚴重的錯誤。因為各種制度都有其自身的特定完整性，如果這種完整性得不到尊重，它們就不會有效。在討論法律的內在道德的時候，我已經對這一要點進行了詳盡的闡述。在下面這個段落中，亨利．M．哈特將這個要點恰當地擴展適用於一般意義上的制度和程序：

在刑法中，正如在所有法律中一樣，採取何種行動的問題並不是在一片制度真空當中呈現出自身的。相反地，它們是在某種既定的、專門的決策程序中所出現的：在制憲會議上、在立法機構中、在檢察官辦公室，在負責確定有罪、無罪的法院，在量刑法庭、在假

> 釋委員會等等。這意味著每一個決策機構，都必須考慮到自己在制度系統中的位置，同時也考慮到維持整個系統的完整性，和良好工作狀態所必需的那些因素。換句話說，有一套複雜的機構目標需要得到滿足，同時還有一套複雜的實質性社會目標需要得到實現。不證自明的是，每一個決策機構都應當做出，由它在制度結構中的位置最適合由它所做出的決策。【28】

雖然哈特教授在寫下這段文字時所特別針對的是刑法，但他很清楚地表明，他所提出的問題遍及於整個政體當中。我認為，出於我們已經討論過的原因，這些涉及到我們法律機構的正確設計和協作的問題，在未來的歲月裡還會變得更加緊迫。對這些問題的解決，有賴於那些有能力理解它們的人們之間的通力合作。某種類似於《聯邦黨人文集》那種既追根究柢、又具有建設性的精神，變得至關重要。

不幸的是，在我們當下的智識氛圍中，這種精神似乎很難尋覓。一方面，一些很有能力的學者似乎完全否認制度設計問題的存在。他們的計畫似乎是最大限度地利用政府權力，來實現在某一特定時間顯得重要的任何目的，而完全不去探究政府權力的道德源泉。另一方面，還有一些人則把這些問題交付給我所稱的義務性道德，而不是期待性道德。他們否認這樣一項提議：要解決這些問題，就需要進行某種經濟計算，或者是適用於邊際效用原則。從這一個固執的立場出發，他們很有可能認為那些與他們意見不一致的人們不僅是錯誤的，而且還是不講原則和不道德的。

幸運的是，展開爭議的戰線並不像我剛才所描述的那樣可怕。人們可以期待各種極端立場之間的溝通會在將來得到實現，因為設計出足以解決自身問題的制度和程序的能力，可能是一個文明社會的首要標誌。無論如何，這種能力是文明得以希冀在一個急劇變化的世界中，生存下去的主要依靠。

界定道德共同體的難題

目前為止我們所做的討論中，有一個基本問題被忽略了。這個問題便是：人們在其中相互擔負義務並有意義地分享他們的期望的那個道德共同體中，到底包含著哪些人？或者換成淺顯白話的現代表達方式：有哪些人可以被視為圈內人？

這個問題困擾著所有的道德哲學家，在一個被共同利益的樞紐綁縛在一起的功能性共同體中，起草一部道德法典的任務並不難。在這樣的情形中，辨識出在這個共同體中滿意地生活、以及共同體作為一個整體獲得成功所必需的約束與合作規則，是比較容易的。但是，這種道德判斷方面的自信是有其代價的，因為，如果缺乏理性的原則在確定誰應當包括在這個共同體中，內部的道德法典本身便是建立在一個恣意選擇的基礎之上。

這一個難題有沒有解決方案呢？如果有，它不能從義務性道德中獲得，因為這種道德基本上是一種圈內人的道德。它假定人們彼此之間有著活生生的接觸，或者是透過一種明顯的互惠，或是透過顯現在一個組織化社會的種種形式中所隱含的互惠關係。

不過，人們或許可以從期待性道德中找到一種解決方案。對這種可能性最雄辯的表達出自於《聖經》。《舊約》中闡明的義務性道德包括這樣一項命令：你應當愛鄰如己。《新約》記述了一位律法師和耶穌的對話，話題便是這項命令。這位律法師看到這項命令當中包含著一個難點，於是便想藉此來考驗耶穌的解釋能力。他問：「那麼誰是我的鄰人？」

在這個場合，耶穌並未如此回答：「你的鄰人是每一個人；你應當去愛世界上的每一個人，甚至你的敵人」。相反地，耶穌講述了善良的撒馬利亞人的寓言。[29]某人被強盜所傷，奄奄一息地倒在路旁。他的兩位同族弟兄從旁邊路過，卻沒有提供任何幫助。然後，一位受人鄙夷的撒馬利亞族的族人——顯然是一位圈外人——為他包紮了傷口並且悉心照料他。耶穌最後提出這樣一個問題：「你想，這三個人中，哪一個是這位被強盜所傷者的鄰人呢？」

我認為，這則寓言的意思，不是要我們把每一個人都納入道德共同體當中，而是說，我們應當有志於抓住每一次機會來擴展這一個共同體，並且最終將所有抱有善意的人們都納入這一共同體內（如果可能的話）。

但這仍然留下了一項特定的難題，期待性道德並非用命令式的語氣來說話，而是表達為讚揚、善意的忠告和鼓勵。難道就沒有回答道德共同體成員資格的問題更加牢靠的根據了嗎？

我相信在一種情形中存在著這樣的根據，雖然我會將它描述得比較抽象，但這種情形絕不是虛構的。在某一個給定的政治社會中，人們通常被描述為屬於不同的種族。這些人長期在一起共同生活。每一個群體都豐富著其他群體的語言、思想、音樂、幽默和藝術生活。他們一起創造出一種共同的文化。是不是沒有任何道德原則可以強制性譴責在這些族群之間劃出界限、並且不讓一個族群接觸為其幸福和有尊嚴的生活所必需的那些要素的做法？

我相信這樣一項道德原則是存在的。在這種情況下，期待性道德可以發出與義務性道德同樣強硬的命令，因此，兩種道德間的區分在這一點上消失了。期待性道德畢竟是一種人的期待性道德，它無法不顧及人類的特有品質，否則便會陷入自我否定之中。

在《塔木德》（Talmud）中有這樣一句話：「如果我不為自己，誰會為我？如果我只為自己，我是什麼？」[30] 如果我們用複數形式來重新表述這句話，就會變成：「如果我們不為自己，誰會為我們？如果我們只為自己，我們是什麼？」不論我們如何回答最後一個問題，答案都必須建立在「我們首先是人」這一個前提之上。如果我們不得不透過在我們的名稱前面，加上某些生物學標籤來達到我們的答案，那麼，我們就在試圖為了否認他人的人類品性尋找理由的過程中，否定了自己的人類品性。

實質自然法的最低限度的內容

在試圖了解可否從期待性道德中推演出某種更具強制性的命令、而不僅僅是建議和鼓勵的過程中，我已經得出這樣一個結論：由於期待性道德必然是一種人類期待性道德，它無法做到否認擁有這種道德的那些人們的人類屬性而不喪失自身的完整性，我們能否進一步推導出更多的命題呢？

這個問題也可以用另一種方式來表述，在本書第三章中，我對我所稱的法律的內在道德的處理方式是：使它自身呈現為一種類型的自然法。不過，這是一種程序型或制度型的自然法，正如我在本章極力表明的那樣，它影響並限制著可以透過法律來實現的實質目標。我們能否從期待性道德本身當中，推演出某種實體性而不是程序性的自然法？

在《法律的概念》一書中，哈特提出了他所稱的「最低限度的自然法」（《法律的概念》，第一八九～一九五頁）。從人類生存這一單一目標出發，這目標被認為是在某些外部強加的條件之下發揮作用的，哈特借助於一套我寧可將其描述為目的蘊含（purpose implication）的推理過程中，得出了一套相當詳盡的、可以被稱為自然法規則的規則體系。在他那很有意思的討論中所得到闡發的，其實是一種最低限度的義務性道德。

就像任何義務性道德一樣，這種最低限度的自然法無法回答這樣一個問題：「誰應當包括在那個承認並試圖合作實現生存這一個共用目標的共同體中？」更簡單地說，就是：「誰應當生存？」哈特未曾嘗試回答這個問題。他只是簡單地說：「我們所關注的是為持續生存所必需的社會安排，而不是那些為一個自殺俱樂部所需要的社會安排。」

為了說明他為什麼將生存作為出發點，哈特提出了兩種類型的理由。一種理由等於是說：生存是任何其他人類成就以及人類滿足的必要條件。對於這個命題，大概沒人會反對。

但是，除了將生存視為其他任何人類美好事物（human good）的前提，哈特還為他的出發點提出了第二套性質完全不同的理由。他聲稱：人們已經正確地看到，在「生存這一個謹慎的目標」中，蘊含著「賦予自然法這一術語以經驗上的良好判斷力之毫無爭議的核心要素」。他更進一步主張，貫徹於所有道德和法律思維當中的目的論因素當中，「隱含著這樣一項假定：人類活動的根本目的是生存」。他指出：「絕大多數人都希望生存下去，哪怕是以可怕的悲慘狀態為代價。」

我認為，在提出這些主張的時候，哈特踏上了更不牢靠的基礎。因為他不再只是主張生存是實現其他目的的必要條件，而是似乎在說：生存為所有人類奮鬥提供了最核心、最關鍵的要素。我認為這一點是不能被接受的。正像湯瑪斯·阿奎那在很久之前所說的那樣，如果一位船長的最高目標是保護他的船隻的話，他不如永遠把船停靠在碼頭。[31]至於絕大多數人不惜以悲慘生活作為代價也要生存下去，這在我看來也是一項值得懷疑的命題。即使這是對的，我也懷疑它與道德理論有什麼特殊的相關性。

哈特在人類努力尋找一項「無爭議的核心要素」的嘗試下引出了這樣一個問題：事實上，這種尋覓有沒有可能獲得成功？我相信，如果我們被迫選擇一項支援並鼓舞著所有人類期望的原則的話，我們會在保持與我們同類溝通的這一個目標當中找到答案。

首先，讓我們保持在哈特本人的論點所設定的限度內——人之所以能生存到現在，是因為他的溝通能力。在與其他物種——這些物種往往比人類更為強壯，而且有時還具有更敏銳的感覺能力——競爭的過程中，人到今天已經是勝利者。他之所以能夠獲得勝利，是因為他能夠獲取和溝通知識，也因為他能夠有意識地、精心策劃地促成與其他人的通力合作。如果在將來，人能夠克服自己的自我毀滅能力而存活下來，這也必定是因為他能與自己的同類進行溝通，並且達成相互了解。最後，我懷疑我們當中的大多數人是否認為這樣一種生存是可欲的：像某種植物一樣的生存，無法與其他人類進行有意義的溝通。

溝通不只是一種生存的手段（a means of staying alive），它還是一種生活的方式（a way of being alive）。透過溝通，我們得以繼承過去人類努力的成就。溝通的可能性透過向我們保證我們所獲得的成就將會豐富後代的生活，緩解了我們對於死亡的恐懼。我們完成彼此之間溝通的方式和時間，可能會擴展或縮小生活本身的疆界。用維特根斯坦的話來說：「我的語言的限度，就是我的世界的限度」。

因此，如果有人要求我指出可以被稱為實質性自然法的那種東西——大寫的自然法——的無可爭議的核心原則，我會說它存在於這樣一項命令當中：開放、維持並保護溝通管道的完整性，藉此人們可以彼此表達所見、所感、所想。在這個事項上，期待性道德所提供的，絕不只是善意的忠告和追求卓越的挑戰。在這裡，它是用我們習慣於從義務性道德那裡所聽到的那種命令式的語氣在說話。而且，如果人們願意傾聽，便會發現這種聲音不同於義務性道德所發出的聲音，它可以穿越界限並跨過現在將人們彼此分割開來的障礙。

◆注解◆

【1】霍姆斯，「法律的道路」（The Path of the Law），《哈佛法律評論》，第十卷，第四五七～四七八頁，見第四五九頁，一八九七年。

【2】這本書先前已經得到較為詳細的討論，請參閱本書第一三三～一四五頁。

【3】參見《法律的概念》，第二〇二頁。話中未被指名道姓的「實證主義的批評者」就是我本人。

【4】參見本書第九九～一〇一頁。

【5】譯注──原文是：「It has been said that most of the world's injustices are inflicted, not with the fists, but with the elbows」。如果用國人所熟悉的表達來意譯的話，應該是「明槍易躲，暗箭難防」。

【6】參見八九～九一頁。

【7】蘇茲曼（Suzman），「南非聯邦立法中的種族分類和定義，一九一〇～一九六〇」（Race Classification and Definition in the Legislation of the Union of South Africa, 1910～1960），《法學研究》（*Acta Juridica*），第三三九～三六七頁；這裡所引的文字摘自第三三九、三五五和三六七頁。

【8】Perez v. Sharp, 32 Cal. 2d 711.

【9】USCA, Tit.8, § 1422.

【10】Ozawa v. United States, 260 U.S. 178（1922）.

【11】United States v. Thind, 261 U.S. 204（1923）.

【12】參見一九六二年十二月七日的《紐約時報》第一版和第十五版，以及一九六二年十二月八日該報的第十三版。

【13】斯金納（B. F. Skinner），《科學與人的行為》（*Science and Human Behavior*），一九五三年；引文來自於該書的第六～七、十和一一五～一一六頁。

【14】斯金納的思維中貫穿著兩個主題：（一）目的必須排除在科學解釋之外，因為它涉及到一種想像的未來狀態，這種狀態支配著現在，而公認的科學信條則認為過去控制著現在；（二）人類行為在可能的範圍內必須根據「外在於」有機體、而不是在其「內部」發生作用的原因來解釋。

【15】法蘭西斯．艾倫（Francis Allen），「刑事司法、法律價值與保安處分理想」（Criminal Justice, Legal Values and the Rehabilitative Ideal），《刑法與犯罪學雜誌》（*Journal of Criminal Law and*

Criminology），第五十卷，第二二六～二三二頁，一九五九年。

【16】Robinson v. California, 370 U.S. 660 at pp. 679~686（1962）：此案中的多數派意見已經在前面討論過，請參見第一〇五～一〇六頁。

【17】引文見《論自由》的第一章。

【18】詹姆斯・菲茨詹姆斯・斯蒂芬（James Fitzjames Stephen），《自由、平等、博愛》（*Liberty, Equality, Fraternity*），一八七三年，第十六頁：「強迫一位不情願的公民出錢來支持大英博物館，就像宗教迫害一樣，顯然是對密爾先生原則的違背」。

【19】馬林諾夫斯基（Malinowski），「法律（尤其是原始法）解釋的一項新工具」（A New Instrument for the Interpretation of Law-Especially Primitive），《耶魯法律雜誌》（*Yale Law Journal*），第五十一卷，第一二三七～一二五四頁，引文見第一二四七頁，一九四二年。

【20】亨利・弗蘭德利（Henry J.Friendly），《聯邦行政機構：我們需要更好的界定標準》（*The Federal Administrative Agencies: The Need for Better Definition of Standards*），哈佛大學出版社，一九六二年。

【21】赫克托（Hector），「民用航空委員會與各種獨立規制委員會的問題」（Problems of the CAB and the Independent Regulatory Commissions），《耶魯法律雜誌》，第六十九卷，第九三一～九六四頁，一九六〇年。

【22】雷德福（Redford），《總統與規制委員會》（*The President and the Regulatory Commissions*），一九六〇年。這是一份提交給總統的政府組織顧問委員會的報告。

【23】譯注——Conseil d'Etat 通常譯名為「法國最高行政法院」。這個譯名其實並不準確，尤其是將其用來指稱一八七二年以前的 Conseil d'Etat 的時候。因為這一機構直到那一年才獲得行政審判權。在此之前，它一直是一個立法和行政的諮詢機構。在那之後，它也一直承擔著行政審判和政府顧問雙重職能。如今，這個機構的業務部門分為四個行政部（分別負責財政、內政、公共工程和社會事務）、一個訴訟部和一個一九八五年所設立的調研部。其內部行政事務由祕書長領導下的辦公廳負責。在這些部門當中，只有訴訟部是負責審理行政案件的。因此，本人將其譯為「法國參事院」。

【24】譯注——基督教會學院（Christ Church College），牛津大學的學院之一，創辦於一五二五年。

【25】譯注——查理斯・道奇森（Charles Dodgson, 1832-1898），英國著名數學家、小說家和詩人。他在從事文學創作時所用的筆名是路易斯・卡羅爾（Lewis Carroll），這個名字作為《愛麗絲夢遊仙境》的作者

更為一般公眾所熟知。他曾長期擔任牛津大學的數學講師，並因率先使用數學方法來研究集體決策過程，而成為公共選擇理論的先驅。

【26】布萊克（Black），《委員會和選舉的理論》（*The Theory of Commitees and Elections*），一九五八年，第二十章，「尊敬的C．L．道奇森（路易斯．卡羅爾）是在什麼情況下寫下了他的三部小冊子」，第一八九～二一三頁。（這個妙趣橫生又略帶佛洛伊德筆法的章節，講述了道奇森如何因為討厭他的院長——現實生活中愛麗斯的父親——而成了數學化的選舉理論的先驅。）

【27】Baker v. Carr, 82 Sup. Ct. 691 (1962).

【28】亨利．哈特（Henry M. Hart），「刑法的目標」（The Aims of Criminal Law），《法律和當代問題》（*Law and Contemporary Problems*），第二十三卷，第四〇一～四四一頁，引文見第四〇二頁，一九五八年。

【29】《路加福音》第十章二五～三七節。

【30】《勞作》（*Aboth*），第一章，《密西拿》（*Mishnah*），第十四頁。

【31】湯瑪斯．阿奎那（Thomas Aquinas），《神學大全》（*Summa Theologica*），Pt. I~II，Q. 2, Art. 5。「因此一位船長不會把保護好被託付給他的船隻作為最終目標，因為一艘船注定有著其他的目標，也就是航行」。

第五章　對批評者的回應

在決定添加這一章之前，我曾經歷過一陣掙扎，在此過程中，我清楚地認識到那些強烈反對我這樣做的因素。首先，據我觀察，當作者們試圖針對批評性的評論而為自己的著作進行辯護時，他們往往會遭遇事與願違的結果。批評者們享有扮演得到人們充分理解之角色的優勢，讀者們的預期使他可以放心、大膽地充當盛氣淩人的檢察官。如果他能夠保持合理的公允性，並將自己的評論嚴格的建立在證據的基礎之上，他便可以獲得放手批評的許可證，並且在人們眼中保持著真理追求者的形象。

而為自己作品辯護的作者，卻面對著一套完全不同於上述的預期。他已經出版了他的著作，並在法庭上提出了己方的主張和證明，接下來他應當保持著被動的姿態，安靜地等候聰明、與他沒有利害關係的讀者們的判決。而且，對批評性評論所作的任何回應，都很容易變成一種越辯越亂的狀態，其中混合著對錯誤解釋的指責，和對作者所聲稱的真正意思的重新表述、笨拙的申辯，和對批評者的反攻，最後往往還輔以這樣一項隱晦的暗示：如果不是由於篇幅的限制，本作者本來可以終結性地證明批評者們是如何的完全錯誤。總而言之，關於自我辯護的努力，很容易變成一件讓所有關注者都感到痛苦的事情。實際上，在本人的行業中有一種現成的說法，那就是：「律師在為自己辯護時的處境最為糟糕。」

在目前這一項個案中，我還有著一項考慮：任何「對批評者的回應」，都代表著哈特與我之間已經進行了十餘年討論的延續。這場討論始於哈特教授一九五七年四月，在哈佛大學所作的霍姆斯講座的發表。[1]在那場講座中，他試圖針對我和其他人所提出的批評，而為法律實證主義做辯護。第一次的反擊嘗試是我對這一講座的批評性評論；[2]第三回合則以哈特《法律的概念》的出版為標誌；第四回合發生於本書第一版出版之時；第五回合則因哈特發表了對本書第一版的評論而啟動。[3]這樣一種交流，應當在適當的時候終結，結束爭訟以符合公共利益。正像歐尼斯特・內格爾在我們於一九五八和一九五九年間，所進行討論的第四和最後一個回合中所議論的那樣：「一般來說，對回應的反駁的辯駁，只能帶來極少的智識增益」。[4]

最後一個阻礙性的因素，是書評的驚人數量，以及其中所反映的觀點的多樣性，[5]更不用說一九六五年四月二日，一次專門針對本書而召開的討論會上的論文，[6]以及一些涉及更寬泛主題的論文中所包含對本書的附帶評價。[7]想要對這些書評和評論中所包含的所有要點做出適當的回應，一定需要很長的一個章節。

儘管存在剛才所提到的這些顧慮，我還是決定撰寫這樣新的一章，它不僅是我與哈特之間討論的延續，也是對其他一些批評者的回應。有若干因素促使我做出這一項決定。

哈特的書評中所包含的某些論斷是其中的一個因素。在這篇書評的第一段當中，他談到可能是因為「我們在法理學中的出發點和旨趣是如此的不同」，以至於他和我「注定永遠無法理解對方的作品」。隨著對拙作的批評性評論不斷的湧現，我本人越來越清楚地認識到，這場討論在一定的程度上，的確是建立在「出發點」的基礎之上——也就是說，它並不取決於論辯者們說了些什麼，而是取決於他們認為沒有必要說出來的東西；默許的假定而不是明示的原則決定著這場討論。因此，在我看來，我們有必要將這些潛在的預設明確地表達出來——這是迄今為止論辯雙方都未能做到的。

此外，促使我著手展開這項澄清工作的另一項因素，是哈特書評的結語——這幾句話似乎明確表達了他認為我們之間在「出發點」上的根本差異：

最後我想要說明：這本書的優點和缺點在我看來是同出一源。作者始終不渝地鍾愛目的這一概念，而這一情愫正如激情那般，既可以啟發一個人、也可能蒙蔽他的雙眼。我已經嘗試表明了它對本書作者產生了上述兩種正反作用。這種啟發作用是如此巨大，以至於我不欲打斷他與這一主導理念之間的持久結合。但我希望這一浪漫情緣，能夠轉化為某種較為冷靜的關係模式。當這種轉化發生之時，本書的眾多讀者將會感到涼意頓生；但他們將會因為光亮的相應增強而得到充分的補償。[8]

我承認這一個戀愛比方是一種正當的文學修辭方式，儘管對於所比喻的物體特色來說，它顯得過於活色生香了。我了解哈特試圖表達的意思是說，我過於關注目的，如果我能夠降低「目的」在思維路數中所占的分量，那我就可以做得更好一些。而在我看來，哈特過於不重視目的了；他深受實證主義的幻覺之害，認為只有當我們盡可能地將某些有目的的安排，看成好似不服務於任何目的之時，某些無法說清、無從分析的收益才能得到實現。

另一項促使我寫下「對批評者的回應」的進展，發生在一九六六年十一月，有篇文章宣布了一個被稱為「新分析法學家」（New Analytical Jurists）的法哲學流派的誕生，[9]這個思想流派的公認領袖是H．L．A．哈特。學派本身被描述為比它的先驅「少了些實證主義的味道」（less positivistic），雖然它的大多數成員據說仍然是實證主義者，因為他們的核心信念仍然是這樣一個命題：「法律是什麼（law as it is）可以和法律應該是什麼（law as it ought to be）明顯區分開來」。對外行來說，這個命題可能顯得過於淺白真實，以至於很難想像將一個哲學流派標籤貼到它上面；而對於在解釋問題上經驗豐富的法律人來說，它又引發了許多薩默斯論文所未曾提及到的問題。

儘管薩默斯在其論文的結論部分聲稱：「對新分析法學的專業興趣呈逐年增長之勢」，但他似乎自始至終，都未能明確表述出將這一新的思想流派統一起來的哲學信條。或許我在這方面倒是可以助他一臂之力。按照薩默斯的說法，這個新分析法學派的支持者包括哈特、羅奈爾得．德沃金和他自己。他認為哲學家馬歇爾．科恩的思維和寫作風格也十分接近於新分析法學家。這四位先生總共為拙著撰寫了九十來頁的批評性評論。我可以證明他們的反應具有驚人的一致性；整個段落可以從一篇書評搬到另一篇書評中，而不致於呈現出思想上的明顯斷層。顯然，我們在這裡所要應對的也不是明確表述的理論，而是哈特所稱的「出發點」。在接下來的文字中，我可能會比新分析法學家們更加清楚地界定出這些「出發點」。

分析法實證主義的結構

在這裡，我將盡力清楚表述出潛含在分析法實證主義中的基本智識信念。在使用「分析的」這個形容詞時，我意在排除行為模式論的實證主義——在美國法律唯實論運動的巔峰時期，這種類型的實證主義主張將法律定義為「法官和其他官員的行為模式」。【10】「分析的」這一術語還適合用來表達這樣一種智識傾向：有些人可能更加滿足於將事物拆開，而不是看它們的組成部分如何配合並作為一個整體而運作；實際上，分析實證主義者們很少有興趣去辨識那些（雖然總是有些不完美地）推動著我們並非偶然地稱之為法律系統的各種暗中相互連結的因素。

我所試圖描述的這種思想結構，乃是約翰・奧斯丁、哈特和凱爾森所共用的。在展示這一結構之時，我將僅僅附帶性地提及實證主義陣營內部的爭論。將自己限定在形塑實證主義信條的基本「出發點」上，我得以從中辨識出五個要點。

第一，分析實證主義將法律看成是一種單向的權威投射，發端於一個權威源泉而強加到公民身上。它不認為立法者與公民之間某種潛在的合作關係是建構一個法律體系所必備的要素；法律被認為是簡單地作用於公民——無論它碰巧道德還是不道德、公正還是不公正。

第二，實證主義哲學不問法律是什麼或做什麼用，而僅僅關心它從何而來；它的基本關注點是這樣的一個問題：「誰可以創造法律？」法律實證主義學派的內部爭論，幾乎全是圍繞著如何確立分配法律創制權的唯一或多項原則而展開的。於是我們有了約翰・奧斯丁的「受到習慣性遵從的唯一或多項（原則）」、凱爾森所假設的「基本規範」（Grundnorm），以及哈特所稱的有「經驗」根據的「承認規則」（Rule of Recognition）。[三]當然，實證主義可能承認某一個得到授權的立法者，或許缺乏制定某些特定法律的權力，譬如一部憲法為立法權的行使而設定了限度。但是，借用卡爾・盧埃林喜用的一個術語來說，沒有任何現代法律實證主義者將「法律工作」（the law job）本身所包含的限度，提升到其思想中的核心位置。

第三，法律實證主義者實際上並不認為立法者擔任著任何特定的職務、角色或職能。如果我們說他扮演著某一個角色，這就意味著他的行為必定需要配合其他角色——包括普通公民——來調整。任何這樣的觀點都會破壞將法律界定為權威之單向投射的企圖。

第四，由於立法者不被認為是在扮演一個獨特且有限的角色，所以任何可以被稱作「角色道德」（role morality）的東西，都不能附加到他的職能之履行上。當然，普通律師必須服從於一套約束他對客戶、律師同行、法院，以及公眾之行為的職業倫理守則。這套守則並不是對一般性地約束人類行為的道德原則的簡單重述，而是宣告適用於一項特定的社會職能之履行的特殊準則。不過在實證主義哲學中，卻無法找到統攝立法者角色的類似倫理守則。如果立法者制定了哈特所稱的「邪惡的」法律，他當然犯下了違背一般道德的罪孽（sin），但是，適用於他工作本身的特殊道德卻並不存在。

我想我應該不需要再多費唇舌說明，剛才所列出的實證主義信條四個要素是相互依存的；從某種意義上講，每一個要素都隱射著別的要素。我們或許可以用這樣一句話來總結這些要素：實證主義者不承認在一個法律系統的運作中，存在一個真正可以被稱作「社會面向」（social dimension）的層面。實證主義者眼中只看到法律被立法者頒布出來的那個瞬間，以及法律對其適用目標產生影響的那個瞬間，他看不到立法者與公民之間發生互動的過程。由於這一點疏忽，他也無法看到：在立法者與公民之間營造出有效的互動，是法律本身的一項基本要素。

說到這裡，我發現自己遺漏了實證主義信條中的第五項、也是最核心的信念。這一信念的基本內容是：除非我們能夠明確區分投入到法律創制活動中的有目的的努力，以及經由這種努力而實際出現的法律，否則清晰的思維便是不可能出現的。實證主義哲學的這個面向——實際上也是它之所以得到這個名稱的原因——看起來似乎與其他四個要素沒有什麼關聯。其實，它們之間存在著密切的關係。

正是在面對人際互動問題的時候，實證主義面對現實的姿態變得最是難以維持。相反地，每當人類行動有可能被視為一種單方面投射的時候，實證主義信念所面臨的尷尬就會減至最少。如果A試圖透過沒有反應的B來採取某種行動以達到某種目的，那麼我們或許可以在一定程度上成功地區分A的目的（他所試圖獲得的東西）、以及他的行動結果（外在世界的某種變化）。如果A是一位外科醫生，正在為已經被麻醉的B動手術，我們可以說A正試圖達到某種特定的結果，而且我們可以提出這樣一個有意義的問題：他實際上達到了什麼樣的結果？可以肯定的是，如果我不是一位外科醫生，在觀察這一項手術過程的時候，我可能無法了解正在發生的事情，僅僅非常粗略地知道一個大概；外科醫生手指頭所做的某一特定動作、他所使用的工具，以及其他細節，可能無法為我所察覺和了解。但是這些所有的細節對於一位見證手術的另一位外科醫生來說，可能都具有特別的意義，僅僅因為他能夠了解並參與建構與正在發生的事情，相關的顯現出人類目的的「為什麼」。但是，如果將我對於正在發生的手術在了解上的侷限性忽略不計，我仍可以堅持認為，作為一名外行人士，至少我能夠一般性地了解這一項手術背後的目的，以及知道這一目的完全不同於這場手術的實際結果，不管從這位外科醫生所追求的目的來看，它到底是成功的還是失敗的。

然而，讓我們假設A並不是單向地透過自己的行動作用在一個沒有反應的B上，而是與B發生有意識的、積極的互動。例如，A和B可能彼此承諾展開某項共同的事業，他們尚未就合作的條款達成協議，但隨著這項合作事業的展開，他們透過明確表述的言辭、或默示性的行動，而協商出某種規制彼此間關係的憲章（constitution）。每一方都根據他所認為的另一方認為合適的狀態、並且在一定程度上根據他所認為對方所以為的他認為合適的狀態，來調整自己的言辭、表示和行動。在這裡，從當事人的互動中所發生出來的，並不是某種可以抵消使其得以產生的那些目的的硬性的事實材料。當事人之間正在生成的關係所具有的品質（quality），以及所遵循的方式（terms）——如果你願意的話，也可以將其稱之為「法律」——構成了一項重要的社會現實，但這是一項由有目的的努力所促生，並且因這種有目的的努力而保持活力的現實，也是一項透過當事人雙方對彼此目的的解釋而生成並存續的現實。

我方才所試圖表達的這層意思，已經在一部關於互動社會學（interactional sociology）的論著中的以下段落裡，得到了生動的表述：「因此，在這個獨特的人

類世界中，現實並非一種堅定不移的存在，而是流變的和不斷接受裁斷的——它是一種被討論、被折衷、被立法的存在」。【12】

因此我認為，為法律創造並賦予意義的那些互動因素，被分析實證主義者擱置一旁、並且基本上不予理睬，絕對不是偶然的。如果這些因素不是遭到了這樣的待遇，他們就很難維持他們的基本信條。

我之所以提出剛才的這些論斷，不是出於相信它們對人們通常所稱的事實——價值兩分法構成了任何解決方案。我在這裡所說的，只是為了將該問題置入到與其他實證主義信條的關係之中。如果在這樣做的時候，我一般性地錯誤表述了實證主義者的立場，或是錯誤表述了特定實證主義者（尤其是其中被稱為新分析法學家的那些人）的觀點，那我很樂意被糾正。清楚表述出其他人的隱含預設是一件危險的事情，但是為了使有效的交流成為可能，在這方面做些嘗試有時候是非常必要的。

在更加直接地進入我的「回應」之前，我想先補充一下剛才的論述，因為我認為有必要提及對新分析法學家們產生重大影響、並塑造了他們思維方式的兩個思想流派：一個是與J・L・奧斯汀（以便和法學家的奧斯汀區分）這個名字聯繫在一起的日常語言哲學；另一個是功效主義。

概括而言，日常語言哲學的實踐在於挖掘、並澄清鑲嵌在日常語言習慣中的各種區分。無論在何種領域中，只要找到了這種區分，似乎便存在著一種假定，認為它們是可以被證明為有效和有用的，而一旦它們得到了足夠清晰的表述，就沒有必要再深入挖掘了。這種方法的一個例證就是哈特對「被迫」（being obliged）和「有義務」（having an obligation）之區別的濃厚興趣。一些有用的洞見已經透過這種方法而被發掘出來；在日常言談的空隙中，的確，它埋藏著許多隱祕而精巧的智慧。但是這種方法的實踐者們傾向於將其本身視為一種目的，而不是將它看成是通向哲學思想的一條輔路。正如斯圖爾特．漢普希爾所指出的那樣：語言哲學家們似乎分享著這樣一種假定——從日常言談中抽離出來的區分，有一種獨立於任何特定問題之語境的效用，而且這些區分可以自由地，從一個問題轉移到另一個問題之上。[13]我同意漢普希爾的看法，這是一個嚴重的問題。

我稍後將舉出一些例證，用來說明日常語言學派的基本假定，在我看來是如何誤導了我的一些批評者。現在，請允許我僅僅提及很能說明這種哲學精神的一種表象。在本書第三章中，我指出維持一套法律體系完整性所涉及到的那些問題，不僅突出地顯現在州法和國法之中，而且影響著教會、俱樂部、大學和工會等社團組織的內部章程。因此我宣布，就我分析的目的而言，這些組織內部的章程也是所謂的「法律」。哈特稱這種主張是「無所顧忌的」，[14]而薩默斯似乎被這個概念搞得心力交瘁，以至於找不到更好的詞來形容它，只好說它是（他所認為的）我一生致力於從事的一項智識活動的又一例證，他把這項活動稱為「另有所圖」（axe-grinding）。[15]的確，在一項冷靜的分析當中，分析者應當有權指出「法律」這個詞的經常用法，既可能混淆、也可能澄清一些根本的相似性。

新分析法學派所受到的第二種主要影響來自於功效主義哲學。人們通常認為功效主義的根本過錯在於它輕視目的（end）的傾向。不過在我看來，它更加基本的缺陷在於它對手段與目的之間關係的歪曲——所謂的規則功效主義（rule-utilitarianism）只是部分彌補了這一缺陷，但肯定沒有根除之。功效主義哲學鼓勵我們接受一種在智識上偷懶的觀念，即：手段僅僅關乎便利，我們無法針對它們做出具有一般意義的分析。它使我們忘記：在一套法律體系中，以及在更加廣泛的社會制度形式中，從一個角度看來是手段的因素，在另一個視角中往往呈現為目的，而手段和目的處在普遍、深入的互動關係之中。

對合法性原則最低限度的尊重，對於一套法律體系的存續來說是否必需？

在本書第二章裡，我指出：對我所列出的那些合法性原則的嚴重偏離，可能導致的不只是惡法，甚至根本稱不上是法律。我的批評者們是否同意這一個結論呢？就這一點而言，他們似乎是同意的。

在《法律的概念》一書中，一定程度上是為了回應我在我們一九五八年交鋒中所提出的那些論點，哈特表示同意這樣一個命題：為了使法律得以存續，必須存在著某種對「法律所稱的合法性原則」最低限度的尊重。[16]科恩也以類似的風格寫道：「富勒的『準則』（canons）是……一個不算太差的起點，由此出發可以創造出一套為一個（現代）法律體系之存在所必需的條件。……人們可以就富勒的清單進行討論，但不容置疑的是，列出這樣一種清單是妥當之舉。」[17]德沃金則是這樣說的：「我同意富勒的如下結論：對於他的八項準則一定程度的服從，對於創制（同樣重要的，對於適用）任何法律、甚至包括惡法來說都是必需的。」[18]薩默斯則更加小心謹慎：「至少（富勒的）有些反對者不會否認，如果我們要有法律，我們必須確保對（他的）『合法性原則』一定程度的服從。」[19]

這樣看來，我的四位批評者都沒有接受凱爾森關於法律與國家之同一性（Identity of Law and the State）的學說。他們並不主張：任何東西——哪怕是一聲咕噥或一聲歎息——都是法律，只要它來自於承認規則（Rule of Recognition）所認定的某種淵源；他們都分享著這樣一種觀點：在來自於那一淵源的東西可以被稱為是法律之前，它必須符合得以在人類生活中發揮有意義功能的某些標準。

於是在這個一般性的問題上，我的批評者和我之間的一致性，至少從字面上看來是完全一致的。不幸的是，為了揭示這種表面上的一致性在多大程度上遮蔽著潛在的分歧，我們不得不訴諸以目的（Purpose）這一個不受某些人歡迎的概念；換句話說，我們不得不問：法律是為了何種目的而被如此定義，以至於在缺乏對合法性原則的最低限度尊重的情況下，它就不能「存在」？我擔心，一旦開始著手回答這一設問，我們就會發現，我的批評者和我對於這一個「為什麼」的回答會是非常不同的。不過，我將暫時不去進行這項探究，而把它留到下一節，因為那裡有更合適的背景。

在這段間隔時間中，我想簡短探究一下德沃金所提出的一個附帶要點。這一要點存在於德沃金的以下主張之中：法律的存在與否不是一個程度問題。法律要就存在，要就不存在，它不可能半存在（half-exist）。「有些概念幾乎總是關係到程度（禿頭就是這樣的一個例子）」，但法律不屬於這種類型。如果我們想要談論法律的存在和不存在，我們必須透過設定某種標誌著法律、與非法律分界線的「門檻」（threshold），來「將法律的概念調校到一定精度」。【20】當法律由於政府對合法性的尊重不復存在，而越過了那個門檻的時候，它就立刻消亡；換句話說，法律不是逐漸凋零的（fade away），【21】它是摔門而去（goes out with a bang）。

德沃金並沒有嘗試解釋為何如此——依他之見，為什麼一個人可能是半禿頭，而一個國家卻不可能受制於一套半法律（half law）系統呢？我懷疑德沃金所作的區分，乃是未經明言地取材於日常語言習慣。在日常言論中，「法律」的確是一個非此即彼（either or）的語詞，在這方面，它即使同於它的近親（比如「正義」一詞），但實際上也是完全不同的東西。例如，讓我們來考慮一下這樣兩項陳述：「你所提議的行動有點不公正。」「你所提議的行動有點非法。」第二個句子就帶有明顯的諷刺意味，而第一個句子則沒有、或至少沒有如此明顯的意味。我們習慣認為正義是某種難以界定的東西；我們不會避諱公開承認正義的邊界可能是隱晦不明的。相反地，「法律」一詞則帶有一種內在的黑白分明傾向。由於法律是一種人造物，我們推定（這種推定影響著我們對於詞語的使用）：只要付出足夠的努力，我們就能夠精準地界定什麼是合法的、什麼是非法的。這種語言習慣實際上表達了在這個努力方向上永不止歇的決心。我們可能完全的知道某部特定的制定法是如此的行文模糊，以至於人們無法確定它的邊界何在，但我們在這個問題上的說話方式，仍然會繼續保持著非此即彼的習慣。而且，這種情況不僅存在於確定行為的合法與非法的事務中，也存在於確定一套法律體系作為一個整體是否存在的事務中。

為了對德沃金表示公平，我應當說：「他似乎沒有把自己的這個觀點看得多麼認真嚴肅，雖然他毫不猶豫地譴責我『錯誤』地忽視了禿頭與合法性之間的根本區別。」無論如何，不管是日常語言的規矩、還是新分析法學的堅決主張，都不一定會對我們造成任何嚴重的不便。如果一個人想要避免說A國的法律比B國的法律更像真正的法律，他只需要肯定A國政府比B國政府表現出對合法性原則的更大尊重就可以了。如果一個人面對的是一群由於受過日常語言哲學的薰陶，而變得對隱喻和矛盾修辭法缺乏耐心的聽眾，審慎的做法應該是選擇第二種、也就是更常規的表達形式。

合法性諸原則是否構成一種「法律的內在道德」？

本書第二章的標題——「道德使法律成為可能」——代表著一項我的四位評論者都覺得完全不能接受的論點。在嘗試回應他們批評的過程中，我將盡量避免擴大爭論的範圍，因為我在這個問題上所面對的不滿，已經高到令人不安的程度了。「另有所圖」、「荒謬」、「莫名其妙」、「怪異」——這些便是我的批評者們認為有必要用來形容我論點的辭彙，而這個論點便是：法律的內在道德是存在的。

我的四位批評者認為，法律的內在道德這一概念暴露出對實效（efficacy）和道德（morality）這兩個概念的根本混淆。要使法律有效，對八項合法性原則的某種尊重是必要的，但這並不意味著這些原則就其性質而言是道德的，就像把釘子扶正以便將其敲到位不是一件道德事務一樣。如果你不把釘子扶正，你就不能把它敲到位；同理，除非你留意我所稱的「合法性的原則」，否則你就無法獲得一套有效的法律體系。這種通常的審慎作為與道德都沒有什麼關係。

這些就是我的批評者們的論點，不過他們並不滿足於敲釘子這樣單調乏味的比方。作為一種替代，他們指出：如果存在著立法和司法的內在道德，那麼，哪怕是最惡名昭彰和最應受譴責的人類活動也必定有其內在道德。科恩提出了這樣一個問題：「如果一名未遂的殺手忘記替自己的槍裝上子彈，這是否屬於一種道德淪喪？」[22] 德沃金也提出了一個類似關於低能兒試圖敲詐勒索的問題。[23] 正如同一直以來的情況一般，哈特是我的批評者中最雄辯以及最直率的一位：

> 作者堅持將這些合法性原則界定為一種「道德」的做法，對他和他的讀者來說，都是導致混淆的源泉……反對將這些法律上的良好實踐技藝（good legal craftsmanship）之原則稱為道德（儘管加上了「內在」的限定詞）的主要原因在於，它混淆了本應區分清楚的兩個概念，也就是目的性活動的概念和道德的概念。下毒無疑是一種目的性活動，而對其目的的反思可能顯示出這種活動也有其內在原則。（「避免使用導致中毒者嘔吐的毒藥，不論它是多麼致命」，或者，「避免使用形狀、顏色或大小容易引人注目的毒藥，不論它是多麼致命」。）但是，稱這些下毒技藝的原則為「下毒的內在道德」，只會混淆這樣兩個概念之間的區別：一個是實現某一目的的實效，另一個是考量各種形式之道德而對某些活動和目的做出的最終判斷。[24]

我必須承認：我一開始覺得這一論點是如此的怪異，甚至有點像是在故意找碴，以至於不值一駁。不過，稍後的反思使我相信我的最初印象是錯誤的。當我現在再來看這個問題的時候，我發現我和我的批評者之間所爭論的所有要點，都未能像這段話那樣明確揭示出每一方帶到討論中來的前提預設；認真對待「所謂法律的內在道德僅僅是一個實效問題」這一論點，不僅幫助我清楚辨別我的批評者們所未經明言的「出發點」，也使我更清楚地意識到自己的「出發點」。

當我們注意到，我的批評者們立場上所帶有的徹頭徹尾的朦朧感時，我們就會清楚看到：這裡所涉及的絕不僅僅是關於「道德」一詞的爭吵。當他們提到「實效」的時候，他們頭腦中想到的會是什麼？當你試圖毒殺一個人的時候，實效的含義是顯而易見的：如果他死了，你就成功了；如果他仍然活著，並且有能力反擊，你就失敗了。但我們怎樣才能將實效這一個概念，適用於像一整套法律體系這樣複雜事物的創制和管理？讓我提供一個來自於蘇聯近期歷史的例子，透過它，我們可以看到回答這個問題所面臨的一些困難。

在一九六〇年代初期，經濟犯罪（包括非法買賣外匯）的問題在俄羅斯發展到這樣的程度，以至於蘇維埃政權決定採取果斷的對治措施。於是在一九六一年的五月和七月，相關的法規相繼浮出檯面，規定對這類犯罪者處以死刑。隨後這些法規得到溯及既往的適用，有些獲罪人因為發生了在當時雖然並不合法、但也不至於適用死刑的行為而被處死。

蘇維埃當局的目的顯然是想令人們停止偷竊國家財產，死刑的溯及既往性適用對於這一目的而言，是否「缺乏實效」？刑法所欲解決的問題之一，便是向潛在的犯罪份子傳遞這樣一個訊息：「你不是在玩著空洞威脅的遊戲，你會說到做到。」

還有什麼比溯及既往地適用一項刑罰更能有效地傳遞這樣一種訊息？這種做法嚴重偏離了常規這一事實，恰恰表明了立法者的熱忱。但是，許多俄國人對當局的這種做法感到不安，正像我的同事哈樂德·伯爾曼在以下這段話中所報導的那樣：

我請一位蘇聯權威法學家解釋一份俄羅斯加盟共和國最高法院溯及既往地適用七月法規的判決——在我看來，這種做法明顯違背了一九五八年的《刑事程序總綱》。他回答說：「我們法律人不喜歡那種做法。」——這一陳述非常有趣，不僅是因為其中的「我們法律人」，也因為「不喜歡那種做法」。[25]

我認為，我們有理由推測：這位蘇聯法學家不是在宣稱當局的行動是一種無效的打擊經濟犯罪的措施。他是在說：「這種做法涉及到對原則的損害，和對法律之完整性（integrity of the law）的破壞。」正像伯爾曼在評論這一段話時所說的那樣：「法律人可能最能理解法律的完整性和法律標準的普遍性，換句話說，他們最能理解：合法性所遭受的任何特殊違反都會威脅到總體上的合法性」。[26]

這個時候，我可以想像到我的批評者們正拉我的袖子說：「唉，你可誤會了我們所說的實效的意思了。我們所講的實效不是那種應付於某種短暫、緊急狀態的短期效果。蘇聯的做法損害了法律的實效，因為它導致公眾對法律規則的總體信心降低，也導致公眾守法意願的減弱。它取得了短期的收穫，但代價卻是從總體上損害了法律制度。」但是，非常明顯的是，如果我的批評者們開始往這個方向擴展實效的概念，他們很快就會發現，他們已經越過了自己曾經煞費苦心所劃定出來的道德與功效之間的界限。他們很可能陷入那些試圖將所有的道德轉換成開明的自私（enlightened selfishness）的人，所陷入的那種困境，這些人最後得到如此多的「開明」和如此少的「自私」，以至於發現自己如果一開始就直截了當地談論道德的話就可以省去許多的麻煩。

因此，我並不認為在討論合法性問題的時候，將實效對立於道德有助於實現某種有益的問題合併。顯然我們找不到任何理由來認為，在這個方面上使用「道德」一詞是頭腦發昏的表現。事實上，「實效」一詞的吸引力並不在於其含義的確定性，而是在於這個詞聽起來好像很嚴格，而且富有實證主義的味道；它暗示著一位頭腦敏銳並看重結果的觀察者，他不會輕易地被模糊的目的概念所蒙蔽。換句話說，我的批評者們偏愛「實效」而討厭「道德」，這並不是對某一特定問題進行理性分析後所得出的結論，而只是顯現著某種根深蒂固而且基本上無法明確表述出來的心智決定的影響。

因此，我所面對的是一項最費力不討好的任務，也就是證明我的批評者們對法律的內在道德的拒絕，乃是建立在他們論述中所未曾闡明的基礎之上。不過需要澄清的是，我並不打算去考察隱祕的感性偏見；我的努力集中於智識領域，旨在探尋影響我的批評者們的思想過程的隱含結構。如果他們的結論並未隱含著我歸結到他們身上的那些前提，他們完全可以過來糾正我。

那麼，讓我們開始著手完成手邊的任務。在我看來，我的批評者們對於「法律的內在道德」的拒絕，乃是建立在兩項假定的基礎之上。其一是這樣一種觀念：站在道德的角度來看，法律的存在與否是一個並不值得關心的問題；其二是我曾經描述過的，作為法律實證主義的一項一般性特徵的假定，這項假定就是：法律不應當被看成是公民與政府之間的目的取向的互動產物，而是一種發自於政府而強加於公民的單向權威投射。

在法律實證主義的文獻中，仔細探討法律與道德之間的關係當然是一種標準的做法。就道德對法律的影響而言，經常被提到的要點包括了：道德觀念可能指導著立法，為批評既有的法律提供著標準，以及可能在法律解釋中得到適當的考慮。對反方向影響——也就是道德對法律之影響——的探討一般來說更加不足，主要限定在這樣一項觀察上面：透過某種文化的調節，確立已久的法律規則傾向於被認為具有道德上的正確性。

這些評論當中，普遍缺失的是，對法律規則在使道德在人類的實際行為中，得到實現方面所發揮的作用。道德原則不可能在一個社會真空、或萬人對萬人的戰爭中發揮作用。過美好生活不僅需要良好的意圖，哪怕這種意圖得到普遍的分享；它需要得到人類交往的牢靠底線作為支持，至少在現代社會中，只有健全的法律制度才能提供這種底線。

「勿取屬於他人之物」恐怕是我們能夠在書本上所找到的、最像陳腔濫調的道德規則了。但是，我們如何確定哪些東西是屬於別人的？為了回答這個問題，我們只能訴諸於法律而不是道德。在某些脈絡當中，我們當然可以有意義地談論某人在道德上有權得到某樣財物。例如，一位久病不癒的母親有兩個女兒。一個女兒放棄結婚，多年來一直專心照顧於生病的母親；另一個女兒則自私地拒絕接近自己的母親，也未曾為照顧她做出過任何貢獻。這位母親未曾留下遺囑便離開了人世。根據法律，這兩位女兒對她微薄的遺產享有平等的繼承權。在這裡，我們可以說，那位孝順的女兒從道德上來講有權得到全部遺產，儘管法律會將這份遺產平均分配。實際上，在涉及我所描述情況的法院判決中，我們往往可以辨識出司法過程中的拉鋸，而法官有時會沉湎於對事實和法律做出可疑的解釋，以便給予那位應當得到獎勵的女兒她所應得的部分。與此同時，非常明顯的是，沒有任何社會會在這樣一項原則的基礎上運作：「讓所有的財產都按照道德上的功過得到分配」。因此，「勿取屬於他人之物」這一道德準則不得不依賴借自於法律的標準；如果沒有來自法律的支持，它便無法在人類事務的運作過程中得到實現。

我想所有人大概也會同意，婚姻制度有其道德含義——實際上，是有豐富的道德含義。但是，如果缺乏某些相當確定的規則來告訴我們婚姻狀態何時存在，這種制度便會很難在道德和法律上發揮作用。霍貝爾書中的一個章節——「愛斯基摩人：一個原始無政府社會的初級法律」[27]——在這方面為我們提供了一個極富教益的例子。在愛斯基摩人中好像存在著婚姻的概念，但卻並不存在著明顯的標誌來「界定一項婚姻關係的開始和結束」。由此導致的結果是，在一個人看來是公平競爭一位女士好感的行為，在另一個人看來卻是對他的家庭的通姦意味的侵犯。用霍貝爾的話來說，這裡不存在「以能夠摒除僭越者的方式來標示婚姻的文化設計」。因此，愛斯基摩人的社會為著大量由於性妒嫉所導致的暴力爭鬥所困擾，而這些爭鬥轉而又導致了很高的自殺率。顯然，在這裡，佈道並不是一種有效的救濟方式，只有採取某種明確的立法措施來界定和穩固婚姻關係才能解決問題。愛斯基摩人完全缺乏完成這項任務所需的社會機制，由此導致的不存在所需立法的狀況，可以說是嚴重惡化了他們的生活品質。

因此，當我們談論「法律的道德中立性」的時候，我們不可能說一套法律制度的存在和負責管理與實現生活諸事中的道德目標無關。如果說對合法性原則的尊重，對創造這樣一套制度來說至關重要的話，顯然的，認為這些原則構成附著於立法者和執法者職務之上的一種特殊角色道德（special morality of role）便也絲毫不荒謬。無論如何，這種職務所承載的責任值得某種更具讚揚性的類比，而不是被類比為一位工於心計且一絲不苟的下毒者的操作習慣——他從不會忘記在將毒藥遞給受害者之前撕去瓶上的化學成分標籤。

認為法律的存在與否對於道德沒有影響，等於是假定道德準則無論在什麼樣的社會背景中都會保持著同樣的意義。因此，這種觀點例示了我在前面所描述過的、不考慮社會面向的理論；它表現了實證主義思想所特有的對人類互動現象不感興趣的狀態。這種思想傾向，在潛藏於我的批評者們對法律的內在道德概念的拒絕背後的第二項假定中，得到了公開的表達。這項假定認為，如果我們把法律描繪成來自於政府、並強加於公民的單向權威投射的話，法律的存在核心會得到昭示。由於這項假定為未經反思的常識所分享，並且在日常的語言習慣中得到承認，因此我們有必要比較詳細地分析一下它究竟錯在哪裡。

首先讓我把兩種經常混淆在一起的社會秩序安排形式擺放在對立的位置上。一種形式是管理性指令（managerial direction），另一種形式則是法律。兩種形式都涉及到對人類活動的引導和控制；兩者也都意味著對於權威的服從。大量的辭彙為兩者所分享：「權威」、「命令」、「控制」、「管轄權」、「服從」、「遵守」、「正當性」——這些只是在兩種形式中都占有一席之地的所有術語中的一小部分，這些術語的雙重身分當是混淆之源。

如果要對這兩種社會秩序安排形式之間的區別，作一番概括和總結的話，我們大概可以這樣說：在一種管理性語境中發布的指令會得到下屬的適用，以服務於上級所確立的目的。與此相反的，遵守法律的公民並不是在適用法律規則以服務於立法者所設立的特定目的，他是在處理自己的事務過程中遵守著這些規則，而他遵守這些規則所服務的利益被認為是社會的一般利益。一套管理系統中的指令主要規制的是下屬與他們上級之間的關係，只是附帶性地涉及到下屬與第三人間的關係。與此相反的，一套法律系統中的規則通常主要是為了調整公民與其他公民間的關係，而只是以附帶的方式涉及到公民與確立規則的權威之源之間的關係。（雖然我們有時會認為刑法所確定的是公民對政府的義務，但它的主要功能是為公民之間的彼此交往提供一個健全而穩定的框架。）

我剛才所作的這些評論可以承受更多的擴展和限定，社會秩序所安排的兩種形式在現實生活中呈現為多種混合的、模糊的以及扭曲的形式。不過，為著我們當下的目的，我們將透過預先假定某種可以被稱之為「理想類型」的形式，來盡量澄清它們之間的根本性差異。我們的做法是先探尋合法性的八項原則（或與此對應之物）對一套管理性指令系統意味著什麼，以便與它們對一套法律秩序所具有的意義相比較。

這八項原則中有五項在一種管理性背景中都顯得很是自在。如果上級想以下屬為手段來確保自己想要的結果，首先他必須表達他的意願，或者「頒布」它們（譬如把它們寫下來貼到布告欄裡），以便讓下屬有機會知道它們是什麼。他的指令還必須具有合理的清晰性，免於自相矛盾、能夠被執行且不會如此易變，以至於下屬們無法根據它們來採取行動。在這些事項上的粗心大意會嚴重損害管理事業的「實效」。

那麼其他三項原則又如何呢？就普遍性要求而言，它在一個管理性的背景中變成了一項事關便利與否的問題。在實踐當中，管理性控制通常是透過一些常規性命令來實現的，從而免除了上級對其下屬的行為進行一步步指導的麻煩。但是，如果在某一特定事項上，上級命令下屬偏離某一項普遍性命令所規定的程序，而這位下屬沒有理由抱怨。這進而意味著，在一種管理性的關係中，不可能存在一項要求上級的行為符合他自身所宣布之規則的形式原則。在這種背景當中，「官方行為與公開規則之間的一致性」原則失去了相關性。至於反對溯及既往的原則，與此相關的問題根本不可能產生；沒有哪一位心智健全的管理者今天會命令他的下屬代表昨天的他去做一件事。

從我剛才所作的簡短分析中可以看出，管理性的關係與一幅單向權威投射的圖像顯然配合得天衣無縫。如果說合法性原則（或者，可能應該說是合法性原則的管理性對應原則）在這裡也適用的話，它們實際上會是「實效原則」、是實現上級目的的工具。但這並不意味著互動或互惠的因素根本不會存在於一項管理關係當中。如果上級主管習慣性地讓他的下屬們超過負荷地工作，用變化莫測的指令來困擾他們，或者在他們忠實遵循指令的情況下，錯誤地指責他們背離指令，他的下屬們的士氣就會受到不良影響，他們可能因此無法良好地完成他安排的工作；實際上，如果他過於不通情理，他們最終便會放棄為他工作或者透過公開反叛來推翻他。但這種合理性的默示互惠與自我約束，是命令發布者與命令執行者之間的基本關係的附屬品。

對一套法律系統來說，情況則截然相反，因為立法者與守法者之間相對穩定的互惠預期，正是運轉正常的法律秩序這一概念本身應有之意。我們考察這一點為什麼、以及在何種意義上是正確的，我們有必要繼續考察這八項原則的含義，不過現在要轉向它們對於一套法律系統所具有的意義。雖然合法性諸原則在很大程度上是相互依存的，但是，在使法律區別於管理性指令方面，最關鍵的原則是我所描述的：「官方行動與公開規則之間的一致性」。

毋庸置疑的，法治的精髓在於，在對公民採取行動的時候（譬如將其投入監獄或者宣布他據以主張其財產權的一份契據無效），政府將忠實地適用規則，這些規則是作為公民所應當遵循、並且對他的權利和義務有決定作用的規則而事先公布的。如果法治不意味著這個，它就沒有什麼意思。忠實地適用規則轉而又意味著：規則必須採取普遍性宣告的形式。例如，如果政府今天制定一部特別法來規定瓊斯應當被投入監獄，而明天又「忠實地」遵守這一項「規則」而將他真的投入監獄，這實在沒有什麼意思。進而論之，如果法律旨在允許一個人在擔負一項遵守上級權威所設定的某些約束義務的前提下，處理他自己的事務，這就意味著他不會在走出每一步的時候都被告知應當怎麼做；法律為自我指導的行動提供了一個基準，而不是一整套實現某些特定目標的詳細指令。

普遍性與政府忠實地信守它自身宣布的規則這一對孿生原則，不能被視為僅僅提供了出於便利考慮的忠告，這一點源自於法律與管理性指令之間的根本差異。與管理不同，法律並不是一項指導其他人如何去完成一位上級所安排的任務事項，而基本上是一項為公民彼此之間的互動提供一套健全而穩定的框架的事務，政府在其中的角色只是作為一個維護這套系統完整性的守衛。

我先前曾經說過，反對溯及既往型規則制定的原則，在一個管理性指令的背景中是沒有意義的，其原因很簡單：沒有任何神志健全的管理者會命令他的下屬今天去做昨天的事情。為什麼同樣的情況在一套法律系統中就會有所不同？我相信，答案雖然有點複雜，但有助於我們進一步看清管理性指令與法律之間的區別。

第一個原因在於正當化這一個概念。如果A打算向B發出命令，或者為B的行為確立規則，B就可以要求知道，A有什麼資格主張這種指導其他人行為的權力。這就是哈特在闡述他的「承認規則」時所想到的問題。這個問題為立法活動和管理性指令所共用，而且可以說是涉及到一項外在正當化原則。但是，法治要求政府同時需要依照第二種「內在標準」來向公民正當化它的行動。這種標準要求，在法律所覆蓋的整個領域當中，政府對公民所做出的行動，必須符合於政府先前宣布的普遍性規則（也就是得到這些規則的授權或確認）。因此，一個合法的政府可以說是借助它自己的立法權來對自己本身的行為完成了一項內部確認。如果一項對這種權力的事先行使可以實現這種確認，就很容易滑向這樣一種信念：同樣的確認也可以在事後回溯性地實現。

剛才所說的這些例子，可以解釋溯及既往型的立法為什麼不能直截了當地被斥為荒謬，但卻無法解釋，為什麼回溯性的立法在某些情況下實際上可以服務於合法性的目標。要明白為什麼會如此，我們需要回想起：在法治原則之下，對公民行為的控制不是透過特定的指令、而是借助於顯現類似案件會得到類似處理這一項原則的一般性規則來實現的。一個法律系統在其運作過程中所發生的偏差和災難可能損害這一原則，並且需要溯及既往的法律來矯治。溯及既往型的法律不能充當公民之間彼此交往的準則，但可以幫助矯正對類似案件類似處理這一原則的違背。我在第二章已經提供了這方面的例證。作為一個更進一步的例子，我們可以想像一部改變現有法律規則的新制定法獲得通過，而關於這部制定法的通知已經傳達到除了X省法院之外的全國所有法院，由於通訊上的失誤，X省的法院一直未能收到關於這一法律變更的通知。這個省的法院繼續適用著舊法，而國內其他地方的法院則根據新法來判決案件。類似案件類似處理的這一項原則因此遭到違背，而唯一的矯正方法（最多涉及到在各種惡之間做出選擇）可能在於溯及既往型立法。[28]顯然，這一類的問題不可能出現在一個管理性的背景當中，因為管理性的指令從原則上講不會要求屬下根據普遍性規則來行動，並且沒有必要透過表明具體命令符合於先前所宣布的普遍性規則來正當化它們。

我們已經談到，在一個管理性的背景當中，堅持其他合法性原則——也就是那些要求規則和命令被公布出來、含義明確、無矛盾、可能被遵守以及不會經常變動的原則——的理由不外乎是為了便利。那些用管理性模式來思考法律問題的人們，想當然地推定這五項原則對法律所具有的意義、與它們對管理所具有的意義並無二致。這種推測對清晰性要求來說似乎尤為正確。可能有人會問：「除了嚴重的懶散之外，還有什麼可能的動機會令一位立法者使自己制定的法律含糊不清而且涵蓋面是不確定的？」

答案是：有許多很容易理解的動機都會驅使他這樣做。政府希望自己的法律足夠清楚以便於人們去遵守，但它也希望保有一定的自由，以處理制定法律時還不太容易預見的情況。透過頒布一部刑事法律，政府所欲達到的目的不只是向公民發布一項指令；它也為自己設定了一部憲章，這部憲章約束著它處理某種特定類型的人類行為的權力。表述得不夠嚴謹的刑事法律，可能會使公民清楚了解這部法律期待他如何行為的可能性降低，但它同時擴大了政府處理其他無法事先預見的越軌行為類型的權力。如果純粹從實現政府目標的「實效」角度來看待這個問題，人們或許會提到某種最佳立場，它介於過分限制政府裁量權的條文確定性，與不僅無法阻遏避開某一被認為不當為之的行為領域，並且使制定法不再具有賦予遵從它而做出的行為以有意義的正當性能力的明顯含糊性之間。

這種類型的對立動機，在一個官僚制的背景中會變得更加明顯，在其中，人們常常面對面的打交道。管理性指令常常與涉及紀律處分，和特殊權益的微型法律系統相伴隨或相交織。在這樣一種背景當中，社會學觀察往往會發現那些把持權柄的人不僅時常抵制對規則的澄清，甚至有時還會拒絕有效地公布規則。對規則的了解和解釋規則使之適合手邊案件的自由乃是重要的權力之源。這個領域內的一位研究者甚至得出結論說：「對不法行為的包庇，實際上增強著上級的控制權，儘管這聽起來似乎很矛盾」。[29]當然，這樣做之所以能夠強化上級的權力，是因為給予豁免可以助他贏得感激和效忠，同時又留給他足夠的自由，以便隨時可以依法嚴格懲處那些他認為需要教訓的人。如果他不援引規則來為其行動賦予意義的話，他便無法享有這種頗受歡迎的行動自由。例如說，除非有規則可以被違背，否則便談不上寬恕違規的行為。不過，這並不意味著規則必須避免含糊、得到廣泛公布或者得到一以貫之的貫徹執行。實際上，這些條件中的任何一項都會限制掌權者的自由裁量權——從這種自由裁量權中，他不僅可以找到一種頗有權勢的感覺，而且，（可能並非完全不正當），他也可以找到一種作為其中一部分事業的盡心盡力的感覺。

在一套全國性的國家法系統的更廣泛、不涉及個人的適用過程中，看起來好像很難發現尋求剛才所描述的這種變通或妥協的衝動。但實際情況中卻並非如此。例如，我們應當記得，在任何制定法的起草過程中——尤其是刑法和經濟規制領域內的制定法，都可能發生兩派之間的鬥爭：一派希望為政府保留範圍較大的行動自由，另一派的主要關注點則在於使公民們事先知道自己的處境。在面對這一類問題的時候，存在一定的空間容許在類似案件中出現真誠的意見分歧，但也可能發生觸及到法律適用過程之基本誠信的良知難題。針對十分廣泛的政府行為領域，一個甚至更具根本性的問題可以被提出：「如果政府假裝按照先行確立的規則來行事，而實際上所行使的職能基本上屬於管理性職能，而且基於這一項原因要求——並且在仔細的觀察下也的確表現出——對不斷變化情況的不受規則約束的回應，這裡是否存在一種具有破壞性和腐蝕性的虛偽？」

剛才所談到的這些只提供了浮光掠影的一瞥，使我們得以窺見那些負責制定和執行法律的人們所面對的責任、困境與誘惑。立法者、法官、檢察官、調查專員、保釋審查官、建築檢查員以及一系列其他官員，首先包括執勤巡警，都一樣面對著這些問題。將這些問題化約為「實效」問題的嘗試，其實是在將它們瑣碎化到面目全非的程度。

那麼，我的批評者們為什麼如此著意地維護這種觀點，即：合法性原則只不過表述了為達到政府目標所設的效率準則呢？答案其實很簡單。他們的分析要素根本不是取自於法律，而是取自於我在這裡一直稱之為管理性指令的那種東西。我在他們的作品中找不到任何對法治之基本原則的承認——一個法律權力部門對公民所做出的行為，必須透過被帶入到一套事先公布的普遍性規則的約束範圍之內，而獲得正當性。

這項遺漏在哈特的《法律的概念》中表現得十分顯著。他對普遍性原則所作的唯一一次、稍微詳細一點的討論看起來明顯是受到管理型模式的啟發：

即使在一個複雜的大型社會中——譬如在一個現代國家，有時也會出現一位官員面對面地命令某個人去做某事的情況。一位員警會命令一位特定的司機停車、或者命令一名特定的乞丐離開某一地點。但是，這些簡單的情況不是、也不可能是法律運作的標準方式，哪怕僅僅因為沒有任何社會可能支持如此眾多的官員，以保證每一位社會成員都能得到正式的、單獨的通知，從而知道自己所被要求去做的每一項行為。相反地，這種特定化的控制形式是一般性指導形式的例外或增援方式，這些一般性指導形式不會指名道姓，不會專門針對特定的個人，也不會指明某一特定需要去做的行為。（《法律的概念》，第二〇～二一頁。）

哈特對於一般性原則的其他評論，雖然不像這段話那麼清楚明瞭，卻也未對這段話做出任何限定。（《法律的概念》，第三八、一二一、二〇二、二三六等頁）所有的段落中，都只提到提供「社會控制的工具」以及促使「社會控制運作起來」。

就我所稱的要求「官方行動與公示規則保持一致」的原則而言，哈特的評論再一次提到實現對公民行動「有效控制」的問題。這種控制的失敗例子據說是刑法得到如此寬鬆的實施，以至於公眾最後對它視若無睹（《法律的概念》，第二三、八二和一四一頁）。唯一偏離所謂管理型參照框架的段落，出現在涉及到正義理念與一套有效運轉的法律系統之間抽象之親和性的討論中（《法律的概念》，第一五六和二〇二頁）；據說兩者都尊重著「類似案件類似處理」的這一項原則。因此，「我們在適用一項法律的普遍性規則這一個簡單的觀念之中，至少可以找到正義的幼芽」。但這裡並沒有任何暗示表明，政府對公民負有任何通過其制定和執行法律的方式，來實現這種「正義的幼芽」的義務。哈特所欲表達的似乎只是：如果我們碰巧觀察到一套運轉良好的法律系統，我們便會在其中發現某種與正義形似的東西。

因此，我們可以看到，主要基於管理型模式[30]的哈特的法律概念中，並不包含任何與「法律乃權力之單向投射」這一觀念不一致的內容。當然，這並不意味著立法者可以自行創造一套法律系統；與管理人員一樣，他需要獲得那些受其指導人們的承認與合作。這一點得到了哈特本人的明確承認，並且以他一貫的妥貼語言得到表達：

如果一套規則系統要透過暴力強加給任何人，就必須存在著足夠數量自願接受它的人士。如果沒有他們的自願合作，並因此創造出權威，法律和政府的強制力就很難建立起來。（《法律的概念》，第一九六頁）

但他並沒有提到公民的自願合作，必須有政府方面的相應合作努力來配合。哈特的分析並沒有認識到，維持一套法律系統的運轉取決於，相互交織在一起的責任履行——既包括政府對公民的責任，也包括公民對政府的責任。

如果像在這裡所作的那樣假定：一種立法者的承諾因素隱含在法律的概念之中，那麼，我們便有必要簡要地探討一下這種承諾表現為何種形式。在一個被他的翻譯者冠以「法律概念中的互動」這一標題的段落中，齊美爾指出：作為一套法律系統基礎的是立法者與受法律約束的人民之間的一項契約。[31]透過制定法律，政府對公民說：「這些是我們要求你們所遵守的規則。如果你們遵守它們，我們保證它們將會適用於你們行為的規則。」這樣一種理論建構中至少包含著這麼多的真理：如果公民們事先知道政府在與他們打交道的時候，不會注意到它自己所宣布的規則，他們便不會有任何動力去遵守這些規則。規則的公布顯然承載著這樣一種「社會意義」：規則制定者本身將遵守這些規則。不過，任何設想法律系統立基於立法者與人民之間的一項契約的嘗試，都不僅會激發出不便的歷史聯想，並且還包含著某種不協調的因素，特別是當我們想到在民主社會中，同一公民可能既是立法者又是法律規範對象的時候。

有一個老派的法律術語或許可以幫助我們走出困境。這便是「真意」

（intendment）這個詞。我們的制度和我們所正式的互動中，都包含著某種可以被稱為「真意」的相互連結期待，儘管這些潛在期待很少有機會被帶入到意識領域。在一種非常真實的意義上，當我在一次選舉中投票的時候，我的行為乃是受到這樣一種期待的引導和影響：我所投的一票將會算在我實際上所投票支持的那一位候選人頭上。這一點是千真萬確的，即使我的選票會被扔進垃圾桶、或者被錯誤地計算到別人頭上等等可能性，從來沒有作為有意識注意的對象而進入我的腦海。從這個意義上講，選舉制度可以說是包含著這樣一項真意，即：選民們投出的選票將得到忠實的點算，雖然我可能不願意說——除非是以修辭的口吻——選舉當局與我簽訂了一份合約，承諾將如實點算我的選票。

我在本書第二章開頭所引用的利爾伯恩的一段話，在目前這個制度真意的問題上顯得頗具說服力。在這段話中，利爾伯恩要求知道「當我們全體國民（Commonwealth）選擇議會制度的時候，他們是否賦予了議會一種超然於法律之上的無限權力、允許議會在正式廢除自己先前制定的法律和規章之前，隨意做出與這些法律和規章相互矛盾的舉動？」利爾伯恩是在指出：作為議會政制之基礎的是這樣一項真意，或者說是這樣一項普遍分享的潛在期待，即議會將依照它本身所制定的法律來對公民採取行動，只要這些法律沒有被正式廢除。議會所做出的這樣一項默示承諾將被如此地視為理所當然，以至於除非事情出了什麼岔子，否則人們便不會談起甚至想到它。

我很清楚如今談論制度擁有或者包含真意可能很不符合時尚，或許有人會想方法搜尋更符合現代口味的語詞標籤，例如，有人可能會提到伴隨著立法權之假定的

「角色期待」。但是，不論我們用什麼名字稱呼它，我們都不能忽視立法活動中所隱含的承諾這一現實，也不能忘記它在經驗上可以觀察到的社會過程中有所顯現；它不是某位道學的旁觀者附加到這些過程上的某種東西。

這種承諾力量的無聲證明，可以在人們為了逃避它的控制所做出的不懈努力中找到。當我們聽到某人說他將為別人「確立法律」的時候，我們傾向認為他是在主張一項告訴別人應當做什麼的，相對來說不受約束的權利。因此，有趣的是，我們常會發現人們為了不「確立法律」而忍受的痛苦。當一位當權人士被人民請求在某一特定個案中「高抬貴手」的時候，他常常會堅持要求人們理解他的行動不能被認為是「確定了一項先例」。他所擔心並試圖逃避的是包含在法治之中的承諾：使自己針對被領導者所採取的行動，符合自己向他們明確或暗示傳達的一般性規則。「反對設定先例」的約定在實踐中經常是無效的，這進一步證明了人們傾向於在當權者的行為中讀出承諾所具有的力量。

針對被賦予權力行使的意義所展開的類似鬥爭，也時常伴隨著管理者在下屬之間分配義務的活動。例如，一位雇主要求A去完成某些特定的任務，與此同時他並將一套不同的任務分派給B。如果這種勞動分工持續了一段時間，任何對工作任務的重新分配都可能引起反感並導致一種受到傷害的感覺。一位雇員可能會抵制分派給他的新任務，說：「這不是我的工作」。反過來說，他可能反對將自己已經習慣履行的職能分派給其他人，因為這些職能屬於他的「勢力範圍」。在這裡，雇主認為自己是在履行一項純粹管理性的職能，不用受附著於立法者角色之上的那些條件的約束。相反地，雇員們傾向於在雇主的行動中發現一種類似於法律上的承諾因素；他們試圖將他的決策帶入法治的範圍。

因此，隱含在立法中的承諾並不只是存在於某人的「概念模型」中的一項因素，它是社會現實的一部分。我一直在強調：如果受規則約束的人們知道規則制定者本人，並不會把自己制定的規則當成一回事，遵守規則就會失去意義。這個命題的反面同樣值得注意，如果規則制定者知道其規則旨在約束人們缺乏遵守這些規則的性情傾向或能力，他自己也會缺乏任何激勵接受法治的約束；例如，試圖用法律來調整一所精神病院病人間的關係，就是一種不知所謂的舉動。從這個意義上講，一套法律系統的運作有賴於立法者與守法者之間的一項合作努力——一種有效的、負責任的互動。

在這種互動上的徹底失敗在日常經驗中極為罕見，以至於這種互動本身的重要意義幾乎從我們的智識視角中消失。但是在無數與我們有關的事例中，我們可以清楚看到法律的成功以何種方式依賴於公民與政府之間的自願合作，以及負責制定和實施法律的各政府機構之間的工作協調。

在交通管理中，法律對自願合作的依賴常常變得顯而易見。我將要給的例子絕不是純屬虛構。在一座位於大西洋海岸的大學城中，交通擁堵的現象在過去三十年間呈現為一項日趨嚴峻的問題。在某一特定的路口，情況的嚴重性在某些時候甚至達到危機的程度。這個路口直到最近都一直沒有替行人設置過街號誌，按照交通警察和行人都同樣了解的關於這種情形的一般法則來說，行人可以自行找尋機會穿越車流而過街，而當某一行人表現得過於魯莽莽撞的時候，他就會受到值班警察的言語訓斥。就在三年之前，一項改革開始進行。行人過街的號誌燈被安裝了起來，而路邊也有標語警告不守交通規則的行人，聲稱他們將被逮捕和罰款。

在短期之內，這項措施令情況得以改善。不過，情況很快又開始惡化，因為行人發現，交通不繁忙的時段根本沒有交警在場，所以他們開始在這些時段無視於針對行人的交通號誌。這種無視規則的現象後來又延伸到交通繁忙的時段，並且很快地達到這樣一種規模，以至於任何對此行為加以制約的警方行動，只要還顧及到最低限度的對「法律之前人人平等」原則的尊重，得要求逮捕人數無比眾多的行人，以至於達到令交通法庭癱瘓的程度。儘管存在著這種行人違法的流行病，行車駕駛在一段時期內仍堅持服從於針對他們的交通號制。但是，隨著時間的推移，情況惡化到這種程度，以至於被違規的行人阻擋，而無法在綠燈亮起時通行的駕駛，會開始尋找機會在紅燈亮起的第一時間內搶行；而且，他們越來越頻繁地搶占著這種機會。最後，循規蹈矩的行人出於保護自己人身完整性的考慮，也會發現更安全的做法是加入固執違法者的方陣，而不是順從地等待使過街合法化的信號，因為等到那個時候，他將不得不在缺乏保護的情況下獨自穿行，可能還會面對一道抓住他們第一機會過街的、受阻已久的行車車流。

當一套法律控制系統遭遇這種程度的崩潰的時候，決定對哪些人進行譴責、或者辨識出哪些矯治措施可能帶有效果都會變得十分困難。涉入其中的每一個人都會聲稱糾正自己行為的努力，會因為無法得到其他參與者的配合而變得毫無意義。而且，值得注意的是，在剛才所描述的那個路口交通個案中，牽涉其中的人物可能遠不止於剛才所提到的那些。根本性的困難可能導源於有關人士對整個城市的交通路線的錯誤規劃，或者是導源於納稅人不願繳納相關的稅款，以支持在人數和訓練上都足以履行其任務的員警隊伍，又或者是導源於交通管理部門對公共汽車站的一次位置調整，使得現行交通號誌的部署變得不再合適。甚至城市電力的工作也應當被納入考慮，如果他未能使自動交通號誌燈保持正常運轉，並因此導致它們不規則地切換信號，那麼行人、騎士、司機乃至員警都會統統失去遵照交通號誌來行動的激勵；反之，如果施電人員知道即使號誌燈的運轉完全正常，交通號誌也會被視若無睹，他也會失去準確無誤地做好自己工作的動力。

不幸的是，成功地運作一套法律系統所涉及到的相互依存性，並不總是像交通管理中所涉及到的相互依存性那麼顯而易見。如果我們可以逐漸接受一種互動性的法律觀，許多被現在流行的、視法律為單向權力投射的那種觀念所遮蔽的事情，都會變得更加清晰。例如我們將可以十分清楚地看到，對合法性諸原則的忽視將會對法律制度本身造成損害，即便它不會對任何個人造成直接的傷害。在德沃金為了反駁我所提出的「法律之道德包含著一項反對相互矛盾的法律的原則」這一觀點所提出的修辭性問題中，這一點和其他一些要點都被忽視了：「一個立法機構透過一部制定法，其中包含著一項如此根本性的被忽視的矛盾，以至於令這部制定法成為一個空洞的形式。這裡面哪裡有不道德，或者是道德理想的崩潰？」【32】

首先，即使要想像出一個德沃金所提及的例子，也需要一套稀奇古怪的假定。例如，讓我們假設有一部關於涉外離婚的制定法獲得通過。在適用於某種特定事實情境的部分，這部法律似乎在一項條文中說A與Y的婚姻成立，而根據另一項條文的規定，A與X之間的婚姻似乎仍然有效。為了使這樣一部法律變成一個無害的空彈殼，我們可能不得不假設：任何外行人士在不用聘請律師來提供建議的情況下，都可以看出這部制定法中的相關條文是自我牴觸的，任何司法上的靈活性都不足以將其從無效狀態中挽救出來，隨著這部法律的遺骸被移出我們的視野，真正的法律狀況就會立刻變得顯而易見。不過，為了將就德沃金的論點，讓我們放任自己在這些奇思妙想中縱橫馳騁。這個案例於是就變成類似於這樣一種情況：一個人向我講了一個粗枝大葉的謊言，但並未使我受到任何傷害，因為，在我根據這個虛假資訊而採取行動之前，我碰巧自己了解到了事實真相。在這樣一個事例中，雖然我可能並未遭受任何直接的損害，但我與這個向我說謊的人之間的關係顯然已經受損，而我在將來打交道的過程中對他的信任顯然已經受到不利的影響。

如果我們將法律視為人際互動的路標，我們就能夠看到：任何對合法性要求的違背都會破壞人們對法律的總體信任和尊重。在這個方面，值得注意的是破壞邊界標記這一古老罪名以及移動、損壞或塗抹官方設置的高速道路標誌這一現代罪名。這兩項罪名都並未要求犯罪人的行為對任何人造成直接損害。制定相關法律的部分理由在於，如果人們藉以調整彼此之間的互動的物質性標誌受到足以嚴重的破壞，那些未曾遭到破壞的標誌也會失去其意義，而人們在依靠它們的時候便不會再感到安全可靠。如果當有人破壞本來設置正確的標誌時尚且如此，我們又該如何看待一開始就把標誌放錯地方的工程師，或者是將制定人們藉以明確彼此之間的權利和義務關係的法律條文這一重要工作搞砸的立法者？

我的同事亨利．M．哈特為我們提供了一種全新的思路，幫助我們走出思考和談論法律的慣常方式。他提醒我們注意：法律應當被視為一種幫助人們過滿意的共同生活的設施（facility）。[33]如果這種設施要服務於它旨在為其服務的受益人，那麼他們就必須善用它。但是，那些其任務在於設計和安裝這種設施的人本身負有一項更重的責任，那就是在一開始的時候就把工作做好。我試圖用「法律的內在道德」這一術語來描述的，正是這項繁重而且往往十分複雜的任務。

我的批評者所著重抨擊的也正是這樣一種觀點：這種道德有著可以理解的意義。我一直試圖證明：我們之間在這個問題上的分歧點，導源於對於法律本身的不同理解。我試圖透過區分，將法律視為一種人際互動過程的觀點，和將法律視為一種單向權力投射的觀點，來表達這種不同理解。當然，我的評論者們還批評了我在本書中就許多具體問題所表明的立場，對此我並未提及，也沒有在此為自己辯護。我相信，在這些次要問題上的觀點分歧的根源，在於我在這裡詳細討論的出發點上的根本分歧。這點在我的批評者們對我的這項觀點的駁斥上顯得尤為正確：我認為政府對法律的內在道德的尊重，從總體上來看，有利於導致對法律的實質道德或外在道德的尊重。有興趣的讀者可以參閱我在一九六五年四月發表的一篇文章中，我在這一問題上的立場所作的辯護。[34]

這場討論的一些衍生意涵

最後，我想簡要考察一下，新分析法學家們針對拙著所作的批評中並未直接提出的一些問題。我討論這些問題的理由在於：我相信對它們進行一番考察，將有助於進一步澄清潛含於我們的整個討論背後的基本觀點分歧。我打算討論的第一個問題是解釋。[35]

這是一個我在本書第二章曾經詳細討論過的課題，在那裡，我把它看成是維持「官方行動與已公布規則之間的一致性」這一任務中的一項內容。在總結我的討論時（第一〇七頁），我寫道：「帶著它全部的複雜精微內涵，解釋問題在法律的內在道德中占據著一個敏感的核心位置。它比任何其他問題都更能顯現出維持合法性這一任務的合作性質。」

儘管解釋對於法律事業的每一個方面都具有根本的重要性，但它卻從來都是一個令分析法實證主義法學感到難以應付的課題，這正是因為它明確表達出了「維持合法性這一任務的合作性質」。對解釋問題的緊密關注、與任何將法律想像成一種對人類行為的單向控制的嘗試，都極不相稱。

我將簡要評述一下具有實證主義傾向的法學家們，是如何處理解釋問題，以及如何嘗試重新界定這一問題，以使之適應於他們的智識傾向，因為這樣做可以提供一些啟發。在他一九五七年的講座[36]中，哈特似乎主張，在通常的案件處理過程中，對一部制定法的適用是以基本上沒有摩擦的方式，受控於條文語句的通常含義或詞典含義。在這些尋常的或者常規的案件中，不存在於對法律所欲推動的政策、或者立法者意圖做出推測的必要。只有在偶爾發生的臨界性或邊緣性情形中，探測立法目的的嘗試才顯得必要。在這一講座中，哈特猛烈抨擊了一種被他稱為「沉迷於邊緣」（preoccupation with the penumbra）的法理學思想疾病。他的主要論點似乎是：我們應當將法哲學的大廈建立在常規的、或者普通案件的基礎之上，並且忽略「邊緣」情形中偶爾呈現出來的難題，因為它們對於法律現象的基本分析並不具有相關性。在《法律的概念》一書當中，「解釋」一詞並未出現在索引裡面，雖然霍姆斯講座中的相關思想經過修改後，出現在該書第一二〇～一三二頁以及第二〇〇～二〇一頁。書中的觀點與講座中的觀點的主要區別，在於前者表達得更不清楚明白。

與哈特一樣，他的偉大前輩約翰．奧斯丁，基本上將解釋完全排除在其理論的基本結構之外。不過，與哈特不同的是，當約翰．奧斯丁最終談論到這一課題的時候，他的觀點比較複雜，並且為某種內在緊張所困擾。他區分了制定法解釋與適用「判例法」（judiciary law）時所用到的「歸納」方法。[37]他從未聲稱不能、或者不應當參考立法者的目的來適用一部制定法，雖然他主張一部制定法的「字面含義」應當被視為立法者意圖的「主要索引」。[38]約翰．奧斯丁根本未曾放棄目的性的解釋，他寫道：「如果法律及其所創造的權利和義務的目標不明，法律本身就很難被理解。」[39]

在《純粹法學》[40]一書當中，凱爾森在全書結尾處簡單討論了一下解釋問題，實際上，他認為，除非某種特定的結果可以被一部制定法的邏輯結構排除在外，司法解釋純粹就是一種形式的立法，影響法官立法的動機對於分析實證主義來說，就像促使立法機構通過一種立法，而不是另一種立法的動機一樣無關緊要。簡單地說，在凱爾森看來，解釋根本就不是法律分析的一部分，而是屬於政治學和社會學的領域。

格雷以及某些美國法律唯實論者採取了一種不同的套路，來應對解釋問題造成的窘境。因為一部制定法只有在其含義被司法部門確定之後，才會變成「硬性法律」（hard law），格雷建議我們不要將制定法視為法律，而將它們看成僅僅是法律的淵源。[41]通過這種策略設計，法律的定義被向下移動，以至於與法律在人類事務上的適用完全重合。不過，格雷的唯實論受到這樣一項事實的阻礙：許多法律都是在缺乏司法指導的情況下由官僚、治安官、巡警以及其他人所適用的。於是，有些唯實論者建議我們將法律定義為「法官和其他政府官員的行為模式」。[42]這種觀點代表著最終的棄權，因為它留待旁觀者自己去辨識和解釋構成法律之終極現實的「行為模式」。

這些應對一種共同困境的不同方式，表明在幫助界定這一問題的前提中，存在著某種根本性的錯誤。我認為，之所以會有這樣的困難，是因為我們剛才總結其觀點的所有這些作者都以這樣的一項假定作為出發點：法律必須被視為一種單向的權力投射，而不是一項合作性的事業。如果我們將政府在裁斷其人民行為時遵守自己制定的法律的承諾，視為是法律的一項基本要素，那麼解釋在法律理論中，就會占據著它在我們對於法律的日常思考中一直占據的那種核心地位。這絕不意味著這個問題會因此變得更加簡單；相反地，它的潛在複雜性會暴露出來，而我們將無法再假裝它是一項可以留給未經反思常識的一項邊緣性事務。

為了尋找一種更加富有成效的解釋方法，我們或許可以從對語言本身的某些觀察出發。這些觀察當中的第一項是：在人類活動當中，語言代表著最精華的互動現象，它的形式源自於並且依賴於互動。透過語詞來進行互動，並不像是把打包好的意義（meaning）從一個大腦搬運到另一個大腦；它涉及一項激發另一個心靈中的認知過程的努力，其目的在於使這一認知過程，盡可能吻合於發出互動信號那方的認知過程。如果我在一種要求互動準確度的情境中向你傳達某些語句，我將不得不問：「我正在使用的這些語詞，在我看來究竟是什麼意思？如果你使用一樣的語詞，你會是在表達什麼意思？在我們的關係背景中，你會認為我用這些語詞來表達什麼意思？」——還不用提某些甚至更加複雜的相互期待。

實證主義陣營的作者們普遍試圖逃避我剛才所指出的這一類複雜性，他們的方法不外乎是採納一種簡單化的語言觀，我曾經將這種語言觀描述為「一種指標式的意義理論」（本書第一〇三頁）。為了當下的討論目的，我們有必要在此刻忽略語言問題的介入所導致的複雜性，而集中考慮，當任務在於辨識行動而不是語詞的含義時所發生的解釋問題。

假設在某一商業活動領域中，某些類型的交易很長時間以來一直受到默認的相互期待的引導，每一位參與者都根據這些期待來調整自己針對他人的行為。一種有些不同於尋常的情況出現了，當事人間就既定慣例對他們各自的權利所具有的意義發生了爭議。一位仲裁人或法官受命解決於這一項糾紛。他的任務是解釋既定慣例對於某一特殊的事實情境所具有的含義，這種事實情境先前並未參與塑造交易雙方的預期。

現在十分明顯的是，在這樣一個案件中，仲裁人的裁決應當以一項在實證主義者關於解釋的討論中很少被提及的原則作為主要指南，也就是說，裁決的結果應當和諧地吻合於在過去案件處理結果中得到表達的相互期待。問題不在於「邏輯上的」一致性，而在於所謂的「目的相容性」；所提出的問題應當是：「什麼樣的裁決可以最好地令既有的慣例繼續作為『可以玩的遊戲』」？如果強加一種與既有期待互相牴觸的結果，就會擾亂一套規制當事人之間彼此關係的有效運轉並得到公認的制度。顯然的，為了獲致一種滿意的糾紛解決方案，仲裁人必須能夠認識並理解到包含在現行慣例中的隱含意義；如果他缺乏設身處地地設想他正在解釋的人們之間過去的互動模式的想像力，他的裁決就不可能做到公正和妥當。

因此，在剛才所討論的情境中，一項好的裁決應當具有兩項相互關聯的品質：對系統結構的尊重以及對社會背景的理解。現在我想指出，這些必要條件也適用於對成文法的解釋。的確，如果將一部制定法設想為類似於一項軍事命令，旨在控制一個沒有機會了解宏觀戰略人的行動，那麼，解釋者的任務當然就是盡可能地揣測最高指揮部的意圖。相反地，如果法律的功能在於營造一種公民之間的有序互動，並且為自我導向的行為提供可靠的路標，那麼，問題就會呈現出不同的面向，統轄文字解釋的原則，就不會被視為完全不同於適用於對互動行為解釋的那些原則。尤其值得強調的是，對系統結構的尊重，以及理解情勢需要的能力，都應當被視為明智的成文法解釋的必要條件。

或許有人會反對說，像剛才所提到的那種取自於商業實踐的例子，如果被用來作為分析的起點，就必然會使分析感染上一種隱蔽的偏見。說反對謀殺的法律旨在「為人際互動提供可靠的路標」，除非是在微弱的、關聯不大的意義上，否則便會顯得很不妥當。的確，正像我一直堅持認為的那樣，解釋問題的正確解決方案依賴於脈絡。但是，即使是在謀殺案中，與解釋相關的關鍵問題，也可能涉及到像正當防衛辯護這樣的因素。關涉這一問題的制定法條文很可能是模糊和寬泛的。那些解釋法律的人（在這種案件中實際上包括法官和陪審團），如果想要把工作做好的話，就必須將自己放到被告當時所處的情境之中，並且追問：「我們能夠合理地期待一個身處於如此情境的人做出什麼樣的舉動？」對生存之道的理解、同情的能力，以及一種感知何種規則能夠為行動提供可行指導的能力，都是做出正確決策的必要條件。

我在本書第二章中曾經詳細討論過，那些負責維護合法性的人們可能遭遇的「矛盾處境」。法律事業當中的某些失敗往往會導致這樣一種情況，在其中，我們很難避免對合法性的折衷，因此，這時的主要任務變成縮小這種折衷的範圍。這種困境最顯著的例子是這樣一種情形，當其發生之時，訴諸於回溯性立法似乎變成兩害之中的較輕者。

這一類問題以非常微妙的方式滲透到法律解釋之中。例如，假設一部剛剛通過的制定法的立法目的，在於使某一類人際關係變得更為有序。我們可以假設這部制定法從表面上看來具有合理的清晰性，但它具有一項根本性的缺陷，那就是：它乃是建立在對它打算矯正的情況的錯誤認識之上，從這個角度來看，立法者就好像這樣一位醫生，他開出了治療某種疾病的處方，而病人所患的卻是另一種疾病。法院應當依據何種標準來解釋這樣一部制定法？如果大體上按其字面含義來適用著這部法律，法院可說是按照立法者意圖的實際內容、而不是按照立法者了解到自己所犯的錯誤後，應當使其具有的內容來執行這種意圖。進而，解釋者必須考慮這樣一種偶然碰到的公民利益，作為這部法律所規制情況的局外人，他可能按照字面上的含義來理解這部制定法，在這樣做的時候，他毫無疑惑，而這正是因為他與立法者一樣，對這部法律所針對情境的真實屬性一無所知。另一方面，這部法律所主要針對的那些人，也就是實際生活於這部法律所打算矯正的那種情境之中的人們，或許只能在其中看到含混、迷亂和反常。當他們根據自己對作為其生活之一部分的這種情境的、更富理解力的界定來閱讀這部法律的時候，他們可能會將這部法律視為非法。在這種情況下，法院便會遭遇十分棘手的問題。

剛才所假設的這一類案件只是提供了例子，說明當某一法院不得不自問它在多大程度上可以自由地糾正立法者所犯錯誤的時候，會遭遇到什麼樣的困惑。一項明顯的印刷錯誤可能不會造成什麼難題。但是，讓我們設想一下法院不得不在這樣一些問題上做出決斷：假設立法者能夠更準確地表達其意圖，它會怎麼說？如果它未曾忽視它所制定的這一部法律與其他已經存在的法律之間的互動問題，它會怎麼說？或者，如果它了解到最高法院正準備推翻一項相關的先例，它會怎麼說？——諸如此類的問題可能會提醒我們注意到：成文法解釋這一任務遠不只是像單純地「執行立法者的意圖」這麼簡單。

剛才這些評論看起來似乎表明：對法律解釋者的要求，只是在自我約束與主動糾正上級權力部門的錯誤和疏忽之間保持平衡。但是，問題想當然更為複雜。例如，解釋者必須想到，他所採用的可辨識的解釋標準，可能會在那些受影響的人們中間創造出某些預期，而這些標準的突然轉變，將損害為實現和維持合法性所必需的合作努力。例如，讓我們假設某一特定司法區域內，法院在傳統上一直採取一種嚴格的、咬文嚼字式的風格來解釋制定法。一項這種慣例繼續保持下去的預期，幾乎肯定會進入到立法機構的計算之中；法律起草者可能會這樣來表述法律條文，以至於這些條文在經過謹小慎微的司法解釋後變得恰好合適。如果法院突然轉向採納某種更加寬鬆的解釋標準，這就會以一種相悖於立法者意圖、甚至令所有相關人士感到困惑的方式改變立法的含義。

一種類似的情況出現在法院適用非本法域之法律的場合，這時，沒有足夠的資訊來幫助法院了解法律的文本；這種文本必須以一種特定的方式來閱讀，就像是其本法域的法官在閱讀它一樣，也就是說，對它的讀解必須吻合於那些分享著某種隱含假定的人們對於它的理解，這些假定進入法律系統的運作之中，成為其中的組成部分。這種考慮在位於麻塞諸塞州的美國聯邦地區法院的一項判決中，得到異於尋常的清楚表達。對該案件的處理要求適用麻塞諸塞州法律而不是聯邦法律。麻塞諸塞州最高法院的幾個先例適用於這一案件，而問題在於：如果這一案件是由該法院來審理，它會不會限定其先例的表述，而使手頭這一案件成為例外。查理斯·懷贊斯基（Charles Wyzanski）法官對此做出了否定的回答，他認為，關鍵在於不僅要看麻塞諸塞州法院判決的文字，還要看做出這些判決的法院在判決時所秉持的一般性精神：

> 微妙婉轉的變化和晦澀模糊的語句，不是麻塞諸塞州最高法院的特色。該法院向來以寬泛的、權威式的語句，來宣布和堅持原則。重要的事情是遵循先例並堅守固有的方式，而不是創造新的訴由、或者鼓勵採用在別的不太保守的社群中發展起來的新的司法救濟。【43】

這種應用人類學的思考在司法判決中並不常見。不過，它有助於提醒我們注意：我們成文法中實際上包含大量的不成文因素；它幫助我們看到：要理解書本上

的法律，就需要理解進入到它的制定和解釋當中的共用假定。【44】

既然提到了人類學，便很容易轉向我的下一個一般性論題，該論題涉及到習慣法和國際法。與法律解釋問題一樣，這兩個科目也無法在實證主義理論中找到舒適的容身之所。像對待法律解釋一樣，法律實證主義者們對待這兩種形式法律的態度，在冷酷的拒斥與熱情過頭的擁抱之間搖擺。在奧斯丁看來，習慣法和國際法壓根就不是法律，而是一種應當被正確地稱為實證道德的偽法律。凱爾森的立場則截然相反，他改造了這兩種形式的法律，以便使它們能夠適應他的理論，但代價是如此地扭曲它們的根基，以至於它們本來的面目很難被辨認出來。

顯然，法律作為一種單向的控制人類行為的要求，這一觀念不太容易被適用於習慣法和國際法。法律的這兩種表現形式被描述成水平的秩序，而我們傾向於將一個國家為它的公民制定的法律，想像成僅僅擁有一個垂直性的面向。換個方式來說，之所以會有人覺得很難將習慣法和國際法設想成名副其實的法律，主要原因在於這樣一種觀念，即法律的概念至少涉及三項因素：一位立法者和至少兩位法律主體，他們之間的關係是透過立法權威為他們所設定的規則而獲得秩序的。造成麻煩的問題是：一個人、一個家庭、一個部落或者一個國家為自己設定的法律，如何能夠控制他與別的個人、家庭、部落或國家之間的關係？與道德不同，法律不是一種自我規範的東西，它必須來自於某種更高的權威。

現在我想指出，只要我們認識到一個簡單的、基本的現實，即：制定法本身也有一個前提條件，就是統治權威自己必須承諾在進行統治時會遵守本身所確立的規則。在這個意義上，實證主義者認為是自上而下地（垂直性地）設置的法律中，也包含著一項水平的因素。如果這項立法和執法的基本原則得到承認，那麼，人們也就會看到：困擾著關於國際法和習慣法討論的那種尷尬，其實也影響著「真正的」法律。例如，政府有義務遵守自己所制定的法律，這種義務的基礎是一項「法律上的」承諾、還是一項「道德上的」承諾？如果這項承諾被認為是「法律上的」，那麼，制定和廢除法律的權力機構如何用法律來約束自己？如果這項承諾就其性質而言是「道德的」，我們又會面對一種不同的尷尬。在這種情況下，使法律區別於管理性指令、軍事命令或者純粹暴力的那種關鍵品質本身，就感染了一項道德因素，以至於法律與道德之間的嚴格區分，不得不做出致命的妥協。

但是，如果我們不去理會這些概念上的混亂狀態，而放鬆我們的思想，使之設身處地參與到維護一個現代國家的「法治」所涉及到的各項職責當中，我們就會看到：履行這些職責要求一種複雜的、合作性的努力，這種努力與習慣法和國際法系統所要求的努力，在性質上並無二致。我們也將會看到，在據稱完全被制定法所占據的法律系統中，我們也不得不處理習慣的角色問題。在習慣明顯被當作一種決策標準的場合，這種角色變得十分明顯，比如在美國的《統一商法典》中，處處都會發現對商業習慣的參照。但是，習慣法（我們主要是指在人際互動中逐漸發展起來的默示承諾）不僅在成文法解釋中，並且也在幫助填補於任何制定法系統中都存在的空白中，扮演重要的、儘管往往是沉默的角色。

在不同的制定法系統中，一般不太顯眼的習慣會有顯著的不同，但我們可以肯定地說，構成習慣法的那些默示期待，總是會進入到實際實現合法性理想的過程之中。對法治的忠誠不僅要求政府遵守它所表述並公布的規則，並且要求它尊重它對不在明確公布之規則的控制範圍內的情況做出的處理，所創造出來的正當預期。更為明顯的是，它要求政府按照執行成文規則的過程中，被寫入這些規則獲得普遍認可的注釋，來適用於這些規則。當然，將所有這些複雜因素納入考慮，會阻礙俐落的法學理論的建構。但它將使得這樣一種法律思想轉型以變得更加輕鬆：也就是從僅僅關注國家制定的法典，轉向也同時關注國際法和習慣法所例示的、看起來比較雜亂的法律表現形式。

在現今的世界，習慣法已經不再僅僅是一項引發理論興趣的事物。非洲、亞洲以及其他地方的新興國家都正在努力實現，從部落習慣法向民族國家的制定法系統的痛苦、而且通常很危險的轉型。來自西方國家、特別是美國的法律專家們在促進這種轉型的過程中，扮演著重要的顧問角色。履行著這種職責的那些人們，通常都為自己未能透過更深刻地理解法律人類學來做好準備而感到遺憾。如果他們在這個學科上得到過更好的訓練，他們就能夠更佳地理解習慣法對那些生活於其中的人們，所具有的意義。

我認為，同樣需要的是，一種關於我們自己法律制度更加充分的人類學。在本書第二章中，我反覆提到法律是一項「事業」，而我認識到這種表述可能會令某些人感到不順耳。但是，對於那些從未試過創造一套明確制定的規則系統、或者生活於其中的人們來說，法律的確是一項事業，而且是一項非常危險的事業。在這樣一種背景當中，法律實證主義整齊的幾何學不僅基本上毫無用武之地，而且變得具有確實的危險性。

我們不應當認為，關於法律的理論在協助部落群眾服從於一套頒布的法律制度這一實踐性的事務方面，發揮不了什麼作用。顯然，這種事務要求對其希望透過努力達到的目標做出界定。最近，有一部題為《非洲與法律——在非洲大英國協諸國發展法律》[45]的會議論文集剛剛出版。這部論文集中的第一篇文章在其第一頁上如此寫道：

哈威教授將法律定義為「一項特定的社會秩序安排技術，它的基本特性來自於它對威信、權力，以及最終對有政治組織的社會對暴力保留壟斷權的依賴」。它是一項價值中立的工具。根據這項觀點，法律並不僅僅因為它是法律而具有道德權威；相反地，它顯現著國家權力的各種特徵。實際上，正如漢斯．凱爾森所指出的那樣，國家與法律並無二致；它們只是同一枚硬幣的不同面而已。每一個國家機構都是國家權力的一種表現，既可以從機構的角度來看，也可以從法律的角度來看。

這種法律概念在其作者的思維中所扮演的準確角色是不太清楚的，他最終得出結論說，無論是習慣法、還是已經承受住歷史考驗的英國法，都不足以滿足新興非洲國家的需要。同時，我不得不說，對於剛才所引用的這段話中所表達的法律概念而言，再也沒有比這更不恰當的脈絡了。（我相當清楚，我的那些屬於新分析法學派的批評者們，並沒有明確表示支持法律與國家具有同一性的學說。但我仍然非常想認真地問一下：「他們的哲學中有哪一種信條，他們所闡述的哪一項原則或標準，提供除了這種歸謬法（reductio ad absurdum）以外的實證主義觀點的停泊點？」

在本國關心世界和平規劃的那些人們中間，似乎存在著某種觀念上的兩極分化。一方傾向於支持盡早實現某種類似於世界法律秩序的安排，某種「自上而下的風格」。另一方則主張，透過努力來實現國家間的相互體諒，才是確保和平的最穩妥方式，這種相互體諒可以採取明確訂立的條約的形式，也可能透過默默進行的調適來發展，這種調適將會逐漸強化為法律。假使這種戰略上的差異，乃是基於對各種備選方案的坦誠而又現實主義的考量，它便是十分有益的，而關於它的討論也應當繼續進行下去。但是，我無法避開這樣一個結論：爭論者當中至少有一部分人只願意看到這樣一種世界，在其中，法律權威不受政治和社會現實的影響，只受到追求概念整潔性的衝動的影響，並且抱持著這樣一種信念——沒有任何不符合我們習慣接受的國內法定義的東西可以被算作是法律。對那些定義的重新檢視，可能會為國際秩序的問題帶來新的視角、並且在一定程度上緩解目前的觀念之爭。

離開國際法和習慣法這一對課題而不提及最近的一本新書顯然是不合適的，這就是邁克爾．巴昆的《沒有制裁的法律：原始社會與世界共同體中的秩序》（一九六八年）。[46]巴昆極富洞見地用實例說明了，簡單化的一般法律理論對他所關注的學域內的思維方式所造成的損害。他尤其令我們注意到，當社會學家和人類學家們將他們的法律定義建立在那些在關於國內法的討論中、已經變得很流行的法律定義的基礎之上時，所涉及的危險：

儘管社會科學家痛恨將事實與價值混合在一起，他還是傾向於從公認的國內法視角來看待無政府社會，不論是國際社會還是原始社會。國內法無疑是他身處的環境當中的一個十分顯著的部分。在這裡，我們遇到一種無意識的文化偏見，透過它（如同我們通常所見的那樣），似乎已經充分覆蓋了法律領域的那種法律職業的理論框架，已經毫無疑問地被移植到社會科學之中。但是，一旦我們接受這樣一個前提：理論是被建構出來的，而不是在一片柏拉圖主義的原型領域中被發掘出來的，這種不加批判的挪用便顯得毫無理據。（第十一頁）

到目前為止，我一直在討論我與新分析法學家們的爭論，對於基本上屬於「法律」性質的框架中發生的問題具有什麼意義。現在，我打算簡短地評述一下這場爭論對道德的概念具有什麼潛在的意義。

在這篇「回應」的開頭部分，我曾經指出：分析實證主義法學「缺乏一個社會面向」。為了矯治這一項缺陷，我推薦了「一種法律的互動理論」。我確信我的批評者們所採納的道德概念，至少在一定程度上也有著同樣的缺陷，並且可以從同樣的治療方法中獲益。

在駁斥我的法律的內在道德這一概念時，哈特在某一場合中似乎提出，功效主義原則本身基本上能夠接管我分派給合法性八原則的所有職能。哈特聲稱，這些原則之所以有價值，「只是因為它們有助於實現人類幸福，以及法律的其他實質道德目標」。[47]在同一段落中，哈特還表示，溯及既往性的法律之所以受到普遍譴責，僅僅是因為它們「沒有為人類幸福做出貢獻」，而且，如果它們導致了懲罰，就會「造成無謂的痛苦」。如果要我評論這些主張，我會說：「即使我們願意接受功效主義原則作為判斷好與壞的終極標準，對這種原則的任何有意義的適用，也預先假定在一個社會的人際互動過程中存在某種穩定性，而這種穩定性轉而又嚴重依賴於一套得到負責任的、管理的法律系統所提供的指引。我們無法在社會結構中追蹤某一特定行動的結果，除非這種結構本身保持著一定程度的完整性。

我認為，對道德的人際互動面向的忽視，一般展現在我的批評者討論我所稱的法律的內在道德的方式之中。他們當中似乎沒有人願意對這樣一種立法者做出否定性的道德評價：這種立法者由於不關心他的角色要求，混淆或者誤置人們藉以協調他們的行動的路標。例如，科恩主張：

> 透過自相矛盾的法律在道德上並不是難以容忍的。當然，這並不等於說，這些法律不會是出自於會使它們變得不道德的原因而獲得通過的，也不等於說，一種由於疏忽而造成的情形不會被人們以不道德的方式加以濫用。[48]

抱持著類似的想法，德沃金譴責那些為實現「故意陷害」某些無辜受害者的目的，而背離合法性原則的立法者，[49]但卻不願意譴責那些由於工作上的疏忽而導致某種法律上的不確定性、從而為某些人創造出陷害他人機會的立法者。

在多蘿茜．艾米特的著作《規則、角色與關係》（一九六六年）中，她透過以中肯論證和敏銳分析來重新引介「社會角色」這一古老概念，而為道德哲學做出了巨大貢獻。角色道德顯然是一種互動道德。但適合於角色道德問題的分析模式也相關於這樣一些道德問題，它們可能並不涉及被公認為如此這般的角色扮演。由於這個原因，我相信對法律的內在道德之複雜要求的研究，會加深我們對道德問題的一般性洞察。

尤其是，如果試圖對實現和維持合法性的努力中所遭遇的難題，進行仔細的研究，便肯定會發現其中存在我所提到過的「二律背反」（antinomies）的難題，也就是當我們不得不偏離某一項合法性原則、以挽救另一項合法性原則的時候，所必然面對的那種兩難困境。在本書第二章中，我所舉的關於這種現象的例子主要涉及到這樣一類個案：在其中，為了糾正某些災難或疏忽，需要偏離通常的合法性實踐，因為發揮這種矯正作用的立法必然是溯及既往的。

道德哲學家們並非普遍地準備好應對這一類困境，這一點可以在科恩那裡得到證明，他提出了這樣一個問題：「當我『承認』在某些情況下回溯性立法可能有益的時候，我是否已經『出賣了自己的立場』。[50]」

假如我說：依我之見，說謊是不道德的，但是，當一個謊言可以拯救一條生命的時候，我可以允許例外，我不認為科恩會說：「在承認這種例外的時候，我『出賣了自己反對說謊的立場』。」在這兩種情況下，限定都來自於某種特殊的社會脈絡。區別僅僅在於：在一種情況下，這種背景的要求是清楚易見並且容易理解的——我們可以想像一個精神錯亂的人出現在場景裡，並且要求知道他想要殺害的人藏在哪裡，而在另一種情況下，社會脈絡是複雜的，而所涉及的互動是非直接的和不顯著的。

如果說科恩很難理解我為什麼「承認」矯治過去對合法性的偏離的回溯性制定法，在利弊權衡之下可能是有益的，他甚至更難消化這樣一種觀念：法律道德諸原則之間的二律背反，可能存在於法律制度的設計當中。在評論完我在討論矯治性法律時所表示的「承認」之後，科恩繼續寫道：

> 但富勒的讓步走得更遠。他承認：每當法官判決一個適用的標準不甚清晰的案件時，他都是在制定回溯性的立法。這一種法唯實論的語調在富勒那裡本來是不應該出現的，而且並不完全吻合於他的這樣一個合理主張：除非法官在判決這些案件的時候，「疏於履行自己在既定的法律框架之內解決糾紛的義務」。[51]

只要一個人能夠想像出這樣一幅場景，便很難說出剛才所引的這段話：在這個情境當中，兩位訴訟當事人由於就一部制定法對他們各自的權利所具有的意義發生爭議，而將他們的糾紛提交給一位法官，請求他加以解決。難道科恩指望法官說：「兩位先生，你們使大家認識到這部法律中存在著一項嚴重的含混之處，因此提供了一項重要的公共服務。雖然你們的主張都各有道理，我更傾向於採納A所提議的對法律含義的解釋，來解決你們的糾紛。不過，因為我不想確立回溯性的法律，這種解釋只能適用於將來出現的情況。就你們兩個之間的這項特定爭議而言，我不打算加以解決。」一種獨白式的倫理學，當然沒有多少機會來見識或處理這一類的難題；但一套關注社會互動的道德系統不可避免地會遇到這樣的問題，並且需要盡可能妥善地解決它們，這意味著它將經常被迫權衡一種行為方式、或一種制度設計相對於其他行為方式、或制度設計的優點和缺點。[52]

最後，雖然有些不大情願，我還是打算簡單地提及一下實證主義與自然法之爭的問題。如果目前這場爭論發生在三十年以前，這個問題可能成為整個討論的核心。曾經有一段至今仍然有人記憶猶新的時期，只要有人表現出對法律實證主義的不尊重，就會被懷疑是某種構思隱晦、動機陰暗、形而上學並且可能與教會有關的自然法學說的支持者。

幸運的是，學說之風現在似乎已經開始轉變它的方向。實證主義現在面臨腹背受敵的局面，特別是在語言學以及科學哲學和藝術哲學之中。在社會學和法律人類學之中，已經出現偏離結構理論，而邁向對互動過程研究的明顯趨勢；有人告訴我，在過去十五年中，類似的轉變也發生在精神病學和心理分析當中。就法律而言，我的批評者當中最不屈不撓的一位——羅奈爾得·德沃金——最近發表了一篇被他自己描述為一場「對實證主義的攻擊」的論文。[53]在這種新的輿論氣候中，我們不再需要為批評實證主義而做出辯解，我們也不必擔心對實證主義的拒絕會被人認為是在偽裝與「絕對真理」建立聯繫。

在這場正在發生的轉向中，我們希望人們會對顯現在自然法文獻中的那一偉大傳統，表現出多一點包容、多一些興趣。在這類文獻當中，有人會發現許多奇談怪論，以及許多為現代智識品味所難以接受的說法；也有人會發現某種適用於可以被泛泛地稱為社會建築之問題的那一類問題的實踐智慧。在有些人看來，聖托馬斯·阿奎那是自然法傳統中所有教條化的和神學內容的象徵。但是，正像一位作者最近所指出的那樣，[54]阿奎那在某種程度上認識到並且討論過我在本書第二章所討論的全部八項合法性原則。據我所知，實證主義陣營中沒有任何作者認真討論過實現並維持合法性這一般性問題。

在科學哲學中，與邁克爾・博蘭尼和湯瑪斯・孔恩這兩個名字聯繫在一起的這一場轉型，有一項突出的標誌，那就是這樣一種興趣轉移：從關注科學證明的概念化和邏輯分析，轉向於研究做出科學發現的實際過程。或許，隨著時間的推移，法律哲學家們也會不再過分沉迷於建構「概念模型」來表徵法律現象，放棄他們關於定義的無休止討論，而轉向分析構成法律之現實的社會過程。

◆注解◆

【1】「實證主義及法律與道德的區分」（Positivism and the Separation of Law and Morals），《哈佛法律評論》，第七十一卷，第五九三～六二九頁，一九五八年。

【2】「實證主義與對法律的忠誠——回應哈特教授」（Positivism and Fidelity to Law-A Reply to Professor Hart），《哈佛法律評論》，第七十一卷，第六三〇～六七二頁，一九五八年。

【3】《哈佛法律評論》第七十八卷，第一二八一～一二九六頁，一九六五年。

【4】「事實、價值與人的目的」（Fact, Value and Human Purpose），《自然法論壇》（*Natural Law Forum*），第四卷，第二六～四三頁，引文見第二六頁，一九五九年。

【5】到目前為止已經有四十六篇書評。參見第三一三～三一五頁的書評目錄。

【6】「法律的道德性研討會」（The Morality of Law-A Symposium），《維拉諾瓦法律評論》（*Villanova Law Review*），第十卷，第六三一～六七八頁，一九六五年。這次討論會上的論文包括：默里（Murray）的「《法律的道德性》引介」（Introduction to the Morality of Law），第六二四～六三〇頁；德沃金（Dworkin）的「難以捉摸的法律的道德性」（The Elusive Morality of Law），第六三一～六三九頁；科恩（Cohen）的「法律、道德與目的」（Law, Morality and Purpose），第六四〇～六五四頁；富勒（Fuller）的「對科恩教授和德沃金教授的一個回應」（A Reply to Professors Cohen and Dworkin），第六五五～六六六頁。此外還有幾篇評論：約翰・默里二世（John E. Murry, Jr.），第六六七～六七〇頁；拉塞爾・諾頓（E. Russell Naughton），第六七一～六七二頁；法蘭西斯・派克（Francis H. Parker），第六七三～六七五頁；以及唐納德・吉亞內拉（Donald A. Giannella），第六七六～六七八頁。

【7】阿納斯塔普羅（Anastaplo），「自然權利與美國法律人」（Natural Right and the American Lawyer），《威斯康辛法律評論》（*Wisconsin Law Review*），第三二二～三四三頁，一九六五年；德沃金（Dworkin），「哲學、道德與法律 — 富勒教授的新主張所引發的思考」（Philosophy, Morality, and Law-Observations Prompted by Profess or Fuller's Novel Claim），《賓夕法尼亞大學法律評論》（University of Pennsylvania Law Review），第一一三卷，第六六八～六九〇頁，一九六五年；休斯（Hughes），《一九六四年美國法研究綜述 — 法理學》（*1964 Annual Survey of American Law-Jurisprudence*），紐約大學（New York University），第六九三～六九七頁；金（King），「概

念、思想與法律的道德性」（The Concept, The Idea, and The Morality of Law），《劍橋法律評論》（*Cambridge Law Journal*），第一〇六～一二八頁，一九六六年；勒萬（Lewan），「朗．富勒的法律哲學」（Die Rechtsphilosophie Lon Fullers），載《法哲學與社會哲學文獻》（*Archiv für Rechts und Sozialphilosophie*），第三七七～四一三頁，一九六六年；斯特姆（Sturm），「朗．富勒的多維度自然法理論」（Lon Fuller's Multidimensional Natural Law Theory），《史丹佛大學法律評論》，第十八卷，第六一二～六三九頁，一九六六年。

【8】前注三，第一二九五～一二九六頁。

【9】薩默斯（Summers），「新分析法學家」（The New Analytical Jurists），《紐約大學法律評論》（*New York University Law Review*），第四十一卷，第八六一～八九六頁，一九六六年。

【10】參考拙作《自我探尋的法律》（*The Law in Quest for Itself*, 1940, 1966, pp.53～57）中有關於行為模式論法唯實論的參考文獻。

【11】我並不打算在此處抑或別處對哈特的「承認規則」概念進行批判性評論。對此有興趣的讀者可以參閱以下兩篇文章：薩托利烏斯（Sartorius）的「法律的概念」（The Concept of Law），《法哲學與社會哲學文獻》（*Archiv für Rechts und Sozialphilosophie*），第一六一～一九〇頁，一九六六年；以及德沃金（Dworkin）的「規則模式」（The Model of Rules），《芝加哥大學法律評論》（*University of Chicago Law Review*），第三十五卷，第十四～四六頁，一九六七年。這兩篇文章都清楚地表明：「承認規則」這一概念並不像哈特所表述的那樣簡單。至於它為何是有「經驗」根據的，而不像凱爾森的「基本規範」那樣是「預設」的，迄今為止仍然基本上未能獲得考證或解釋。

【12】麥考爾（McCall）和西蒙斯（Simmons），《身分認同與互動》（*Identities and Interactions*），一九六六年，第四十二頁。

【13】斯圖爾特．漢普希爾（Stuart Hampshire），「J．L．奧斯汀與哲學」（J.L. Austin and Philosophy），《哲學雜誌》（*Journal of Philosophy*），第六十二卷，第五一一～五一三頁，一九六五年。

【14】「這一宏大的法律概念公然且無所顧忌地（admittedly and unashamedly）涵蓋著俱樂部、教會、學校以及『數以百計的其他人類組織形式』的規則。」見前注三，第一二八一頁。

【15】參見本書第三一五頁所列出的薩默斯為本書所寫的書評，第三三頁。在這篇書評裡，薩默斯教授總共找到六次機會來將我書中的段落描述為「另有所圖」。參見該書評的第十五、十八、十九、二十、二二和

二四頁。

【16】參見該書第二〇二頁。

【17】見前面注解六中所提到的科恩的文章，第六四八頁。

【18】見前面注解七中所提到的德沃金的文章，第六六九頁。

【19】見本書三一五頁中列出的書評中薩默斯所寫的那一篇，第二五頁。

【20】見前面注解七中所提到的德沃金的文章，第六七七～六七八頁。

【21】譯注——富勒在這裡當是暗引道格拉斯．麥克亞瑟將軍（一八八〇～一九六四）被解除聯合國駐韓部隊總司令職務後，於一九五一年四月十九日在國會作述職講座時所說的那句名言：「Old soldiers never die; they just fade away.」（「老兵不死；只是逐漸凋零。」）

【22】見前面注解六中所提及的科恩的文章，第六五一頁。

【23】見前面注解六中所提及的德沃金的文章，第六三四頁。

【24】見前面注解三中所提及的哈特的文章，第一二八五～一二八六頁。

【25】伯爾曼（Berman），「蘇聯法學家反對回歸史達林恐怖時代的鬥爭」（The Struggle of Soviet Jurists Againsta Return to Stalinist Terror），《斯拉夫評論》（*Slavic Review*），第二十二卷，第三一四～三三〇頁，引文見第三一五頁，一九六三年。

【26】同上，第三三〇頁。

【27】霍貝爾（Hoebel），《原始人的法》（*The Law of Primitive Man*），第五章，第八三～八五頁，一九五四年。

【28】在《法律之剖析》（*Anatomy of the Law*）一書中，我曾經提供過一個用溯及既往的（也是「特殊的」）立法來矯正一項對合法性的司法偏離的歷史例證（見第一四～一五頁）。

【29】布勞（Blau），《官僚體制的動力學》（*The Dynamics of Bureaucracy*），第二版，一九六三年，第二一五頁。

【30】在這一點上，似乎有必要簡要提及一種可能的誤解之源。一位一般性地了解哈特的《法律的概念》的讀者，可能記得哈特明確地拒斥了約翰．奧斯丁的「法律的命令理論」。對於一位不甚了解這種拒斥意味著什麼的讀者來說，在否定命令論的時候，哈特似乎也拒斥了我在這裡所描述的管理型的法律理論。但這是對哈特之論辯的一項誤解。哈特拒斥命令理論的理由主要有兩點：（一）命令理論認為法律的力量

主要來自於強制力的威脅，而不是來自於對權威的認可；（二）約翰・奧斯丁的理論假定在立法者與法律所約束的人民之間存在直接的溝通。但是，有效的管理性指令顯然比法律更加明顯地依賴於人們對權威性指導的自願接受。而且，管理性指令也不需要面對面地傳達，它們實際上通常顯現在某種類似於操作手冊的東西之中，或者可能在布告欄中發布。使法律區別於管理性指令的要點在於：法律權威承諾在裁斷法律主體的行動時遵守它自己宣布的規則。但我在《法律的概念》中找不到任何一項對這一基本觀念的認同。

【31】參見本書第五七～五九頁對齊美爾著作的參引。

【32】參前注七，德沃金文章。

【33】亨利・哈特（Henry M. Hart），「州法與聯邦法之間的關係」（The Relations between State and Federal Law），《哥倫比亞大學法律評論》（*Columbia Law Review*），第五十四卷，第四八九頁起，見第四九〇頁，一九五四年。

【34】參前注六，富勒文章，第六五五～六六六頁。

【35】三篇最近發表的文章對解釋問題進行了很有益的討論：德沃金（Dworkin），「規則的模式」（The Model of Rules），《芝加哥大學法律評論》（*University of Chicago Law Review*），第三十五卷，第一四～四六頁，一九六七年；戈特利布（Gottlieb），《選擇的邏輯》（*The Logic of Choice*），一九六八年；以及休斯（Hughes）的「規則，政策與決策」（Rules, Policy and Decision Making），《耶魯法律雜誌》（*Yale Law Journal*），第七十七卷，第四一一～四三九頁，一九六八年。

有一項影響解釋的關鍵問題，我不打算在這裡加以討論，而德沃金和休斯的論文中也沒有提及。這就是互動社會學家們所稱的「定位」（defining the situation）。（例如，可以參見麥克修（McHugh），《定位》，一九六八年。）當一個法院適用一項或一套規則來裁決一個案件的時候，我們可以區分出兩項操作：（一）確定相關的事實；（二）確定相關規則對於這些事實所具有的意義。我們通常認為是關於規則的知識幫助我們篩選掉不相關的因素、並且確定哪些是在法律上具有可操作性的事實。而在現實當中，我們對位置的界定總是受制於一套根本未曾出現在明示規則之中的默會假定。戈特利布的著作在這一點上提出了一些有價值的觀點，主要是在第四章「事實」當中，尤其是在第五六～五七頁，在那裡他寫道：「非法律的標準在一個關鍵步驟上（也就是在界定相關事實的時候）被注入到適用法律規則的過程之中。」

【36】前揭注一，哈特文章。

【37】約翰．奧斯丁，《法理學講義》，第二卷，一八七九年，第六四八～六五一頁。

【38】約翰．奧斯丁，《法理學講義》，第二卷，一八七九年，第六四四～六四五頁。

【39】同上，第一一三頁。

【40】凱爾森，《純粹法學》（*The Pure Theory of Law*），一九六七年，第八章，第三四八～三五六頁。（這是德文第二版的英譯。）

【41】格雷，《法律的性質和淵源》，第二版，一九二一年，第四章，第三〇〇～三二五頁以及全書各處。

【42】請參見本章注釋十。

【43】Pomerantz v. Clark, 101F. Supp. 314, at p.346（1951）.

【44】在《法律之剖析》（*Anatomy of the Law*）一書中，我曾經試圖追蹤我在這裡所稱的「制定法」（made law）與「默示法」（implicit law）之間的互動（尤請參見第四三～八四頁）。

【45】參見哈欽森（T. W. Hutchinson, ed.）編，一九六八年，引自第三頁羅伯特．塞德曼的文章。

【46】譯注——邁克爾．巴昆（Michael Barkun），《沒有制裁的法律：原始社會與世界共同體中的秩序》（*Law without Sanctions: Orderin Primitive Societies and the World Community*），耶魯大學出版社，一九六八年。

【47】見注三，引文見一二九一頁。

【48】見注六文，第六五二頁。

【49】見注六文，第六三七頁。

【50】見注五文，第六五二頁。

【51】同前注。

【52】在《法律之剖析》（*Anatomy of Law*）一書中，我曾經嘗試從這個角度來比較英美普通法、與建立在詳盡的法典化基礎上的那些法律系統（見第八四～一一二頁）。

【53】見本書第三五頁。

【54】路易斯（Lewis），「最高法院：最終的……但並非不會犯錯的」（The High Court: Final……but Fallible），《西儲大學法律評論》（*Western Reserve Law Review*），第十九卷，第五二八～六四三頁，見第五六五頁，一九六八年。（說阿奎那承認官方行動與公開規則之間的一致性原則，似乎有點兒言過其實）。

附錄　怨毒告密者的難題

假設你以些微票數險勝，當選約兩千萬居民的國家的司法部長。就職伊始，你便遇到一個令人頭疼的難題，對這情況下文將作敘述。首先，讓我們了解一下這個難題的背景。

在過去許多年間，你的國家本來擁有一個和平的、民主的憲政政府。但若干年前，它經歷了一段困難時期——嚴重的經濟不景氣，以及被經濟、政治和宗教差異分隔開來的眾派系間日趨敵對的緊張關係，擾亂著正常的社會關係。這時，一位著名的英豪以一個政黨或社團的龍頭老大之姿出現，這個政黨或社團自稱為「紫衫黨」。

在一次混亂不堪的全國大選中，這位龍頭老大當選為共和國總統，而他的黨派也在國民大會中取得多數席位。這個黨派在獲取選票方面的成功，部分歸功於一場用不計後果的許諾，和盡情發揮想像力的謊言包裝起來的競選運動，還有一部分歸功於深夜巡遊的紫衫黨徒，透過人身威脅，將本來可能投票反對這個黨派的那些選民嚇得不敢投票。

紫衫黨掌權後，沒有採取任何措施來廢除古老的《憲法》，或其中的任何條文。他們也沒有對《民法典》、《刑法典》和《訴訟法典》動任何手腳。他們沒有採取任何官方行動來撤銷任何政府官員的職務，也沒有將任何法官免職。選舉仍然定期舉行，選票的計算也明顯合乎誠信。然而，整個國家卻處在恐怖的籠罩之下。

做出不符合紫衫黨意願之判決的法官，開始被毆打和謀殺。《刑法典》條文的公認含義被扭曲，以便將政治上的反對派投入大牢。祕密法規獲得通過，其內容僅為黨內高層領導所知。溯及既往的法律紛紛出籠，將履行之時完全合法的行為確定為犯罪。政府毫不理會憲法、早先的法律甚或它自己制定的法律所設定的限制，所有的反對黨統統被解散。成千上萬持不同政見的人士，被有計畫、有步驟地在監獄中迫害致死，或是在零星的恐怖夜襲中被殺害。政府宣布一場大赦，釋放了所有「因保衛祖國免於顛覆而犯下」某些罪行的人。透過這場大赦，所有身為紫衫黨黨徒的囚犯實際上都獲得了自由。沒有任何一名不是該黨黨徒的囚犯在這場大赦中獲釋。

作為一項處心積慮確立起來的政策，紫衫黨在其政治行動中保留了一項具有靈活性的因素，那就是：他們有時透過「街頭巷尾」的黑幫行動來達到目的，有時又透過他們所控制的國家機器來行動。選擇兩種行動方案中的哪一種純粹是看哪種更方便。例如，當黨的核心決定懲罰所有的前社會主義共和黨黨員（他們的政黨發動了針對新政權的最後一次抵抗行動）時，發生了一場關於最好用什麼辦法來沒收他們的財產的爭論。一派可能仍然受到革命前觀念的影響，試圖透過一部法律來宣告這些人的財產因其犯罪行為而被沒收。另一派想要用刺刀的威脅來強迫這些人交出財產。這派人反對擬議中的法律，因為它會招致來自海外的批評。領袖決定支持黨的直接行動，並決定在行動之後，通過一部祕密法律來批准黨的行動，並確認通過暴力威脅而取得的財產的所有權。

紫衫黨政權現在已經被推翻，而民主與合憲的政府已經恢復運作。不過，剛被推翻的政權留下一些棘手的難題。你和你在新政府中的同事，必須想辦法解決這些難題。其中的一個難題就是「怨毒告密者」的難題。

在紫衫黨統治時期，許多人為洩私憤而向紫衫黨或政府有關部門，舉報他們的仇人。被舉報的活動，包括私下表達批評政府的觀點、收聽外電廣播、與臭名昭著的肇事者和流氓份子來往、私藏超過合法分量的蛋粉、沒有在身分文件丟失五天之內向有關當局報告等等。從當時的司法實踐來看，這些行為一經證實便可能導致被判死刑。在某些案件中，這樣的刑罰是由「緊急狀態」法授權的；而在另外一些案件中，這種處罰是在未經法律授權的情況下，由獲得正式任命的法官宣布的。

在紫衫黨政權被推翻之後，公眾強烈要求對這些怨毒告密者加以懲處。在你任職的這屆政府前，曾經存在過一個臨時政府，它將這種民眾訴願敷衍過去。其間，這問題變成了一個極為緊迫的問題，對它做出一項決策，已成為一項刻不容緩的事。於是，你身為司法部長的第一項工作，便是處理這一問題。你要求你的五位副手考慮這個問題，並將他們的建議帶到會議上來。在這次會議上，五位代表依次作了如下發言：

第一位代表說：「在我看來非常明顯的是，我們不能拿這些所謂的怨毒告密者怎麼樣。他們所舉報的行為，若根據當時掌管國家事務的那個政府的規則，則是非法的。他們的受害者所遭受的處罰，是根據當時有效的法律原則來做出的。這些原則以我們認為可憎的方式，背離了我們所熟悉的那些原則，不過它們的確是當時的國法。這種法律與我們現在的法律之間的最主要區別在於：它賦予刑事案件中的法官更為寬泛的自由裁量權。這項規則以及它的後果，應該獲得我們的尊重，正像紫衫黨引入到繼承法中的改革（只要求兩位而不是三位見證人）所獲得的尊重那樣。至於說賦予刑事案件中的法官或大或小的不受限制之自由裁量權的規則，是被當時人們默默接受，而非正式頒布的，在這裡是無關緊要的。同樣的指責，也適用於我們所接受的嚴格限定法官之自由裁量權的相反規則。我們自己的政府與紫衫黨政府之間的區別，並不在於他們的政府是一個非法的政府——這個術語本身就是自相矛盾的，而在於意識形態方面，沒有人比我更厭惡紫衫主義。但我們的哲學與他們的哲學之間的根本差異，在於我們允許和寬容觀點上的分歧，而他們則試圖將其單一化的教條強加給每一個人。我們的整個政府體制假定法律是一種靈活的東西，它能夠表達和實現許多不同的目標。我們的一個基本信條是：一旦一個目標被適當地呈現到一部法律或司法判決之中，它必須被人們所暫時接受，哪怕對那些痛恨它的人來說也是如此，這些人必須等待機會，以便透過下一次投票或另一起訴訟，來確保自己的目標獲得法律的認可。相反地，紫衫黨無視呈現著他們所不贊成的那些目標的法律，他們甚至認為沒有必要費心去廢除這些法律。如果我們現在試圖清理紫衫黨政權的法律，宣布這個判決無效，那部法規無效，這項刑罰過重，我們就等於是在做著我們自己強烈譴責的那種事情。我承認執行我所建議的這項行動方案需要很大的勇氣，並且需要我們抵制住來自公共輿論的巨大壓力。我們還應當做好準備，防止人們自行執法。但是，從長遠來看，我相信我所推薦的行動方案，是惟一一種能夠確保我們所信奉的法律和政府觀念獲得最終勝利的方案。」

第二位代表說：「奇怪得很，我經由一條完全相反的思路，得出與剛才這位同事完全一樣的結論。在我看來，稱紫衫黨政權為一個合法政府是十分荒謬的。僅僅看到員警繼續在街上巡邏並穿著制服，或者憲法和法典被閒置一旁而沒有被廢除，我們還不能肯定一套法律制度的確存在。一套法律制度存在的前提包括：法律為那些受其影響的人們所知，或者能夠為他們所知；（政府）行為具有一定的一致性，而且相似的案件能夠得到相似的處理；不存在像紫衫黨這樣凌駕於政府之上，並且能夠在司法系統的運作稍拂其意之時，隨時橫加干預的法外勢力。所有這些前提條件，都是法律秩序這一概念本身所固有的要素，它們與政治和經濟方面的意識形態並無關聯。在我看來，就在紫衫黨上臺那一刻，通常意義上的法律不存在了。在紫衫黨當政期間，我們實際上處在法治的空白時期。取代法治政府的，是萬人對萬人的戰爭，這場戰爭展開於深宅大院和幽暗街巷之中，呈現於宮廷密謀和囚室串通之間。這些所謂的怨毒告密者的行為，只是這場戰爭中的一些片段。對我們來說，將這些行為作為犯罪來加以懲罰，會產生許多的不和諧，就像我們試圖將法律概念適用於叢林之中或海洋深處的存亡之爭一樣。我們必須將我們的歷史上這黑暗的、無法無天的一整章，像一場噩夢一樣拋諸腦後。如果我們攪動其中積累的仇恨的話，我們就會招惹出某些邪惡的東西，並有可能感染上它的戾氣。因此，我同意我同事的意見，過去的就讓它過去吧。我們不應該對所謂的怨毒告密者採取任何行動。他們做過的那些事情既不合法也不違法，因為他們當時並非生活在一個合法政權之下，而是生活在無政府的和恐怖的狀態之中。」

第三位代表：「我對任何從非此即彼的選擇出發的推理都深表懷疑。我不認為我們需要假定：要嘛是整個紫衫黨政權都完全不在法律的疆域之內，要嘛是它的所有作為都有權像一個合法政府的行為一樣得到信任。前兩位同事在不經意之間為反對這樣的極端假定提供了強有力的論據，他們已經證明：這兩種假定都會導致同樣荒謬的結論，這種結論無論在倫理上還是在政治上都站不住腳。如果我們冷靜地對這個問題進行反思，我們就會清楚地認識到：在紫衫黨政權統治期間，我們並沒有陷入『萬人對萬人的戰爭』。在政權這一表面之下，我們所稱的正常人的生活繼續進行著——婚姻繼續締結，商品照樣買賣，遺囑仍然在起草和執行。這種生活中時常也穿插著尋常的不和諧因素——車禍、破產、無法證明的遺囑、報紙上的謠言誹謗。這種正常生活中很大一部分，以及這些同樣正常的不和諧因素中的大多數，都未曾受到紫衫黨意識形態的影響。在這個未受影響的領域中出現的法律問題，都由法院按照其之前以及如今處理問題的方式來加以處理。如果我們宣布紫衫黨政權下發生的任何事情都沒有法律根據，就會導致難以忍受的混亂。另一方面，我們一定也不能說：紫衫黨黨徒在龍頭老大的命令下進行街頭謀殺是合法的，僅僅因為該黨實現了對政府的控制，而它的黨魁變成了共和國總統。如果我們必須譴責該黨及其黨徒的犯罪行為，支持每一項通過實際已變成紫衫黨的另一張面孔的政府機構而碰巧得以生效的行為，便是非常荒謬的。因此，在這種情況下，正像在大多數人類事務中一樣，我們必須進行區分。在紫衫黨的哲學入侵並逆轉了司法的正常目標和用途的場合，我們必須進行干預。在這些對司法的扭曲當中，我能夠想到的情況包括：一個人愛上了別人的妻子，並且透過檢舉這位丈夫的一項很小的過錯——比如沒有在五天期限內報失身分證——而導致他被處決。根據事件發生時仍然有效、沒有被紫衫黨廢除的刑法典，這個告密者犯下了謀殺罪。他導致了一位妨礙他表達自己的不倫情感的人士的死亡，並且在實現其謀殺意圖的過程中利用了法院。他知道法院自身也是紫衫黨在任何時刻處於便利考慮而制定的任何政策的實施工具。還有其他一些案件也同樣清楚明瞭。我承認也有一些案件並非是非分明，例如，面對涉及那些將他們認為可疑的一切事情都向當局報告的好事之徒的案件，我們會感到難以抉擇。這些人當中，有些並不是出於想擺脫他們所檢舉之人的欲望而去告密的，他們可能是為了討好黨，也可能是為了轉移針對他們自己的懷疑（這種懷疑可能是毫無根據的），還可能是出於單純的多管閒事。我不知道這些案件應當如何處理，也不打算針對它們提出任何建議。但存在這樣的麻煩案件這一事實本身，不應當妨礙我們立刻處理那些是非分明的案件，這些案件的數量是如此之多，以至於不容我們忽視。」

第四位代表：「像前一位同事一樣，我也不相信『非此即彼』式的推理，但我們對自己正在邁向的前景有更多的反思。這項在被廢除的政權的行為中進行挑揀和選擇的建議，是完全難以接受的。實際上，它本身就呈現出純粹而簡單的紫衫主義。我們喜歡這部法律，那就讓我們實施它；我們喜歡這項判決，那就讓它成立；這部法律我們不喜歡，因此它從來就不是一部法律。這部政府法案我們不贊同，因此讓它被視為無效。如果我們以這種方式來處理問題，我們對待紫衫黨政府的法律和行為的態度，就會像紫衫黨對待它之前的政府的法律和行為的態度一樣毫無原則。我們將會面臨混亂，因為每一位法官和每一位檢察官都會有自己的法律。前面一位同事的建議，與其說終結紫衫政權的弊病，不如說將使這些弊病長久地延續下去。與我們的法律和政府哲學相吻合的處理這一問題的方式只有一種，那就是透過正當程序制定的法律來處理它——我的意思是說我們需要制定一部專門針對這一問題的特殊法律。讓我們研究一下怨毒告密者這一問題，然後制定一部詳盡的法律來處理它。這樣的話，我們就不必扭曲舊法來實現它們從未設想過的目的了。我們還將進一步規定適合於這種罪行的刑罰，而不會僅僅因為告密者所告發的人最終被處決了，而將這樣的告密者作為殺人犯來處理。我承認我們會遇到某些法律起草技術方面的難題，比如說，我們將不得不賦予『怨毒』這個詞一個確定的法律含義，而這並不容易。不過，我們不應該被這些困難嚇倒，而不去採納可以引導我們走出一種無法無紀的人治狀態的惟一方式。」

第五位代表：「我在剛才這項建議中，看到了一項明顯的諷刺。它提到要斷然終結紫衫主義的弊病，但卻提議借助紫衫黨政權的一項最為臭名昭著的發明——也就是事後追溯性的（ex post facto）刑法——來實現這一目的。我的同事擔心，如果我們不用一部制定法來撤銷和矯正過去政治秩序中的『錯誤』行為，而只是去支持和實施其中的『正確』行為，就會導致混亂。但他似乎沒有認識到，他所提議的制定法，壓根兒就是一項徒有其表的對付這種不確定性的手段。為一部尚未起草出來的法律，尋找似是而非的支持性論證是比較容易的；我們都同意用白紙黑字來把事情確定下來是很好的。但是，這部法律應當規定些什麼？我的一位同事提到某人未能在五天期限內報告自己遺失身分證的情況。我的同事暗示，對這一罪行所判處的刑罰——也就是死刑——是如此明顯地不適度，以至於構成一項顯著的錯誤。但我們必須認識到，在那個時期，反對紫衫黨的地下運動正在如火如荼地進行，該黨不斷為持有假身分證的人士所困擾。從他們的角度來看，這的確是一項嚴重的問題，而我們對他們的解決方案所能提出的惟一反駁——除了我們根本不希望他們解決這一問題的事實之外——便是說他們所採取的行動的嚴苛性，超過了解決問題所需要的程度。我的同事打算如何在他的制定法中，處理這種情況以及其他許多類似情況？難道他會否認在紫衫黨政權下存在任何對法律和秩序的需要？我不打算進一步討論起草這部擬議中的法律所涉及到的困難，因為它們對於那些認真反思的人們來說是顯而易見的。相反地，我將轉向我自己的解決方案。值得尊敬的權威者一致認為，刑法的主要目的是為人類的復仇本能開闢出一條宣洩渠道。在某些時候——我相信現在就是這樣一個時候——我們應當允許這種本能直接得到表達，而不必透過法律形式的干預。怨毒告密者的問題已經處在社會自我糾察的過程之中。我們每天都可以在報紙上讀到：某一紫衫黨政權的馬屁精在某個未曾設防的地點遭到了報應。人民正以他們自己的方式安靜地處理這件事情，如果我們不去管他們，而且指示我們的檢察官們也不要插手，很快我們就會發現：根本不存在任何問題留待我們去解決。當然，在這個過程間或會有一些混亂，少數幾個無辜者的頭會被打破。但我們的政府和我們的法律系統不必捲入到這項事務之中，而且我們不會發現自己毫無希望地深陷於一場清理整頓紫衫黨的所有作為和罪行的努力當中。」

身為司法部長，你會採納這些建議中的哪一項？

評論文章一覽表

Andrews, 89 *Library Journal* 3012 (1964).

Bartholomew, 58 *American Political Science Review* 984 (1964).

Baum, 10 *St. Louis University Law Journal* 435-441 (1966).

Bedau, *The Nation* (April 12, 1965), pp. 398-401.

Berns, *The National Review* (August 11, 1964), pp. 690-691.

Binkley, 1965 *Duke Law Journal* 668-670 (1965).

Blackshield, *Reading Guide of the University of Virginia Law School*, (Feb. 1965), pp. 11-16.

Boyè, *Revue Historique de Droit Français et Étranger* (July-Sept. 1965), pp. 504-505.

Brady, 43 *Texas Law Review* 258-259 (1964).

Braybrooke, 3 *Dialogue* 441-444 (1965).

Burrus, 17 *Hastings Law Journal* 861-864 (1966).

Campbell, 28 *Modern Law Review* 370-373 (1965).

Denonn, 50 *American Bar Association Journal* 1077 (1964).

Dias, 1965 *Cambridge Law Journal* 157-159 (1965).

Dowrick, 81 *Law Quarterly Review* 602-603 (1965).

Golding, 76 *Ethics* 225-228 (1966).

Gross, 40 *New York University Law Review* 1220-1229 (1965).

Grunbaum, *Church & State* 473-475 (1966?).

Hanft, 43 *North Carolina Law Review* 238-244 (1964).

Hart, 78 *Harvard Law Review* 1281-1296 (1965).

Hosking, 40 *California State Bar Journal* 90-94 (1965).

Hughes, 17 *Stanford Law Review* 547-559 (1965).

Jacobs, F. G., 10 N.S., *Juridical Review* 92-93 (Edinburgh, 1965).

Jacobs, Francis, 75 N.S. *Mind*, pp. 605-607 (1966).

Johnson, 33 *Tennessee Law Review* 563-565(1966).

129 *Justice of the Peace and Local Government Review* 44 (London, Jan. 16, 1965).

Kurczewski, *Studia Filozoficzne* 274-280 (Warsaw, 1967).

235 *Law Times* 502 (London, Sept. 4, 1964).

Lewis, 17 *Western Reserve Law Review* 349-357 (1965).

McDowell, 44 *Boston University Law Review* 587-590 (1964).

Mandelbaum, 10 *New York Law Forum*, pp. 648-650 (1964).

Meyer, 10 *McGill Law Journal*. 380-383 (1964).

Montrose, 16 *University of Toronto Law Journal* 451-455 (1966).

Morison, 5 *Sydney Law Review* 181-185 (1965).

Perelman, 10 *Natural Law Forum* 242-245 (1965).

Review of Metaphysics, p. 367 (December 1966).

Rose, 39 *Tulane Law Review* 387-395 (1965).

Savarese, 53 *Georgetown Law Journal* 250-258 (1964).

Schwartz, 359 *Annals of the American Academy of Political and Social Sciences* 190 (1965).

Selznick, 30 *American Sociological Review* 947-948 (1965).

Summers, 18 *Journal of Legal Education* 1-27 (1965).

Tucker, 40 *Indiana Law Journal* 270-279 (1965).

Tunc, 3 *Revue Internationale de Droit Comparé* 519-521 (1965).

Wasserstrom, 19 *Rutgers Law Review* 581-586 (1965).

Woozley, 16 *Philosophical Quarterly* 89-90 (St. Andrews Univ., 1966).

Wróblewski, *Ruch Prawniczy, Ekonomiczny i Socjologiczny* 224-230 (Poznań, 1966).

富勒年表

年代	事件
一九〇二年	於美國德克薩斯州出生。
一九二四年	於史丹佛大學完成文科學士學位。
一九二六年	・於史丹佛大學完成法律博士學位。 ・於俄勒岡大學法律系擔任助理教授。
一九三一～一九三九年	・於杜克大學擔任法學教授。 ・於華盛頓大學、北卡羅來納大學、加州大學擔任客座教授。
一九三九年起	於哈佛大學擔任法學教授。
一九四〇年	出版《尋找自己的法律》（*Law in Quest of Itself*）。
一九四七年	出版《基礎契約法》（*Basic Contract Law*）。
一九四九年	出版《洞穴奇案》（*O caso dos exploradores de cavernas*）。
一九五八年	與著名的英國法律哲學家H・L・A・哈特進行辯論。
一九六四年	出版《法律的道德性》（*The Morality of Law*）。
一九六七年	出版《法律擬制》（*Legal Fictions*）。
一九六八年	出版《法律的剖析》（*Anatomy of Law*）。
一九七八年	逝世於德國慕尼黑。

名詞對照表

一畫

一位論　Unitarian

二畫

二律背反　antinomies

三畫

女王議會　Queen in Parliament

四畫

不一致　repugnant
不協調　inconvenient
不法行為之訴　delictual actions
不相容　incompatibilities
不當得利　unjust enrichment
中間路線　the middle way
中道　just mean
互動社會學　interactional sociology
內在完整性　internal integrity
天職　calling
方式　terms

五畫

以侵權法為根據之訴　actions sounding in tort
代筆大臣　scrivener
半存在　half-exist
可反駁的概念　defeasible concepts
可逆的　reversible
古怪罪行　the rather singular sins
司法　jurisdiction
另有所圖　axe-grinding
巧匠的自豪　the pride of the craftsman
平民撤離運動　the Secession of the Plebs
平行行動　parallel action
未注意　inadvertencies

正當法律程序　due process
生存的手段　a means of staying alive
生活的方式　a way of being alive
目的　end / Purpose
目的蘊含　purpose implication
矛盾　contradictions
立法上反覆無常　legislative inconstancy
立法全能　legislative omnipotence
立法者　the legislator

六畫

合併　joinder
合法支配　legal command
合法性　legality
合法性法則　the laws of lawfulness
合法性原則　principles of legality
有義務　having an obligation
有選擇地執行　selective enforcement
次一等的人　lesser men
考驗案件　test case
自相矛盾　repugnancy
至高行使　highest exertion
行政法庭　administrative tribunals

七畫

判例法　judiciary law
形式合法性原則　principle of legality
決疑法　casuistry
沉迷性賭博　obsessive gambling
沉迷於邊緣　preoccupation with the penumbra
私人事實　private fact
良好實踐技藝　good legal craftsmanship
角色的可逆轉性　reversibility of role
角色道德　role morality
防止不法司法　lawless administration of the law
防禦率　earned run average

八畫

事後追溯性的　ex post facto

具體案件具體處理　case by case
卓越品質　legal excellence
固執性　stickiness
承認規則　Rule of Recognition
法律上生效　legally enforceable
法律工作the law job
法律之完整性　integrity of the law
法律和道德義務的商品交換理論　Commodity Exchange Theory of Legal and Moral Duty
法律的來源者　human source of law
法律的商品交換理論　Commodity Exchange Theory of Law
法律的萬能女傭l　egal maid-of-all-work
法律效力　the force of law
法律道德　legal morality
法律預測論　predictive theory of law
法律與國家之同一性　Identity of Law and the State
法律權力　legal power
法學之外　meta-juristic
注意義務　due care
爭議點　issue
社會面向　social dimension
門檻　threshold

九畫

保安處分　rehabilitative
保留市場　reserved market
信賴　fiduciary
品質　quality
待履行雙邊合約　executory bilateral contract
後法優於前法　lex posterior derogate priori
政治邪說　political heresy
洞察　insight
科學事業　scientific enterprise
美德　virtue
要件　desiderata
迫切需要　desiderata

十畫

倫理　ethos
凋零的　fade away
效用　utility
浸水椅　ducking stool
特殊角色道德　special morality of role
病理　pathology
真意　intendment
缺乏資格　less competence
脅迫性執法　jawbone enforcement
脈絡　contexts
託管人的意識　a sense of trusteeship
財政法官　Barons of the Exchequer
迴旋門　swinging door
高尚情操　higher sense

十一畫

商人法　law merchant
國民　Commonwealth
基本法　fundamental law
基本規範　Grundnorm
授福禮　beatification
深度遊戲　deep play
產業法　industrial jurisprudence
被迫　being obliged
規則功效主義　rule-utilitarianism
設施　facility
設計之意圖　the intention of the design

十二畫

普通法上的權利　common right
普遍性　generality
最高權力　legal sovereignty
最終證明　crowning proof
無可避免　ex necessitate rei
無底深淵　das Bodenlose
無法律則無刑罰　nulla poena sine lege
無效作為一種制裁　sanction of nullity
無辜失足者　innocent stumbler

無模式　patternless
硬性法律　hard law
買方獨家壟斷　monopsony
開明的自私　enlightened selfishness

十三畫

意義　meaning
準　quasi
準則　canons
準契約　quasi contracts
準契約法　law of quasi contract
經濟利益　economic good
罪　sin
資料　datum
道德　morality
違背公平原則的　imo iniquum est aliquem suae rai esse judicem

十四畫

團體行動　corporate action
實效　efficacy
對抗療法式　allopathic
摔門而去　goes out with a bang
敲詐性執法　enforcement by blackmail
監察使　ombudsman
管理性指令　managerial direction
精算成本　actuarial cost
認罪聲明　plea of guilty
認證程序　certification procedure

十五畫

僵固價格　sticky price
價值判斷　value judgment
價值感知　the perception of value
審判形式　adjudicative forms
審判程序　trial
模範　pattern

十六畫

憲章　constitution

機構性訴訟當事人　the institutional litigant

融貫的　coherent

選擇性執法　selective enforcement

遺漏之處　casus omissi

默認義務　obligation in case of default

十七畫

聯立方程式　simultaneous equations

十八畫

歸謬法　reductio ad absurdum

雙向認識錯誤　mutual misapprehension

雙重一致性　double coincidence

鞭刑　whipping post

十九畫

壟斷　monopoly

邊緣案件　borderline cases

經典名著文庫113

法律的道德性

The Morality of Law

作　　者 —— 朗・富勒（Lon L. Fuller）
譯　　者 —— 鄭戈
審　　閱 —— 顏厥安
校 訂 者 —— 陳郁雯、王志弘、邱慶桓
發 行 人 —— 楊榮川
總 經 理 —— 楊士清
總 編 輯 —— 楊秀麗
文庫策劃 —— 楊榮川
副總編輯 —— 劉靜芬
責任編輯 —— 林佳瑩、黃麗玟
封面設計 —— 姚孝慈
著者繪像 —— 莊河源
出 版 者 —— 五南圖書出版股份有限公司
地　　址 —— 台北市大安區 106 和平東路二段 339 號 4 樓
電　　話 —— 02-27055066（代表號）
傳　　眞 —— 02-27066100
劃撥帳號 —— 01068953
戶　　名 —— 五南圖書出版股份有限公司
網　　址 —— http://www.wunan.com.tw
電子郵件 —— wunan@wunan.com.tw
法律顧問 —— 林勝安律師事務所　林勝安律師
出版日期 —— 2010 年 2 月初版一刷
2014 年 5 月二版一刷
2016 年 11 月二版二刷
2020 年 4 月三版一刷
定　　價 —— 420 元

國家圖書館出版品預行編目資料

法律的道德性 / 朗. 富勒 (Lon L. Fuller) 著 ; 鄭戈譯 . -- 三版 . --
臺北市 : 五南 , 2020.04
面 ;　公分 . -- (經典名著文庫 ; 113)
譯自 : The morality of law

ISBN 978-957-763-902-8(平裝)

1. 法律 2. 道德

580.1619　　109002098